高等职业教育"十二五"创新型规划教材

房地产营销概论

（第 2 版）

主　编　陈　港

副主编　费文美　陈　雨

主　审　钱　燕

北京理工大学出版社

BEIJING INSTITUTE OF TECHNOLOGY PRESS

内 容 简 介

本书以市场营销学的基本理论为基础,密切结合房地产市场的特点,以工程项目建设全过程为主线,着眼于房地产项目的全程营销,逐步推进房地产项目营销的层面,系统阐述了房地产营销中的基本理论、基本规律以及操作实务,同时每章配有大量的思考题和案例分析。

在本书编写过程中,编者充分考虑了营销类、房地产类、建筑类读者的基本需要和专业需要,重视理论性,突出可操作性。本书不仅可以作为高等职业院校、高等专科院校、成人高校等营销策划类、建筑类、房地产类、工程管理类专业方向或相关学科的专业教材;也可作为营销策划公司、中介代理公司、建筑企业以及房地产企业相关人员的参考或培训用书。

图书在版编目(CIP)数据

房地产营销概论 / 陈港主编. —2 版. —北京:北京理工大学出版社,2011.8(2016.9 重印)

ISBN 978－7－5640－5102－0

Ⅰ. ①房… Ⅱ. ①陈… Ⅲ. ①房地产－市场营销学－高等学校－教材 Ⅳ. ①F293.35

中国版本图书馆 CIP 数据核字(2011)第 181348 号

出版发行 / 北京理工大学出版社有限责任公司
社　　址 / 北京市海淀区中关村南大街 5 号
邮　　编 / 100081
电　　话 / (010)68914775(总编室)
　　　　　(010)82562903(教材售后服务热线)
　　　　　(010)68948351(其他图书服务热线)
网　　址 / http: // www.bitpress.com.cn
经　　销 / 全国各地新华书店
印　　刷 / 北京紫瑞利印刷有限公司
开　　本 / 710 毫米×1000 毫米　1/16
印　　张 / 17.25
字　　数 / 325 千字
版　　次 / 2011 年 8 月第 2 版　　2016 年 9 月第 6 次印刷　　　　责任校对 / 周瑞红
印　　数 / 14001~16000 册　　　　　　　　　　　　　　　　　责任印制 / 边心超
定　　价 / 39.00 元

前　言

　　我国房地产市场发展至今不过二十余年时间，房地产营销理论是随着房地产市场的发展和规范而发展起来的，在房地产市场竞争日益激烈的今天，开发商受利益驱动盲目开发已尝尽苦头，这迫使其理性思考房地产全程营销理念，重视购房者需求。所以，房地产营销理论的研究对促进我国房地产业的发展，提高房地产企业的核心竞争力，推动房地产行业的经营管理水平上台阶，将起到积极的影响，具有深远的意义。

　　本书是由重庆房地产职业学院组织编写的校企合作开发教材，是房地产专业的一门行业基础课程之一。根据国家教育部调整专业机构、拓宽专业面的改革精神，本书在编写过程中既注意与房地产营销策划专业其他相关课程教学内容的联系，又力求在内容上相对独立和结构上相对完整。本书既可以作为高等职业院校房地产营销策划、房地产经营与估价等专业的教材，又可以作为相关行业的培训教材，还可以供相关从业人员参考。

　　本书由陈港主编，负责全书写作大纲的制订、策划和初稿的审阅；费文美、陈雨任副主编。具体编写分工如下：第一章、第二章、第四章、第八章由陈港编写；第三章、第六章、第七章由费文美编写；第五章、第九章由陈雨编写。最后全书由陈港总纂、增删修改和定稿。

　　衷心感谢重庆房地产职业学院营销策划系主任钱燕教授，她为本书的修改审定提出了许多宝贵的意见；感谢深圳万科房产矫培民教授和新欧鹏集团地产公司营销总监严志教授，他们为本书提供了许多经典案例。

　　本书从酝酿、策划到完成编写，编写者都付出了辛勤的努力，他们不仅进行了大量的市场调查，同时参考了近几年来大量的著作和论文，也引用了一些观点和案例，这里特向这些著作和论文的作者表示由衷的感谢！

　　由于编者水平有限，书中难免有欠妥和不成熟之处，敬请广大读者予以指正。

编　者

目　录

第一章

房地产市场营销导论

▶ 学习目标

通过本章的学习，掌握市场营销的含义，了解市场营销理论的形成与发展；掌握房地产和房地产市场的概念；在明确我国房地产市场营销的发展历程的基础上，掌握房地产市场营销的研究对象、研究范围和研究的内容。

▶ 知识点

1. 市场营销的含义；
2. 房地产市场的概念和特征；
3. 房地产市场的分类；
4. 房地产市场营销的含义及特性。

▶ 技能要求

形成对房地产市场营销的初步认识。

开篇案例

郡 都 二 期

郡都二期的开发商是重庆郡都物业发展有限公司，该公司具有二级房地产开发资质，注册资金 2 000 万元。公司前期开发的彩舍一期精装修小户型住宅获得了市场空前认同。

郡都彩舍二期总建筑面积约 19 000 平方米，楼高 99 米，设计总户数 260 户。在面积 28～67 平方米的精致空间内，是一室到三室一厅的结构布局，体现了设计师超凡的空间把握能力和对都市居家的深刻理解。

郡都彩舍二期西邻高新区南方花园，东依重庆奥林匹克体育中心，北通歇台子，南接谢陈路，周边生活配套设施完善，商务环境成熟，交通方便，具有极高的投资价值和良好的升值前景。

生活配套设施完善：周边有美食街、星级酒店、三甲医院、奥林匹克体育中心、水上运动公园及中小学等。

商务环境成熟：周边有4 000多家国内外高科技企业、30万高素质年轻从业人员，形成了浓郁的商务办公氛围。

交通方便：多路公交车经此穿梭于市内各个区域，500平方米内更有重庆市长途车站。

自身配套完善：裙楼规划有生活超市、商务茶楼、美容美体中心、洗衣店、商务中心等生活、商务配套设施。

（资料来源：焦点房地产网．http：//cq. focus. cn/news/2004 - 08 - 20/74457. html）

房地产营销是从消费者或用户对房地产商品需求的角度，研究房地产商品从生产到消费的全过程，研究企业如何组织营销活动，包括房地产营销的规律、策略和方法。

房地产营销是市场营销的一个分支学科，属于专业市场营销领域，是房地产企业利用市场营销的理论解决房地产商品经营问题的学科。那么，什么是市场营销呢？

1.1 市场营销的概述

1.1.1 市场营销的含义

市场营销是由英语Marking一词翻译而来，其中包含了多种含义。它可以指一门学科，我们可将其理解为市场营销学；它也可以指某一项特殊的活动，我们就称之为市场营销（活动）。

在西方国家，不仅认为企业存在着市场营销活动，而且认为社会、政治、法律、文化等领域中的组织和团体的活动也与营销活动有着共同之处，市场营销学的应用事实上已经超出了经济活动的范围。这样，"市场营销"就有了一个最一般的定义：任何以盈利或不以盈利为中心的企业或组织适应不断变化的环境，以及对变化着的环境作出反应的动态过程。根据这一定义来认识企业的市场营销似无不可，但未免过于抽象，流于一般。

对于什么是企业的市场营销，曾经有过多种宽窄不一、重点有别的表述。

一种有代表性的认识是，把营销等同于销售或推销，认为市场营销就是把货物推销出去，就是销售和销售促进。这种认识显得相当褊狭。简单的事实是，如果企业不能生产出适销对路的产品，无论怎样推销，即或能够得益于一时，也不可能收效于长久。

现代营销学之父菲利普·科特勒（Philip Kotler）在1984年对市场营销下的定义是：市场营销是企业的一种职能：认识目前未满足的需要和欲望，估量和确定需求量大小，选择和决定企业能最好地为其服务的目标市场，并决定适当的产品、劳务和计划（或方案），以便为目标市场服务。市场营销观念模型如图1-1所示。

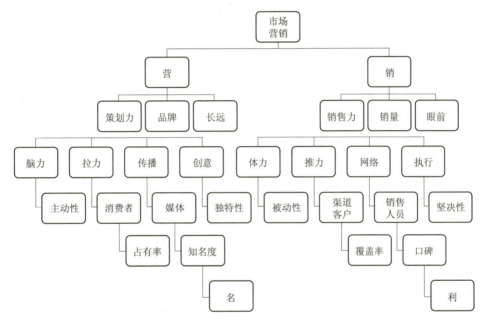

图1-1 市场营销观念模型

1.1.2 市场营销理论的形成与发展

1. 市场营销理论的起源

市场营销作为一门科学来系统地研究市场营销活动的规律性问题，起源于19世纪末的美国。资本主义市场经济的发展，推动了人们对市场化营销活动的认识从经验走向了理论。但市场营销作为一种实践活动，却有着悠久的历史，可以说市场营销是伴随着商品而出现的。在中国古代历史上，曾经出现过不少的商人和理财家，实际上，这些人同时也是市场营销活动的能手。

据《史书》《汉书》等记载，在中国古代历史上曾经出现过许多成功的商人，其中，范蠡、白圭是义利二全的代表人物，他们在经商活动中提出了"乐观时变""与时逐"等观点，强调了商业活动要把握经营时机，预测市场行情；"务完物""取上种"，则强调了要通过商品的质量保证，取得市场信誉。中国古人的这些经商观点在一定程度上已经表现出了市场营销观念的科学萌芽，但由于社会生产力发展的局限，商品交易和市场营销活动在整个社会活动中仅占很小的一部分，它们仅仅是自然经济活动的一种补充，所以对于市场活动的研究只能停留在表面现象上，也不可能形成现代市场营销观念。

2. 市场营销理论的发展

市场营销理论是随着市场的变化和人们对市场的认识逐步发展的，有关市场营销的理论大体经历了四个相互联系的发展阶段——尤金·麦卡锡的"市场营销理论"、菲利普·科特勒的"大市场营销理论"、劳特彭的"4Cs"理论和舒尔茨的"4Rs"理论。

（1）市场营销理论

市场营销理论是在"买方市场"条件下产生的，是以目标市场及需求为中心的。它包括两个相互关联的部分：目标市场和市场营销组合。目标市场是指企业在市场细分的基础上选定为其服务的、具有相似需求的顾客群。选定目标市场是企业的重要决策，是决定企业产品开发、定价和销售策略的前提；市场营销组合是企业为满足目标市场的需要而加以组合的"可控变数"。尤金·麦卡锡把企业"可控变数"概况为产品（Product）、价格（Price）、分销地点（Place）和促销（Promotion），因为，这四个名词英文的第一个字母均为 P，故简称为"4Ps"。其中，产品代表企业供给目标市场的货物和服务的组合；价格代表企业供应顾客商品时的价格；分销地点代表企业使其进入和达到目标市场所进行的种种活动；促销代表企业宣传介绍产品和说服目标顾客购买产品的种种活动。"4Ps"是企业可控变数，但它们不仅受企业本身资源的限制和企业目标的影响，而且还受企业外部"市场营销环境"，尤其是"宏观环境"的影响和制约，企业只有密切监视其"市场环境"的动向，妥善安排"4Ps"，使企业"可控变数"与外部"不可控变数"（市场环境）相适应，才是企业生存与发展的关键，才是企业成功的基础。

（2）大市场营销理论

20 世纪 80 年代，菲利普·科特勒提出，在目前贸易保护主义和政府干预加强的条件下，即使企业对"4Ps"的安排适当，企业也可能失败。因此，企业不能只搞"4Ps"，还必须加上"政治力量"（Political Power）和"公共关系"（Public Relations），这种战略思想被称为"大市场营销"，也称"6Ps"。所谓大市场营销，是指企业为了成功地进入特定市场，并在那里从事业务经营，在策略上协调地运用经济的、心理的、政治的和公共关系手段，以博得外国和地区的有关各方合作与支持。该理论与尤金·麦卡锡的"市场营销理论"不同，主要体现在以下三方面：

① 企业市场营销管理与外部市场营销环境的关系不同。尤金·麦卡锡的"市场营销理论"认为，企业经营管理能否成功、企业能否生存与发展的关键是

企业管理当局要善于安排市场营销组合，使企业"可控变数"与外界"不可控变数"（市场环境）迅速适应。而"大市场营销理论"则认为，企业能够影响外部市场营销环境，而不应仅仅顺从它和适应它，应变被动适应为主动适应。

②企业的市场营销目标不同。"市场营销理论"认为，企业市场营销目标是：千方百计调查研究、了解和满足顾客需要，采取一切手段，打进目标市场或创造或改变目标顾客的需要，突出了企业对目标顾客的作用。

③企业的市场营销手段不同。"市场营销理论"认为，企业集中一切资源，适当安排"4Ps"来满足顾客需要。而"大市场营销理论"则认为，企业还需要增加"政治力量"和"公共关系"两个P，用"6Ps"来打开和进入某市场，创造和改变目标顾客的需要。

④菲利普·科特勒在提出大市场营销之后，又提出市场营销的"10Ps"原则，即战术型"4Ps"：产品（Product）、价格（Price）、分销地点（Place）和促销（Promotion）；战略型"4Ps"：诊断（Probing）、优选（Prioritizing）、细分（Partition）和市场定位（Positioning）；广义市场营销"2Ps"：政治力量（Political Power）和公共关系（Public Relations）。"10Ps"原则使大市场理论更加完善。

（3）"4Cs"理论

"4Cs"理论是20世纪90年代美国大师劳特彭提出的，"4Cs"是指消费者的欲求与需求（Customer solution）、消费者获取满足的成本（Cost）、消费者购买的方便性（Convenient）和沟通（Connection）。

劳特彭认为，市场营销理论和大市场营销理论均立足于企业，研究企业如何做才能满足消费者的需求，即如何根据消费者的需求来设计、开发产品定位、合理定价、合理分销和合理促销，以充分地利用和调动企业资源，实现企业目标。虽然采用的是以消费者需求为中心的市场营销管理，但实质上仍是"企业导向"，仍是"消费者请注意"式的管理，而不是真正的"消费者导向"式的市场营销管理。

劳特彭提出的"4Cs"理论是以"消费者需求"为导向的市场营销理论，该理论认为，首先要瞄准消费者的需求，了解、研究与分析消费者的需要与欲望，而不是企业能生产的产品；其次要了解消费者满足需要愿意支付的成本，而不是先给产品定价，向消费者要多少钱；再次需考虑为顾客购物交易过程提供方便，而不是依据企业状况选择销售渠道和制订销售策略；最后是以消费者为中心实施营销沟通，将顾客和企业双方利益整合在一起。

劳特彭的"4Cs"理论正在发展中，尚不十分完善和成熟，其问题体现在以下几个方面：

①市场经济条件下，市场竞争十分激烈，"4Cs"理论可发现新的需求，但缺乏对竞争对手和自身优势及采取对策的冷静分析和研究。

② 市场经济条件下，形成企业营销特色、造就营销优势是至关重要的，"4Cs"理论可能造成企业间营销的趋同化。

③ 企业为满足消费者的需求，以消费者的需求为导向可能会付出更高的成本而降低盈利能力。

④ "4Cs"理论强调的"满足消费者需求"是被动适应消费者，缺乏"创造需求"和"引导需求"的意识。

（4）"4Rs"理论

20世纪90年代末美国的舒尔茨提出简称为"4Rs"的新营销理论，他将营销要素归结为：关联（Relating）、反应（Reaction）、关系（Relation）和回报（Respond），因四个要素英文字母均以R开始，故简称为"4Rs"。其核心内容如下：

① 关联。关联即与顾客建立关联，顾客是动态的概念，其忠诚度是变动的，是会发生转移的，只有提高顾客的忠诚度，才能赢得稳定的市场，企业应千方百计与顾客建立联系，形成互动、互求、互需的关系，将顾客与企业关联在一起，减少顾客的流失，这对企业的营销尤为重要。

② 反应。反应即对市场反应的速度。对企业来说，换位思考，站在消费者立场，及时倾听顾客的希望和需求，并及时答复和迅速答复做出反应，变"给顾客讲"为"听顾客说"，是至关重要的。

③ 关系。这里的关系是指与顾客建立长期稳固的关系。其重要思想是将交易变成责任，变交易营销为关系营销；变管理营销组合为管理与顾客的互动关系；以产品为核心变为以产品或服务给顾客带来的利益为核心；变不重视服务为向顾客承诺；将眼前利益与长远利益相结合，达到长期拥有顾客的目的。

④ 回报。回报是指为企业和顾客创造价值。企业营销要有投入与产出，只有产出大于投入企业才有回报，企业只有满足顾客需求，为顾客提供价值才能有产出，因此只有"双赢"才是企业营销的精髓。

"4Rs"是竞争导向的营销理论框架，着眼于"与顾客互动"和"双赢"，不仅积极地适应顾客需求，而且主动地创造需求，运用系统思想整合营销，通过关联、关系、反应将企业与顾客联在一起，形成竞争优势。

上述四种营销理论虽然在思路上各有不同，但存在密切联系。"4Ps"理论是市场营销的最基本框架，"6Ps"是对"4Ps"的完善，变被动适应为主动适应；"4Cs"与"4Rs"是在"4Ps"基础上的创新与发展，企业应依据市场环境和所处的层次选用不同的营销理论。

1.1.3　市场营销观念的演变

企业的市场营销观念既由社会生产力和商品经济发展所决定，同时又对生产力和商品经济的发展有着巨大的反作用。企业经营观念的正确与否，不仅直接影响着企业经营的成败，还对社会经济发展速度和效益也有着十分重大的影响。它的核心问题是：以什么为中心来开展企业的生产经营活动。回顾市场营销观念的演变过程，迄今为止，大致经历了以下几个阶段：

1. 生产导向阶段（生产观念）

生产观念是指导销售者行为的最古老的观念之一。这种观念产生于 20 世纪 20 年代前。企业经营哲学不是从消费者需求出发，而是从企业生产出发。其主要表现是"我生产什么，就卖什么"。生产观念认为，消费者喜欢那些可以随处买得到而且价格低廉的产品，企业应致力于提高生产效率和分销效率，扩大生产，降低成本以扩展市场。例如，美国皮尔斯堡面粉公司，从 1869 年至 20 世纪 20 年代，一直运用生产观念指导企业的经营，当时这家公司提出的口号是"本公司旨在制造面粉"。美国汽车大王亨利·福特曾宣称："不管顾客需要什么颜色的汽车，我只有一种黑色的。"这也是典型表现。显然，生产观念是一种重生产、轻市场营销的商业哲学。

生产观念是在卖方市场条件下产生的。在资本主义工业化初期以及第二次世界大战末期和战后一段时期内，由于物资短缺，市场产品供不应求，生产观念在企业经营管理中颇为流行。我国在计划经济旧体制下，由于市场产品短缺，企业不愁其产品没有销路，工商企业在其经营管理中也奉行生产观念，具体表现为：工业企业集中力量发展生产，轻视市场营销，实行以产定销；商业企业集中力量抓货源，工业生产什么就收购什么，工业生产多少就收购多少，也不重视市场营销。

除了物资短缺、产品供不应求的情况之外，有些企业在产品成本高的条件下，其市场营销管理也受产品观念支配。例如，亨利·福特在 20 世纪初期曾倾全力于汽车的大规模生产，努力降低成本，使消费者购买得起，借以提高福特汽车的市场占有率。

2. 产品导向阶段（产品观念）

产品观念是指企业不是通过市场分析开发相应的产品和品种，而是把提高质量、降低成本作为一切活动的中心，以此扩大销售、取得利润这样一种经营指导思想。产品观念不仅注重生产数量，还注重产品质量。

它也是一种较早的企业经营观念。产品观念认为，消费者最喜欢高质量、多功能和具有某种特色的产品，企业应致力于生产高值产品，并不断加以改进。它产生于市场产品供不应求的"卖方市场"形势下。最容易滋生产品观念的场合，莫过于当企业发明一项新产品时。此时，企业最容易导致"市场营销近视"，即不适当地把注意力放在产品上，而不是放在市场需要上，往往造成虽然产品质量优良，但是产品单一，款式老旧，包装和宣传缺乏，在市场营销管理中缺乏远见，只看到自己的产品质量好，看不到市场需求在变化，致使企业经营陷入困境。

例如，美国某钟表公司自 1869 年创立到 20 世纪 50 年代，一直被公认为是美国最好的钟表制造商之一。该公司在市场营销管理中强调生产优质产品，并通过由著名珠宝商店、大百货公司等构成的市场营销网络分销产品。1958 年之前，公司销售额始终呈上升趋势。但此后其销售额和市场占有率开始下降。造成这种状况的主要原因是市场形势发生了变化：这一时期的许多消费者对名贵手表已经不感兴趣，而趋于购买那些经济、方便与新颖的手表；而且，许多制造商为迎合消费者需要，已经开始生产低档产品，并通过廉价商店、超级市场等大众分销渠道积极推销，从而夺得了该钟表公司的大部分市场份额。该钟表公司竟没有注意到市场形势的变化，依然迷恋于生产精美的传统样式手表，仍旧借助传统渠道销售，认为自己的产品质量好，顾客必然会找上门。结果，致使企业经营遭受重大挫折。

3. 销售导向观念（推销观念）

推销观念（或称销售观念）产生于 20 世纪 20 年代末至 50 年代前，是为许多企业所采用的另一种观念，表现为"我卖什么，顾客就买什么"。它认为，消费者通常表现出一种购买惰性或抗衡心理，如果听其自然的话，消费者一般不会足量购买某一企业的产品，因此，企业必须积极推销和大力促销，以刺激消费者大量购买本企业产品。推销观念在现代市场经济条件下被用于推销那些大量的非渴求物品，即购买者一般不会想到要去购买的产品或服务。许多企业在产品过剩时，也常常奉行推销观念。

4. 市场导向阶段（市场营销观念）

市场营销观念是指企业进行经营决策，组织管理市场营销活动的基本指导思想，也就是企业的经营哲学。它是一种观念，一种态度，或一种企业思维方式。市场营销观念是一种"以消费者需求为中心，以市场为出发点"的经营指导思想。营销观念认为，实现组织诸目标的关键在于正确确定目标市场的需要与欲望，并比竞争对手更有效、更有利地传送目标市场所期望满足的东西。

市场营销观念产生于 20 世纪初期的美国，是企业进行市场营销活动时的指导思想和行为准则的总和。企业的市场营销观念决定了企业如何看待顾客和社会利益，如何处理企业、社会和顾客三方的利益协调。企业的市场营销观念经历了从最初的生产观念、产品观念、推销观念到市场营销观念和社会市场营销观念的发展和演变过程。真正的营销观念形成于第四个阶段的市场营销观念，这是市场营销观念演变进程中的一次重大飞跃。

要求企业一切计划与策略应以消费者为中心，正确确定目标市场的需要与欲望，比竞争者更有效地提供目标市场所要求的满足。要求企业营销管理贯彻"顾客至上"的原则，将管理重心放在善于发现和了解目标顾客的需要上，并千方百计去满足它，使顾客满意，从而实现企业目标。

5. 社会市场导向阶段（社会市场营销观念）

社会市场营销观念是以社会长远利益为中心的市场营销观念，是对市场营销观念的补充和修正。

从 20 世纪 70 年代起，随着全球环境破坏、资源短缺、人口爆炸、通货膨胀和忽视社会服务等问题日益严重，要求企业顾及消费者整体利益与长远利益的呼声越来越高。西方市场营销学界提出了一系列新的理论及观念，如人类观念、理智消费观念、生态准则观念等。其共同点都是认为，企业生产经营不仅要考虑消费者需要，而且要考虑消费者和整个社会的长远利益。这类观念统称为社会市场营销观念。

1.2　房地产与房地产市场

房地产市场营销无论是在理论上还是在实践中，都是一个正在发展、走上成熟的新领域，需要努力探索。本节从介绍我国房地产市场营销观念的演变入手，分析了当代房地产市场营销的含义，阐述了房地产市场营销的特性和全过程，并在此基础上结合我国实际情况，探讨了房地产市场营销的意义与作用，力图使读者对房地产市场营销内涵有个概括的总体认识。

1.2.1　房地产的整体概念

在我国，所谓房地产，是指土地、建筑物及固着在土地、建筑物上不可分离的部分和附着于其上的各种权益（权利）的总和。

这些固着在土地、建筑物上不可分离的部分，主要包括：为提高房地产的使用价值而种植在土地上的花草、树木或人工建造的花园、假山；为提高建筑物的使用功能而安装在建筑物上的水、暖、电、卫生、通风、通信、电梯、消防等设备。它们往往可以被看做是土地或建筑物的构成部分。

房地产主要有三种存在形态：

① 单纯的土地，如一块无建筑物的城市空地；

② 单纯的建筑物，建筑物虽然必须建造在土地之上，但在某些特定情况下可以把它单独看待；

③ 土地与建筑物合成一体的房地（或称为复合房地产），例如把建筑物和其坐落的土地作为一个整体来考虑。

房地产由于其位置固定、不可移动，通常又被称为不动产。所谓不动产，简单地说，是指不能移动的财产。

对于房地产产业来说，土地是指地球的表面及其上下一定范围的空间，其范围包括地面、地面以上的空间和地面以下的空间，是一个三维立体空间概念。一宗土地的地面以上的空间是指从地球表面的该宗土地的边界向上扇形扩展到无限高度的空间；一宗土地的地面以下的空间是指从地球表面的该宗土地的边界向下呈锥形延伸到地心的空间。

建筑物是指人工建筑而成的物体，包括房屋和构筑物两大类。房屋是指能够遮风避雨并供人居住、工作、娱乐、储藏物品、纪念或者进行其他活动的空间场所，一般由基础、墙、门窗、柱和屋顶等重要构件组成。构筑物则是指人们一般不直接在内进行生产和生活活动的场所，例如：烟囱、水塔、水井、道路、桥梁、隧道、水坝等。

住宅、房屋及建筑物是不同的概念。住宅是指人们的居住用房，是房屋中的一种。房屋不仅包括居住用房，而且包括厂房、仓库和商业、服务、文化、教育、办公、医疗、体育等用房。建筑物的范围更广，不仅包括房屋还包括房屋以外的其他建筑，如码头、船坞、油库、水塔、烟囱、围墙等。

在我国，就房地产开发经营来说，附着于土地和建筑物上的房地产权益包括土地使用权和房屋所有权，以及在其上设置的他项权利，如抵押权、典权等。

综上所述，我国房地产的整体概念如图1-2所示。

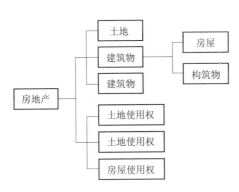

图1-2　房地产整体概念图

1.2.2　房地产的特性

在市场经济体制下，房地产是一个地区或一个国家经济活动中的一大商品。就社会而言，房地产是人类赖以生存及发展的必需品，是生产活动中最基础的生产要素，同时又是社会活动中最基本的生活资料。因此，房地产是一种既有商品属性又有社会属性的财产。

房地产的特性主要是指它的商品特性和物理特性。

1. 房地产的商品特性

（1）房地产商品的广义性

房地产商品不仅是指土地以及建设在土地上的各种建筑物，例如住宅房屋、办公楼、酒店、多少平方米的土地、多少平方米建筑面积的房屋等，而且还包括这些土地与建筑物的法定所有权或使用权。由于房地产的固定性，每次在被买卖或出租时，买主不可能取走他所购买的商品，而只能通过法定的契约或文件来保证他所购买的所有权或使用权。因此作为在市场上流通中的商品，房地产的法定契约或文件比实物形式更为流行。

（2）房地产商品的特殊性

房地产商品交易不像一般商品交易完成后买方将商品、卖方将贷款各自拿走，从而完成钱、货交易。一笔房地产商品交易的完成体现在买主以法定合约的形式买走了房地产的使用权或所有权。

房地产商品交易的另一重要特征是租赁，它是房地产市场交易的主要形式，其主要原因是：第一，受土地制度与法律的制约。中国以及英联邦国家和地区是限制土地所有权买卖的，但允许土地使用权的出租。第二，土地和建筑物是十分昂贵的商品，大多数人无法一次性拿出足够的钱来买下他们的住房或办公用楼，普遍采用的办法就是租用或分期付款的方式来购买。分期付款是一种特殊的租赁形式，在款项未付清以前付款人仍没有房地产的所有权，而且以租赁形式享受使用权。只有在付清全部款项后，付款人才拥有商品的所有权。第三，由于房地产的不可移动性，一般投资者宁愿租一片土地或房屋，而不愿购买下来。因为如果买下来不仅带不走还会承担因社会环境或政治环境的变化而带来的风险。

2. 房地产的物理特性

（1）房地产的不可移动性

土地与在土地上面的建筑物是不可以移动的。房地产位置的固定性决定了这种特殊商品的个别性，没有两个房地产商品是完全相同的，即使两处的建筑物一模一样，但由于其坐落的位置不同，周围环境也不相同。房地产的这种严格受到位置支配的特征，要求在进行商品交易时要进行实地观察，因此限制了这种商品交易的灵活性，同时也给商品所有者带来不可移动的风险。

房地产的位置有自然地理位置与社会经济地理位置之别。虽然房地产的自然地理位置固定不变，但其社会经济地理位置却经常在变动。这种变动可以由以下原因引起：① 城市规划的制定或修改；② 交通建设的发展或改变；③ 其他建设的发展等。当房地产的位置由劣变优时，其价格会上升；反之，价格会下跌。

房地产投资者应重视对房地产所处位置的研究，尤其应重视对社会经济地理位置现状和发展变化的研究。

（2）房地产的长期使用性

土地的利用价值永不会消失，这种特性称为不可毁灭性或恒久性。土地的这种特性，可为其占有者带来永续不断的收益，同时建筑物的使用期一般也可达到十年乃至上百年，因此相对其他商品来说也具有长期使用性或较高的耐用性。

我国房地产的长期使用性受到了有限期的土地使用权的制约。根据我国现行的土地使用制度，企业组织和个人通过政府出让方式取得的土地使用权是有一定使用期限的土地使用权，其土地使用权在使用年限内可以转让、出租、抵押或者用于其他经济活动，但土地使用期满，土地及其地上的建筑物以及其他附着物所有权应由国家无偿收回。

我国规定的土地使用权出让最高年限按下列用途确定：居住用地70年；工

业用地 50 年；教育、科技、文化、卫生、体育用地 50 年；商业、旅游、娱乐用地 40 年，综合或其他用地 50 年。

（3）房地产规模的有限性

房地产商品生产的主要生产要素是土地。一方面，土地的固定性（或不可移动性）和数量上的有限性决定了生产房地产的数量是有限的。另一方面，因为生产出来的建筑物商品也具有不可移动性，因此一般的房地产商品生产者不可能进行大范围的开发和生产。不过房地产生产规模的有限性使它的保值性和增值性成为可能，因为随着社会的发展、人口的增加、人类生活水平的提高、人类活动能力的增强，人们对居住环境的质量和数量要求会不断提高。然而这种商品的供给是有限的，所以房地产的价格会随时间而上涨，有保值和增值的特性。另外，土地使用权期限的有限性又使房地产商品价格上涨成为不可能。

1.2.3 房地产市场的概念

市场是由于社会分工的商品交换而产生和发展起来的，是社会生产力在一定发展阶段的产物，是商品经济的范畴。列宁说：“哪里有社会分工和商品生产，哪里就有市场。”市场的概念在不同的历史时期、不同的场合具有不同的含义。在人类社会初期，生产力水平很低，能进入交换的产品极少，交换关系也简单，生产者的产品有剩余时，就需要寻找一个适当的时间、地点进行交换，这样就逐渐形成了市场。如“日中为市，致天下之民，聚天下之货，交易而退，各得其所”，这便是原始的市场，主要是指商品交换的场所，是一个空间上的概念。后来，随着社会分工和商品生产的发展，商品交换日益频繁和广泛，成为社会经济生活中大量的、不可缺少的要素，市场也就无所不在了。

在现代社会里，交换渗透到社会生活的各个方面，特别是信息、金融、交通等行业的迅速发展，使商品交换打破了时间和空间上的限制，交换关系日益复杂，交换范围日益扩大，交换不一定需要固定的地点。因此，市场就不仅是指具体的交换场所，而且还指所有从事商品生产和交换的生产者、经营者以及商品消费者之间错综复杂的交换关系的总和，这是市场的一般概念，经济学中的“市场”这一术语，一般都是从这个意义上来理解和使用的。

但是，房地产营销学并非从这个意义上来理解和使用“市场”这一概念。因为房地产营销学是从企业经营活动的角度来研究市场的。从这一角度出发，企业站在卖方的立场上，是供给一方，“市场”只有需求这一方。因此，市场在这里只是指“某种商品或服务的所有现实购买者和潜在购买者需求的总和”。

由此可见，房地产市场是指房地产的现实购买者和潜在购买者对某宗特定房地产商品所形成的购买需求总和。

由于房地产市场的基本经济内容是房地产产品供求和房地产产品买卖，因此，房地产市场的形成必须具备下列三个基本条件：其一是存在着可供交换的房地产产品，这是构成房地产市场的客体；其二是存在欲出售（或出租）房地产产品的卖主和具有购买力、购买欲望的买主，这是构成房地产市场的主体；其三是具有买卖双方都能够接受的交易价格及其条件。只有满足以上三个基本条件，商品的交换才能成为现实，市场也才有实际意义。

1.2.4　房地产市场的特征

房地产市场是房地产交易双方就某宗特定房地产的交易价格达成一致并进行房地产商品交易的领域。房地产市场的核心功能是形成房地产市场交易价格。

一个完善而灵活的房地产市场必须具备下述条件：第一，有稳定、明确及长远的房地产政策；第二，有完善的法制基础，使房地产开发、房地产交易和房地产管理均有法可依；第三，有统一、简明以及灵活有效的现代化管理制度；第四，有完善的房地产市场运作体系。

房地产市场具有如下特征：

1. 房地产市场是房地产权益的交易市场

由于房地产的不可移动性，房地产交易流通的对象实际上是附着在每一宗具体房地产上的权益（或权利），而不是物业本身。

这种权益可以是所有权（包括占有权、使用权、收益权和处分权），也可以是部分所有权或其他权益（权利）。这种权益一般有明确的界定，因而具有排他性。

这些权益或单独交易或联合在一起交易，在房地产市场上就表现为不同类型、不同性质的交易行为。

2. 房地产市场是区域性市场

由于地产的不可移动性，房地产市场的区域性极强。不同国家、不同城市甚至一个城市内部的不同地区之间，房地产的市场条件、供求关系、价格水平都会大相径庭。

由于房地产市场的区域性特点，房地产开发商在从事某一地区的房地产开发经营业务时，必须充分了解当地政治、经济、社会、文化、法律等各方面的情况。

3. 房地产市场是不完全竞争市场

一个完全竞争的市场必须具备三个条件：一是商品同质，可以互相替代；二是某一商品的卖主和买主人数众多，且随时自由进出市场；三是信息充分，传播畅通。但房地产市场不具备上述三个条件。房地产商品是绝对异质的，互相不可替代的。所以，某一房地产的卖主和买主都不可能是众多的。

在房地产市场上买主和卖主的机会都不是均等的，两者都没有充分的选择权，因而，在房地产市场上个别卖主或买主对房地产交易价格往往会起很大作用。

房地产市场是一个专业性很强的复杂市场，人们进行房地产交易时应求助于专业人员和专业机构。这些专业人士通常是律师、房地产估价师、房地产营销人员及掌握建筑工程和房地产税收知识的专业人员。

房地产是高价商品，房地产的权属转移必须按法定的程序履行各项手续，除房地产产权人的变更外，还有相关的权利、义务、责任和利益等经济关系的转移行为。为了保护有关当事人的利益，各国政府都立法管理房地产买卖及租赁活动或行为。房地产交易活动在某些环节是受到政府严格限制的，房地产市场是受国家严格控制的不完全开放市场。

4. 房地产市场信息不充分

缺乏信息是房地产市场的又一特征。许多房地产交易和定价是私下进行的，很大程度上取决于交易当事人的相互关系。因此，这种成交价往往不能反映成交房地产的真实价值。由于房地产交易信息不易获得，因而房地产市场不易形成竞争性的市场结构。

5. 房地产市场的变化具有周期性

房地产业和国民经济其他产业一样也具有周期性，其变化的基本规律也是：繁荣——调整——衰退——复苏——繁荣。

根据国际和我国的实际，一般而言，房地产周期为 7～10 年，日本约为 10 年，我国内地为 6～8 年，我国台湾地区为 7 年。当然，房地产市场的周期性与国民经济的周期性有着密切的关系，国民经济的发展决定着房地产市场的大势。

判断周期变化的主要指标有：空置率；租金/售价；开复工面积；销售面积；土地出让面积等。

1.2.5 房地产市场的分类

房地产市场是一个多功能的综合性市场，从不同的角度出发，有多种不同的分类方式。

1. 按地域范围划分

房地产的不可移动性，决定了房地产市场是区域性市场。人们认识和把握房地产市场的状况，也多从地域的概念开始。因此，按地域范围对房地产市场进行划分，是房地产市场划分的主要方式之一。地域所涵盖的范围可大可小，最常见的是按城市划分，例如北京房地产市场、上海房地产市场、重庆房地产市场等。对于比较大的城市，其城市内部各区域间的房地产市场也往往存在着较大差异，因此还要按照城市内的某一个具体区域划分。但一般来说，市场所包括的地域范围越大，其研究的深度就越浅，研究成果对房地产投资者的实际意义也就越小。

2. 按房地产的实物形态划分

按房地产的实物形态划分，可分为地产市场和房产市场。

① 地产市场是指土地使用权的交易市场。

② 房产市场不仅反映一定时期内房产供给量及有支付能力的房产需要量之间的经济联系，而且反映出房地产生产者与消费者之间、房产买卖双方之间、房地产业与国民经济其他部门之间的经济关系。

3. 按房地产的交换形式划分

按房地产的交换形式划分，可分为房地产买卖、租赁、调换、抵押、典当市场。

① 房地产买卖是指从事房地产买卖活动，包括房地产所有权买卖和土地使用权让与。房地产买卖是房产出售者与购买者之间在房产所有权方面的一种经济关系，房产出售者让与房产所有权而获得房地产价值的货币收入，购买者通过支付货币买到房产所有权。该形式是房产交易中最重要、最典型的方式。除此之外，土地使用权的长期让与，即以购买长期使用权的买卖方式，亦可视为房地产买卖行为。房产买卖可分为现房买卖和期房买卖。

② 房地产租赁是房地产出租者将房地产使用权在一定期限内交给承租者，而房地产的所有权不变，出租者售出房屋在一定期限内的使用权，得到的是租金收入，承租者买到的是房屋在一定时期内的使用权，付出的是房租。

③ 房屋调换有两种形式：一种是房屋所有权的调换；另一种是房屋所有权不变，只发生使用权转移。

④ 房地产抵押是房产所有权人因借款成为第三者担保债务的履行，将房产及相应的土地使用权抵押给债权人作为保证。房地产抵押不转移房屋占有、使用和收益权利，但所有者不能随意处理房屋，直到还清债务、抵押消失为止。

⑤ 房屋典当是将房屋出典于人，收取一定典价，在一定时间内原价回赎，过期不赎作为绝卖。在典期内，典权人有权使用房屋，享有在典期内将房屋出租和转典的收益权。出典人在典期内如使用房屋则需缴纳房租，出典人有权在典期届满时交回典价赎回房屋，不付利息。如双方同意，也可由承典人按房价向出典人按房价向出典人补足典价的差额而取得房屋的所有权（即绝卖）。

4. 按房地产购买者的目的划分

购买者购买房地产的目的主要有自用和投资两类。自用型购买者将房地产作为一种耐用消费品，其目的在于满足自身生活或生产活动的需要，其购买行为主要受购买者自身特点、偏好等因素的影响。投资型购买者将房地产作为一种投资工具，其目的在于将所购的房地产出租经营或转售，并从中收回投资和获得收益，其购买行为主要受房地产投资的收益水平、其他类型投资工具的收益水平以及市场内使用者的需求特点、趋势偏好等因素的影响。根据购买者目的的不同，可以将房地产市场分为自用市场和投资市场。

5. 按房地产的用途和等级划分

由于不同类型的房地产从投资决策到规划设计、工程建设等方面存在着较大的差异，因此按照房地产的用途分类，可将其分解为若干份市场，如居住房地产市场（普通住宅市场、别墅市场、公寓市场等）、商业房地产市场（写字楼市场、商场或店铺市场、酒店市场等）、工业房地产市场（标准工业厂房市场、高新技术产业用房市场、研究与发展用房市场等）、特殊房地产市场、土地市场（各种类型用地市场）等。根据市场研究的需要，有时还可以进一步按房地产的档次或等级细分，如甲级写字楼市场、乙级写字楼市场等。

6. 按房地产的交换层次划分

按房地产的交换层次划分，可分为一级市场、二级市场和三级市场（见表 1 - 1）。

表 1 - 1   房地产的交换层次划分

市场层次	一级市场	二级市场	三级市场
市场主体	国家或地方政府	各房地产公司	用户
市场特点	垄断竞争型	竞争型	竞争型
经营内容	总体规划设计用途、征地、拆迁、招投标地价	综合开发	房地产转让
经营方式	有期限拍卖、招标或逐年收取土地使用费	出卖或出租已开发的土地或连同其建筑物	转让或出租其建筑物
价格决定	垄断价格	价值价格	剩余年限的价格

在我国，一级市场（土地市场）的交易发生在投资者与政府之间，是一种典型的资源垄断市场和国家垄断市场，房地产经纪人除了给投资者或政府提供投资咨询外，难以参与市场运作。二级市场（房地产增量房市场）是新建商品房销售及土地使用权转让市场。三级市场（房地产存量房市场）则是消费者之间的交易市场。

1.3   房地产市场营销的概述

1.3.1   房地产市场营销的含义及特性

1. 房地产市场营销的含义

简单地说，房地产市场营销就是企业在房地产市场上进行的营销活动。可将其概念具体定义为：房地产市场营销是指房地产开发经营企业开展的创造性适应动态变化着的房地产市场的活动，以及由这些活动综合形成的房地产商品、服务和信息从房地产开发经营者流向房地产购买者的社会活动和管理过程。作为一个人为构造的开放系统，它主要表现在：

① 房地产市场营销系统是由一系列相关要素构成的。

② 房地产市场营销系统的运行结构也是由输入、过程及输出三个部分构成，这又包括两个方面的内容：一是，房地产市场营销系统运行中资源的输入、过程、输出；二是，房地产市场营销战略的输入、过程、输出。

③ 房地产市场营销具有特定目标，首先是通过房地产市场营销使房地产购买者的需求或欲望得到满足；其次是以营利为目的，即房地产市场营销活动的参与者都是以追逐近期或长期利益为目的的。

④ 房地产市场营销系统具有环境相关性。

2. 房地产市场营销的特性

（1）房地产市场营销是市场营销的分支

房地产企业营销的实质是以消费者对各类房地产商品的需求为出发点，通过房地产商品和服务满足消费者生产或生活、物质或精神的需求，来获取利润的商务活动。因此，市场营销的一般原理亦即策略能在房地产领域得到很好的运用。

（2）需要企业间的协同

一家企业无法单独完成整个营销过程，需要多兵种的协同作战。房地产营销一般包括了投资咨询机构、市场调研机构、项目策划机构、建筑设计机构、建筑施工机构、工程监理机构、销售推广机构、物业管理机构等。

（3）房地产市场营销与法律制度紧密相连

在法律上房地产的使用权和所有权可以分离，所有权者可将使用权以出租的形式让与第三者使用。此外，房地产经纪活动中，房地产商品的使用权和所有权还可用于抵押、典当、信托等，在房地产权属登记、转移等方面，都需要法律提供保障。

（4）房地产商品的独特性

房地产商品的经济特性决定了房地产市场营销对象——房地产商品的差异性和独特性十分明显。房地产市场只有相似的房地产，没有完全相同的房地产。在市场营销活动中，各个楼盘之间在营销方法和策略上都会有所差别。因此，有必要对房地产市场营销进行不断的、深入的研究。

1.3.2　我国房地产市场营销的发展历程

1. 建设观念阶段——标准规划

计划经济时代，我们只有简单的"房地产"概念，很长一段时间，我国的住宅建设一直是学习苏联模式，而且住宅的建设标准由政府统一制定，谁也不能超标准，甚至是出几套标志图，大家全按标准图进行建设，千楼一面。

20世纪80年代以前，还没有房地产市场的概念，那时"盖房子""盖家属院"，连人们的基本居住需求都难以满足，"规划设计有规划院，建筑设计有设计院"，那个时候的房屋建设等同于标准规划阶段。

20世纪80年代末，消费者对住房的需求迅速增长，需求也逐渐有了层次，过去按标准图建设住宅的观念被初步的规划设计取代，国外营销理论进入，导致房地产开发开始以设计为中心。当时，由于经济发展与生活水平有限，价格低廉的住房受到消费者欢迎，加之消费者对房地产产品的需求远大于供应，因而消费者最关心的是能否得到住房，而不是关心住房的细小特征。开发商致力于获得高生产效率和广泛的分销覆盖面，同时认为消费者喜爱那些可以随处得到的、价格低廉的住房。

2. 小区观念阶段——设计规划

房地产刚刚走向市场化，大部分开发商开发项目的意识依然停留在计划经济时代，往往是跟着感觉走，那时的房屋往往依赖于企业领导或几个设计院专家的"头脑风暴式"讨论，根本没有市场化调查、消费者需求调查的意识，开发的项目充满了主观臆断，开发商的营销处于小区观念阶段，认为消费者最喜欢高质量、多功能和具有某些特色的房子。有的开发商认为，消费者欣赏精心建设的小区，他们能够鉴别楼房的质量和功能，并且愿意出较多的钱买质量上乘的楼房。许多开发商没有意识到其市场可能并不那么迎合时尚，甚至市场正在朝不同的方向发展。开发商认为自己知道该怎样设计和改进产品，他们认为："在我们的房子没有盖起来以前，消费者怎么会知道他们需要什么样的住房？"虽然此时房地产开发依然以设计为中心，但规划的大部分功能开始与设计功能合并了。

3. 推销观念阶段——寻找卖点

房地产市场的泡沫与楼盘空置的现实，使房地产开发商认为消费者缺乏理性，有一种购买惰性或者抗衡心理，必须主动推销和积极促销，用好话劝说他们，开发商没有意识到楼盘空置的真正原因，继续销售其能够建造的楼盘，而不是建造能够出售的适应型楼盘。开发商的市场竞争观念，使营销成为企业的主要功能，被置于开发商一切工作的核心。

在1997—1999年大多数的房地产开发商仅仅只是寻找到楼盘的某一个或几个的显著特征，如有的强调物业管理，有的宣传环保意识，有的突出小区的智能化等，向消费者加以强调和宣传，使消费者对楼盘产生好感，以达到促销的目的。这个时期，市场上的多数卖点模式对提高项目的素质起到了非常积极的作用，但同时也使许多楼盘成本处于高处不胜寒之境。

4. 营销观念阶段——整合营销

围绕用户展开的营销，并没有使供需缓和、楼盘空置减少，开发商逐渐认识到实现销售的关键在于正确确定目标市场的需要和欲望，并且比竞争对手更有效、更有利地传送目标市场所期望满足的东西，即发现欲望并满足它们。这使开发商不再只关注于产品的本身，转而关注市场需求。

房地产营销的责任，就是去研究市场，发现消费者的真正"欲望"和社会的长远利益，这时，整合营销理论应运而生。整合营销是企业经营目标兼顾企业、顾客、社会三方的共同利益，各种营销技巧相互结合、相互补充所构成的企业市场营销理念。整合营销要求企业的所有活动都整合和协调起来，企业中所有部门都在一起努力为顾客的利益而服务，企业的营销活动成为企业各部门的工作，即所谓的营销非功能化，营销等于企业的全部。

在整合营销时代，将改变以往从静态的角度分析市场、研究市场，然后再想方设法去迎合市场的做法，它使地产与泛地产相复合，运用房地产领域内外各种技术手段，强调以动态的观念，主动地迎接市场的挑战，企业更加清楚地认识到企业与市场之间互动的关系和影响，不再简单地认为企业一定要依赖并受限于市场自身的发展，而是告诉企业应该更努力地发现潜在市场，创造新的市场，最终是要提升房地产价值，创造房地产品牌。

1.3.3　房地产市场营销的研究对象、范围和内容

房地产市场营销的研究对象是房地产企业的市场营销活动及其内在规律性，即在特定的市场营销环境中，房地产企业在调研的基础上为满足消费者和用户现实的或潜在的需求所实施的以产品策略、价格策略、渠道策略、促销策略等为主要内容的整体营销活动过程及其内在客观规律性。

当然，任何市场都是由买卖或供求双方构成的，市场是供给和需求的统一。但市场营销不是一般意义上运用市场这一概念，它是站在商品生产者的角度，作为供给一方来研究如何适应市场需求，如何使产品具有吸引力，定价合理，购买方便，使双方满意，促成商品交换，从而提高企业的市场占有率和经济效益。而交换作为社会再生产的一环，不能离开其他环节孤立地被研究，因为生产和消费都与交换有着直接联系。离开生产，交换就失去了存在的基础；离开消费，交换也失去了原动力。因此，房地产市场营销的研究范围是以房地产市场为出发点，贯穿于再生产过程的各个环节，包括房地产市场、购买者的需求、房地产营销策略的制定与实现策略的方法，以及对整个营销活动过程所进行的房地产风水策划。

房地产市场营销可以划分为 10 个阶段——市场调查、购房者需求分析、竞争者分析、项目形象包装策划、产品策略、价格策略、渠道策略、促销策略、客户关系管理、项目选址规划。其中，前 5 个阶段被称为"前营销"，随后 4 个被称为"后营销"，最后房地产选址规划贯穿始末。

前营销的重点是得出某一项目的市场概念，即在这块特定的地块上，为哪个细分市场盖房比较合适，盖什么样的房（何种档次、何种建筑风格、主力户型面积及其配比、总价水平等）比较好卖。而这个市场概念必须经过训练有素的、经验丰富的专业人士广泛深入地进行市场研究后方可得出。一个房地产项目的总体规划、建筑设计、景观设计方案是否成功，关键是看它能否巧妙地运用规划语言、建筑语言、建筑风格、建筑符号，把市场研究的成果恰如其分地、十分贴切

地诠释出来。

随着房地产业的逐步发展以及消费者的日趋理性，传统的楼市买卖观已不适应时代发展的要求，房地产的营销模式应该发生根本性的变革。对于房地产企业而言，如果没有好的产品和成熟的营销经验作支撑，要想在市场上占有一席之地是非常困难的。后营销是指房地产企业为销售商品和服务顾客所作出的一系列营销活动。它通过了解和满足目标客户群的需求，制定出一套合理的房地产营销策略，维系企业与客户的长期关系，培养企业忠诚客户。以较低的营销成本、较高的营销效率创造良好的企业经营绩效。

房地产市场营销＝市场定位＋项目定位＋目标客户群定位＋市场宣传推广＋客户管理，因此我们应该清醒地认识到，房地产营销有着非常缜密科学的体系，每个环节紧密相连，任何形式的疏忽都会导致失误和偏差。

▶ 本章小结

本章对房地产整体概念、房地产市场及其房地产市场营销的概念做出了明确的解释；介绍了房地产市场营销的发展历程。学生们不仅能了解到房地产市场营销所研究的对象，而且还能掌握房地产市场营销研究的范围和内容。

▶ 关键概念

房地产　　房地产市场　　房地产市场营销　　前营销　　后营销

▶ 思考题

1. 房地产市场营销的含义是什么？
2. 前营销和后营销的区别是什么？

▶ 实训项目

分组实训：收集本组所选楼盘（拟开发或正在开发）的有关市场营销资料。

▶ 案例分析

山海天城建集团是一家以中、高档住宅开发为主的房地产专业开发企业，近几年来，该公司成功实施营销带动战略，连续开发教授花园一、二、三期工程，种下的"梧桐树"，成功引来了三百多名以北大教授为代表的"金凤凰"——教授花园业主。

2006年秋，"日照海滨教授花园"成为各大门户网站的焦点话题。9月25日网易在新闻的头版头条以《300多北大教授山东日照购海景房》为题进行了报道，然后凤凰网、搜狐网、人民网等各大门户网站以及《北京青年报》等众多媒体相继进行了大量报道。

　　"日照海滨教授花园"的房地产营销案例一时间声名鹊起，引起了社会各界的极大关注。而它的开发商山海天城建集团，作为一家以中、高档住宅开发为主的小型房地产开发企业，年开发量仅仅20多万平方米，在业内没有什么知名度。但2006年秋发生的这件事说明，该公司的营销战略运作得相当成功。事实也正是如此，日照市作为新兴的海滨城市，在国内的知名度也不高，更不要说山海天城建集团这家小房地产公司了，可是他们却连续成功开发了教授花园一、二、三期工程，种下的"梧桐树"，引来了三百名以北大教授为代表的"金凤凰"——教授花园业主入住园区。不仅如此，他们开发的房子有80%以上卖给了外地人，直接把日照的房价由每平方米1 000多元拉升至每平方米4 000多元，创造了2004年一年销售4个亿的日照市房产销售新纪录。

　　分析讨论：以上案例可以给我们带来什么启示？

第二章

房地产市场调查与研究

▶ 学习目标

通过本章的学习，了解房地产市场调查的主要方面及作用，理解房地产市场调查的主要步骤；掌握房地产市场调查的主要方法；在明确问卷设计的概念的基础上，了解调查问卷的作用和问卷的格式，掌握问卷设计的原则和程序。

▶ 知识点

1. 房地产市场调查的概念以及主要步骤；
2. 房地产市场调查的主要方法；
3. 市场调查问卷设计的含义以及问卷的格式。

▶ 技能要求

1. 设计整体调查问卷的能力；
2. 设计询问问句和合理安排问句顺序的能力。

开篇案例

南京城北某住宅小区产品、价格策略研究

1. 背景

某开发商在南京城北拥有一块开发用地，占地 6.62 公顷（1 公顷 = 10^4 平方米），建筑容积率 0.95。该地块集山、水、城于一处，既是重要的景观所在，又是绝佳的居住福地。

当时已有了一个初步的规划方案，拟建设 19 栋 4 层沿河高级公寓，3 栋多层和 2 栋小高层住宅。均价在 3 200 元/平方米左右。

但是该地块所处区域为南京六城区中经济实力、消费水平较低的行政区，此

房价为当时该区最高价格，不知市场前景如何，规划方案，尤其是户型设计要做何调整。

2. 客户要求

通过市场调研，提出对该小区规划包括对价格的看法及其依据。时间要求在1个月以内。

3. 研究思路

开发商提出的要求，只有通过对目标客户意见反馈的分析才能予以满足。因此，本次研究的首要课题，是如何确定该小区现实的或潜在的客户群。

根据开发商的判断，该小区的买主应是这个区域内收入较高的人群，尤其是城北众多大市场（如金桥、玉桥市场）中做买卖的生意人。

研究人员在现场勘察及研究了初步规划方案后，不能确定开发商的判断正确与否。考虑到开发商时间要求较紧，研究人员建议运用媒体的方式做调查手段，开发商予以认同。

4. 研究进展

2月16日、2月19日，分别在当地发行量较大的媒体——《现代快报》《扬子晚报》上发布了标题为"你把家安在哪儿好"的大幅套红（彩色）广告，详细介绍了地块情况、小区初步规划情况，诚恳地征求感兴趣的读者对小区规划、建设及价格等方面提出意见与建议。同时，还组织人员向金桥、玉桥、惠民桥、白云亭、金盛百货等8大市场所有摊主派发了5 000份宣传彩页，内容同报纸广告（事先已派人踩了点，了解到这些大市场共有4 900多个摊位，故印制了5 000份彩页）。

从2月16日开始，指派专人接听电话，到2月23日止，8天时间共接听回馈电话180多个，其中记录在案的156个。接听电话前，拟好了调查提纲和问卷，旨在尽可能将回馈信息条理化，以便于后期分析、整理。

5. 研究成果

经对156位来电人员的态度及信息资料进行整理、统计和交叉分析，对该小区的客户群体、市场定位、价格、户型面积配比等有了清晰的了解。

（1）了解了客户群体之所在

这个客户群体的地域分布确实如开发商事先所料，以周边附近二三千米以内为主。但从职业上看与开发商的事先判断大相径庭。绝大多数为工人、职员、教师、公务员等工薪阶层。来自金桥、玉桥等大市场生意人的回馈电话仅有13个，只占总数的8.3%。这一结果，与原先的市场定位有很大出入。

（2）清楚了客户对于价格的承受力

来电中72.2%的人认为不能超过3 000元/平方米。

其他还了解到对户型面积、小区名称等的建议。

由此，对开发商提出了如下建议：

调整市场定位。该小区的市场定位宜调整到有稳定收入的工薪阶层身上。以此为主体，同时兼顾其他有关层面。

价格要适中。这与市场定位是相互关联的。为了不降低开发商的利润率，建议主要在降低开发成本上下工夫。第一，取消网球场（很多人来电认为这一设施完全没有必要）。第二，取消原预算为456万元的小区智能化系统投资。第三，与规划部门协调，略为增加沿河多层的层数，适当提高容积率，降低土地成本。第四，调整户型面积配比，取消原先的一些大户型设计。

6. 总体评估

此次调研市场反映热烈，效率高，效果良好，达到了预期目的，开发商也颇为满意。此次研究之所以较成功，是因为研究思路比较清晰，所运用的研究手段（大众媒体调查）比较适合于本项目。且在发布前，注重了平面设计、版面的布排。标题引人注目，项目叙述十分详尽，征求意见态度又十分诚恳等。不足的是当时未对总价问题引起特别的重视。

（资料来源：南京源来置业顾问有限公司董事、首席策划师洪建宁提供）

市场是企业进行全部生产经营活动的起点，企业应该根据市场需求安排产品的开发、生产和销售。但是市场不是一成不变的，它是复杂的、千变万化的。企业只有正确地把握了解市场的需求和发展方向才能够在激烈的市场竞争中生存壮大。细致的市场调查正是把握市场发展方向的关键。

2.1　房地产市场调查概述

市场调查是企业营销活动的重要组成部分。现代社会，信息的重要性已毋庸置疑，21世纪是一个信息爆炸的时代，从海量信息中提取对企业有用的部分并对其进行管理和处理，发现其中的隐藏规律，这些都对企业的战略发展起到至关重要的作用。

2.1.1　房地产市场调查的概念

房地产市场调查，就是房地产企业为实现企业特定的经营目标，运用科学的理论和方法及现代化的调查技术手段，通过各种途径收集、整理、分析有关房地产市场的资料信息，进而对现有的和潜在的房地产市场进行研究与预测，正确判断和把握市场现状以及发展趋势，并以此为依据作出经营决策，从而达到进入市场、占有市场并取得预期效果的目的。

房地产市场调查有狭义与广义之分。

狭义的房地产市场调查指以科学方法收集消费者购买和使用房地产商品的动机、事实、意见等有关资料，并予以研究。如住宅市场购买力的调查，只有通过对一定数量的各种年龄结构的人员进行抽样调查，才能分析消费者房地产购买力的情况。

广义的房地产市场调查指对房地产商品或劳务从生产者到达消费者这一过程中全部商业活动的资料、情报和数据做系统的收集、记录、整理和分析，以了解房地产商品的现实市场和潜在市场。因此，广义的市场调查不仅要研究购买者的心理或行为，而且要对房地产开发过程中的所有阶段（即：从调查房地产开发商所购土地的地段、周围楼盘以及交通情况等到售楼、售后服务全过程）都加以研究。

2.1.2 房地产市场调查的步骤

房地产市场调查是一项复杂而艰巨的工作，调查人员必须在海量、无序的信息中收集与本企业或项目相关的一切信息。严密的调查步骤可以保证调查信息的完整性和可信性，帮助调查人员提高工作效率，实现目标。房地产市场调查的步骤应根据不同的企业和项目有所区别，但大体上一般可以分为三个阶段：调查准备阶段、正式调查阶段以及分析总结阶段。每一个阶段又可分为若干具体步骤。

1. 调查准备阶段

房地产市场调查准备阶段是调查工作的开端。准备是否充分，对于开展正式调查工作和调查结果的质量都有重要的影响。调查准备阶段的重点是确定调查目的、调查范围，然后再根据调查问题的范围确定调查规模和调查人力、调查方法等问题。在此基础上，才能够制订一个切实可行的调查方案和调查工作计划。准备阶段的工作又可以分为以下几个步骤。

（1）初步情况分析

市场调查的准备阶段一个重要的作用就是帮助人们确定需要解决的问题。只有当需要研究的问题被仔细、准确地定义以后，才能设计出有针对性的市场调查计划，获取切合实际的信息。这个阶段不仅要确定所要研究的目标，还应该明确每一项目中的一个或多个子目标。在这些目标未被明确之前，是无法开展市场调查研究的。房地产市场调研的主要任务是为房地产企业的营销决策提供信息，帮助他们发现并解决营销问题。所以调研人员必须清楚市场调研是为营销服务的，任何偏离主题的调研工作和信息都不能成为有效的调研和材料。因此，在每次进行房地产市场调查之前，参与调查的人员首先要知道自己要干什么，要对调查目的与目标十分明确，这样可以起到事半功倍的效果。

调查人员针对初步提出需要调查的问题，可首先搜集企业内外部相关的情报资料，初步情况分析的资料收集不需要过分详细，只需要收集对所要分析的问题有参考价值的资料即可。

（2）非正式调查

非正式调查也称试探性调查，它是用来判明问题的症结所在，可以帮助调查人员细化需要调查的内容或者方法。房地产调查人员根据初步的情况分析，会得到一些粗略的结论，如近期房屋的销售量是增长还是降低，平均价格大概是多少等。调查人员可以进行非正式的调查明确初步情况分析的正确性。这种方法具有较大的灵活性，调查人员可以向企业内部有关人士（如销售经理、推销员）或者精通房地产问题的专家和人员以及购买房屋的典型客户进行个别访谈，主动听取他们对需要调查的问题的看法。同时调查人员也可以查阅很多现有的资料和案例等，这些都是行之有效的信息来源。

通过房地产市场初步情况分析和一些非正式的调查，可以使得调查问题明朗化，缩小调查的范围。如果原来提出的问题涉及面太宽或者不切实际，调查的范围和规模过大，内容过多，无法在限定时间内完成，调查人员就应当实事求是地加以调整，以提高调查的效率。

2. 正式调查阶段

正式调查阶段也可以分为两个步骤：制订调查方案和现场实地调查。

（1）制订调查方案

制订调查方案是从准备调查阶段进入正式调查阶段的工作。这个阶段的主要工作内容是拟订调研计划书，确定调查主题和调查方法，准备调查表格，主要包括以下几点。

① 确定市场资料来源。市场资料来源可分为两大类，即原始资料和次级资料。原始资料是调查人员通过对现场实地调查所收集的资料，次级资料是指由他人搜集并经过整理的资料。

一般来说，收集有用的次级资料，可节省时间及成本。如果次级资料能解决问题，则不必收集原始资料；否则，则必须收集原始资料。

② 采用何种调查方法。

③ 确定调查地点。

④ 确定调查时间。

⑤ 确定调查次数。

⑥ 确定分析调查结果的方法。

⑦ 评价方案设计的可行性及调查费用的情况。

为了保证调查工作的顺利进行，制订调查方案时要尽量详细，对组织领导、人员配备、考核、工作进度、完成时间和费用预算等做出安排，使调查工作能够有计划、有秩序地进行。

（2）现场实地调查

在房地产市场调查方案和调研计划论证确定后，就可以进入现场实地调查阶段了。它主要是指组织调查人员采用选定的调查方法，根据所设计的调查问卷对被调查者进行调查，获取第一手原始资料的方式。现场实地调查工作的好坏，直接影响调查结果的正确性。为此，必须重视现场实地调查人员的选拔和培训工作，确保调查人员能够按规定进度和方法索取所需资料。在调查过程中，注意掌握和控制好调查的进度，以保证调查的质量。

3. 分析总结阶段

在收集完房地产市场的原始资料和次级资料后，需要对资料进行分析和总结，得出调查结果。这一阶段工作不能草率马虎，否则会导致整个调查工作功亏一篑，甚至前功尽弃。分析和总结是调查全过程的最后一环，也是调查能否圆满的关键环节。这一阶段有以下具体步骤。

（1）资料编辑整理

主要指将所收集的各种资料进行归纳和分类，使之成为能够反映市场经济活动本质特征和适合企业需求的资料。

信息资料加工前，首先要对获得的资料进行评定，提出误差因素，保证信息资料的真实性和可靠性。其次，要进行分类编码，将那些符合标准的信息资料编入适当的类别，并输入电脑转换成能做统计处理的数据，最后，将已经分类的资料进行统计计算，有系统地制成各种计算表、统计表、统计图。

（2）调查资料的综合分析

运用统计表、统计图、统计特征数字等对资料中的数据和事实进行比较分析，得出一些可以说明有关问题的统计数据，直至得出必要的结论。

（3）撰写报告

市场调查人员根据整理归纳后的调查资料，进行分析论证得出调查结论，然后撰写市场调查报告，并在调查报告中提出若干建议方案，供领导在决策时参考。调查报告的主要内容包括：

① 调查目的、方法、步骤、时间等说明；

② 调查对象的基本情况；

③ 所调查问题的实际材料与分析说明；

④ 对调查对象的基本认识，做出结论；

⑤ 提出建设性的意见和建议；

⑥ 统计资料、图标等必要附件。

2.2 房地产市场调查的主要内容、方法与问卷设计

房地产项目投资大、周期长，市场调查应在较短的时间内对房地产市场的情况做一个准确的分析，使企业对房地产项目在今后一段时间内的收益和风险有一个清醒的认识。如何才能在较短的时间内完成必要的市场信息的调查和收集一直是对房地产市场调查人员的挑战。只有明确了调查内容，掌握了正确的调查方法和问卷设计，才能使得工作效率有所提高。

2.2.1　房地产市场调查的内容

房地产市场调查的内容主要包括以下几个方面。

1. 房地产市场环境调查

（1）政治法律环境调查

① 国家、省、城市有关房地产开发经营的方针政策。如房改政策、开发区政策、房地产价格政策、房地产税收政策、房地产金融政策、土地制度和土地政策、人口政策和产业发展政策、税收政策等。

② 有关房地产开发经营的法律规定。如《房地产开发经营管理条例》《中华人民共和国房地产管理法》《中华人民共和国土地管理法》。

③ 有关国民经济社会发展计划、发展规划、土地利用总体规划、城市建设规划和区域规划、城市发展战略等。

（2）经济环境调查

① 国家、地区或城市的经济特性，包括经济发展规模、趋势、速度和效益。

② 项目所在地区的经济结构、人口及其就业状况、就学条件、基础设施情况、地区内的重点开发区域、同类竞争物业的供给情况。

③ 一般利率水平，获取贷款的可能性以及预期的通货膨胀率。

④ 国民经济产业结构和主导产业。

⑤ 居民收入水平、消费结构和消费水平。

⑥ 项目所在地区的对外开放程度和国际经济合作的情况，对外贸易和外商投资的发展情况。

⑦ 与特定房地产开发类型和开发地点相关因素的调查。

⑧ 财政收支。对于不同的物业类型，所需调查的经济环境内容有很大的不同，需结合具体项目情况展开有针对性的调查。

（3）社区环境调查

社区环境直接影响着房地产产品的价格，这是房地产商品特有的属性。优良的社区环境，对发挥房地产商品的效能，提高其使用价值和经济效益具有重要作用。社区环境调查内容包括：社区繁荣程度、购物条件、文化氛围、居民素质、交通和教育的便利、安全保障程度、卫生、空气和水源质量及景观等方面。

2. 房地产市场需求和消费行为调查

（1）房地产产品价格水平

一般来说，某种房地产的价格上升，需求减少；价格下降，需求增加。

（2）消费者收入水平

收入水平提高，需求增加；收入水平降低，需求减少。

（3）消费者的偏好

当消费者对某种房地产的偏好程度增强时，该种房地产的需求就会增加；相反，需求就会减少。

（4）相关房地产的价格水平

当一种房地产自身的价格保持不变，而与它相关的替代品或互补品的价格发生变化时，该种房地产的需求就增加；互补品之间，对一种房地产的消费增加，对另一种房地产的消费也增加。

（5）消费者对未来的预期

当预期未来收入增加，就会增加现期需求；相反，就会减少现期需求。当预期某种房地产的价格会在下一时期上升时，就会增加对该种房地产的现期需求；相反，就会减少对该种房地产的现期需求。

3. 房地产产品调查

① 房地产市场现有产品的数量、质量、结构、性能、市场生命周期。

② 现有房地产租售客户和业主对房地产的环境、功能、格局、售后服务的意见及对某种房地产产品的接受程度。

③ 新技术、新产品、新工艺、新材料的出现及其在房地产产品上的应用情况。

④ 本企业产品的销售潜力及市场占有率。

⑤ 建筑设计及施工企业的有关情况。

4. 房地产价格调查

① 影响房地产价格变化的因素，特别是政府价格政策对房地产企业定价的影响。

② 房地产市场供求情况的变化趋势。

③ 房地产商品价格需求弹性和供给弹性的大小。

④ 开发商各种不同的价格策略和定价方法对房地产租售量的影响。

⑤ 国际、国内相关房地产市场的价格。

⑥ 开发个案所在城市及街区房地产市场价格。

⑦ 价格变动后消费者和开发商的反应。

5. 房地产促销调查

① 房地产广告的时空分布及广告效果测定。

② 房地产广告媒体使用情况的调查。

③ 房地产广告预算与代理公司调查。

④ 人员促销的配备状况。

⑤ 各种公关活动对租售绩效的影响。

⑥ 各种营业推广活动的租售绩效。

6. 房地产营销渠道调查

① 房地产营销渠道的选择、控制与调整情况。

② 房地产市场营销方式的采用情况、发展趋势及其原因。

③ 租售代理商的数量、素质及其租售代理的情况。

④ 房地产租售客户对租售代理商的评价。

7. 房地产市场竞争情况调查

市场竞争对于房地产企业制订市场营销策略有着重要的影响。因此，企业在制订各种重要的市场营销决策之前，必须认真调查和研究竞争对手可能作出的种种反应，并时刻注意竞争者的各种动向。房地产市场竞争情况的调查内容主要包括：

① 竞争者及潜在竞争者（以下统称竞争者）的实力和经营管理优劣势调查。

② 对竞争者的商品房设计、室内布置、建材及附属设备选择、服务优缺点的调查与分析。

③ 对竞争者商品房价格的调查和定价情况的研究。

④ 对竞争者广告的监视和广告费用、广告策略的研究。

⑤ 对竞争情况、销售渠道使用情况的调查和分析。

⑥ 对未来竞争情况的分析与估计等。

⑦ 整个城市，尤其是同（类）街区同类型产品的供给量和在市场上的销售量，本企业和竞争者的市场占有率。

⑧ 竞争性新产品的投入时机和租售绩效及其发展动向。

2.2.2 房地产市场调查的主要方法

房地产市场调查的方法有很多种，市场调查人员可根据实际情况来选择调查方法。调查方法选择的合理与否，会直接影响调查的结果，进而影响营销策划水平的高低。

1. 基于调查对象范围变量的分类

基于调查对象范围变量的分类，是指固定其他变量，而以调查对象范围变量作为依据的市场调查方法分类。依此，可以区分为普遍调查、抽样调查、典型调查、重点调查以及个案调查五种方法。

（1）普遍调查

普遍调查简称普查，是指对调查对象总体中全部单位逐一地全面地进行调查，以搜集有关调查对象总体情况信息的企业形象调查方法。普查的优点是：所取得的资料全面，也比较准确；其缺点在于：工作量大，需要花费很多人力、物力、财力，因此在市场调查中很少采用。比如："10 年一次的全国污染源普查"和"人口普查"。

（2）抽样调查

抽样调查是指从研究对象的总体中抽取一部分个体作为样本进行调查，据此推断有关总体的数字特征。抽样调查是为既保持普遍调查的优点又克服普遍调查的缺点而创立的一种新型调查方法，其目的是从许多"点"的情况来概括总体"面"的情况。比方说"全国残疾人抽样调查"。

　　与其他调查一样，抽样调查也会遇到调查的误差和偏误问题。通常抽样调查的误差有两种：一种是工作误差（也称登记误差或调查误差），一种是代表性误差（也称抽样误差）。但是，抽样调查可以通过抽样设计，通过计算并采用一系列科学的方法，把代表性误差控制在允许的范围之内；另外，由于调查单位少，代表性强，所需调查人员少，工作误差比全面调查要小。特别是在总体包括的调查单位较多的情况下，抽样调查结果的准确性一般高于全面调查。因此，抽样调查的结果是非常可靠的。

　　1）抽样调查的特点

　　抽样调查数据之所以能用来代表和推算总体，主要是因为抽样调查本身具有其他非全面调查所不具备的特点，主要是：

　　① 调查样本是按随机的原则抽取的，在总体中每一个单位被抽取的机会是均等的，因此，能够保证被抽中的单位在总体中的均匀分布，不致出现倾向性误差，代表性强。

　　② 是以抽取的全部样本单位作为一个"代表团"，用整个"代表团"来代表总体，而不是用随意挑选的个别单位代表总体。

　　③ 所抽选的调查样本数量，是根据调查误差的要求，经过科学的计算确定的，在调查样本的数量上有可靠的保证。

　　④ 抽样调查的误差，是在调查前就可以根据调查样本数量和总体中各单位之间的差异程度进行计算，并控制在允许范围以内，调查结果的准确程度较高。

　　基于以上特点，抽样调查被公认为是非全面调查方法中用来推算和代表总体的最完善、最有科学根据的调查方法。

　　2）抽样调查的分类

　　抽样调查的方法包括随机抽样和非随机抽样。

　　① 随机抽样方法。随机抽样方法是指在抽取被调查单位时，每个单位都有同等被抽到的机会，被抽取的单位完全是偶然性的，它包括：

　　a. 简单随机抽样法。这是一种最简单的一步抽样法，它是从总体中选择出抽样单位，从总体中抽取的每个可能样本均有同等被抽中的概率。抽样时，处于抽样总体中的抽样单位被编排成 $1 \sim n$ 编码，然后利用随机数码表或专用的计算机程序确定处于 $1 \sim n$ 间的随机数码，那些在总体中与随机数码吻合的单位便成为随机抽样的样本。

　　这种抽样方法简单，误差分析较容易，但是需要样本容量较多，适用于各个体之间差异较小的情况。

　　b. 等距抽样法。这种方法又称顺序抽样法，是从随机点开始在总体中按照一定的间隔（即"每隔第几"的方式）抽取样本。此法的优点是抽样样本分布比较好，有好的理论，总体估计值容易计算。

　　c. 分层抽样法。它是根据某些特定的特征，将总体分为同质、不相互重叠的若干层，再从各层中独立抽取样本，是一种不等概率抽样。分层抽样利用辅助信息分层，各层内应该同质，各层间差异尽可能大。这样的分层抽样能够提高样本的代表性、总体估计值的精度和抽样方案的效率，抽样的操作、管理比较方便。但是抽样框较复杂，费用较高，误差分析也较为复杂。此法适用于母体复杂、个体之间差异较大、数量较多的情况。例如，某房地产开发商对重庆市商品房的消费者进行调查，可先按照性别分成男性和女性，然后不同的性别又按照年龄段分为老、中、青，共六类人，每一类人中随机抽取一定人数的调查样本。

d. 整群抽样法。整群抽样是先将总体单元分群，可以按照自然分群或按照需要分群，在交通调查中可以按照地理特征进行分群，随机选择群体作为抽样样本，调查样本群中的所有单元。整群抽样样本比较集中，可以降低调查费用。例如，在进行居民出行调查中，可以采用这种方法，以住宅区的不同将住户分群，然后随机选择群体为抽取的样本。此法优点是组织简单，缺点是样本代表性差。

② 非随机抽样方法。非随机抽样方法就是调查人员根据自己的方便或主观判断抽取样本的方法，它包括：

a. 偶遇抽样法。偶遇抽样又称为便利抽样，是指调查人员根据实际情况，为方便开展工作，选择偶然遇到的人作为调查对象，或者仅仅选择那些离得最近的、最容易找到的人作为调查对象。

偶遇抽样的基本理论依据是，认为被调查总体的每个单位都是相同的，因此把谁选为样本进行调查，其调查结果都是一样的。而事实上并非所有调查总体中的每一个单位都是一样的。只有在调查总体中各个单位大致相同的情况下，才适宜应用偶遇抽样法。"街头拦人法"和"空间抽样法"是偶遇抽样的两种最常见的方法。

"街头拦人法"是在街上或路口任意找某个行人，将他（她）作为被调查者，进行调查。例如，在街头向行人询问对目前房价的看法，或请行人填写某种问卷等。

"空间抽样法"是对某一聚集的人群，从空间的不同方向和方位对他们进行抽样调查。例如，在楼盘小区内向住户询问对小区物业服务质量的意见等。

b. 判断抽样法。判断抽样又称"立意抽样"，是指根据调查人员的主观经验从总体样本中选择那些被判断为最能代表总体的单位作样本的抽样方法。

当调查人员对自己的研究领域十分熟悉，对调查总体比较了解时采用这种抽样方法，可获得代表性较高的样本。这种抽样方法多应用于总体小而内部差异大的情况，以及在总体边界无法确定或因研究者的时间与人力、物力有限时采用。例如，要对福建省旅游市场状况进行调查，有关部门选择厦门、武夷山、泰宁金湖等旅游风景区作为样本调查，这就是判断抽样。

c. 定额抽样法。定额抽样又称配额抽样，是按市场调查对象总体单位的某种特征，将总体分为若干类，按一定比例在各类中分配样本单位数额，并按各类数额任意或主观抽样。其抽样时并不遵循随机的原则。

【例 2-1】某房地产公司需要调查顾客购买房屋的潜力，特别要了解中、低收入的顾客对购房的欲望，以便使企业把握机遇，做好投资的准备。现根据收入与年龄将顾客进行分类，按收入分为 1.4 万元以下、1.4 万~5 万元、5 万~10 万元、10 万元以上 4 档，年龄根据中国国情划定为 28 岁以下、28~35 岁、36~55 岁、55 岁以上 4 组，调查人数为 300 人，在对每个标准分配不同比例后，得出每个类别的样本数，见表 2-1。

表 2-1　不同年龄段收入情况　　　　　　　　　　　　　　　　　　人

年龄＼年收入	比例/%	28 岁以下（15%）	28~35 岁（30%）	36~55 岁（30%）	55 岁以上（25%）	合计
1.4 万元以下	20	9	18	18	15	60
1.4 万~5 万元	40	18	36	36	30	120
5 万~10 万元	30	13	27	27	23	90
10 万元以上	10	5	9	9	7	30
合　计	100	45	90	90	75	300

d. 滚雪球抽样法。滚雪球抽样是指先随机选择一些被访者并对其实施访问，再请他们提供另外一些属于所研究目标总体的调查对象，根据所形成的线索选择此后的调查对象。

例如，要研究退休老人的生活，可以清晨到公园去结识几位散步老人，再通过他们结识其朋友，不用很久，你就可以交上一大批老年朋友。但是这种方法偏误也很大，那些不好活动、不爱去公园、不爱和别人交往、喜欢一个人在家里活动的老人，你就很难把雪球滚到他们那里去，而他们却代表着另外一种退休后的生活方式。

滚雪球抽样以若干个具有所需特征的人为最初的调查对象，然后依靠他们提供认识的合格的调查对象，再由这些人提供第三批调查对象，依此类推，样本如同滚雪球般由小变大。滚雪球抽样多用于总体单位的信息不足或观察性研究的情况。这种抽样中有些分子最后仍无法找到，有些分子被提供者漏而不提，两者都可能造成误差。

（3）典型调查

典型调查是根据调查目的和要求，在对调查对象进行初步分析的基础上，有意识地选取少数具有代表性的典型单位进行深入细致的调查研究，借以认识同类事物的发展变化规律及本质的一种非全面调查。典型调查要求搜集大量的第一手资料，搞清所调查的典型中各方面的情况，作系统、细致的解剖，从中得出用以指导工作的结论和办法。典型调查适用于调查总体同质性比较大的情形。同时，它要求研究者有较丰富的经验，在划分类别、选择典型上有较大的把握。实施典型调查的主要步骤是：根据研究目的，通过多种途径了解研究对象的总体情况；从总体中初选出备选单位，加以比较，慎重选出有较大代表性的典型；进点（典型）调查，具体搜集资料；分析研究资料，得出结论。

该种调查法较为细致，适用于对新情况、新问题的调研。适用典型调查法时须注意所选的对象要具有代表性，能够集中地、有力地体现问题和情况的主要方面。典型调查法具有省时、省力的优点，但也有不够准确的缺点。典型调查一般用于调查样本太大，而调查者又对总体情况比较了解，同时又能比较准确地选择有代表性对象的情况。

（4）重点调查

重点调查是指在全体调查对象中选择一部分重点单位进行调查，以取得统计数据的一种非全面调查方法。由于重点单位在全体调查对象中只占一小部分，调查的标志量在总体中却占较大的比重，因而对这部分重点单位进行调查所取得的统计数据能够反映社会经济现象发展变化的基本趋势。和抽样调查不同的是，重点调查取得的数据只能反映总体的基本发展趋势，不能用以推断总体，因而也只是一种补充性的调查方法。重点调查的优点是花费力量较小，而且能及时提供必要的资料，便于各级管理部门掌握基本情况，采取措施。

（5）个案调查

在对象总体中只选择一个单位、一个人来进行有关内容的全面调查分析。个案调查也称个别调查，它是为了了解或解决某一特定的问题，对特定的调查对象所进行的深入调查。

2. 基于资料搜集方式变量的分类

基于资料搜集方式变量的分类，是指固定其他变量，而以资料搜集方式变量作为依据的调查方法分类。照此，可以区分为观察法、访问法、实验法、问卷法、文献信息法等几种主要类型。

（1）观察法

观察法是指研究者有目的、有计划地在自然条件下，通过感官或借助于一定的科学仪器，对社会生活中人们行为的各种资料的搜集过程。观察法有 4 种形式：

1）直接观察法

直接观察法是指对所发生的事或人的行为的直接观察和记录。在观察过程中，调查人员所处的地位是被动的，也就是说调查人员对所观察的事件或行为不加以控制或干涉。例如，在进行商场调查时，调研人员并不访问任何人，只是观察现场的基本情况，然后记录备案。一般调研的内容有某段时间的客流量、顾客在各柜台的停留时间、各组的销售状况、顾客的基本特征、售货员的服务态度等。

直接观察法又可以分为公开观察法和隐蔽观察法两种方法。

① 公开观察。公开观察是调查人员所在调查地点的公开，即被调查者意识到有人在观察自己的言行。

② 隐蔽观察。隐蔽观察是指被调查者没有意识到自己的行为已被观察和记录。在大多情况下，这两种方法是直接收集第一手资料的调查方法。例如，超级市场的经营者可以通过公开观察来记录顾客流量，统计客流规律和进商店购买的人次，重新设计商品的陈列和布局。在美国超级市场的入口处，通常陈列着厂家来推销的新产品或者商店要推销的季节性商品。顾客走进商店时，多半会驻足观看甚至选购这些商品。市场调查人员可以利用这一机会，观察并收集消费者对新产品或季节性产品的注意力以及购买情况的资料。

观察法的主要优点是：可以观察到被试者在自然状态下的行为表现，获得的结果比较真实；可以在当时实地观察到行为的发生、发展，能够把握当时的全面情况、特殊的气氛和情境。观察法的主要缺点是：研究者处于被动的地位，往往难以观察到研究所需要的行为，搜集资料较费时；观察所获得的结果只能说明"是什么"，而不能解释"为什么"。因此，由观察法所发现的问题，尚需用调查法、实验法进行研究，才能得到解决。

2）亲身经历法

亲身经历法就是调查人员亲自参与某项活动，来收集有关资料。如调查人员要了解某代理商服务态度的好坏和服务水平的高低，可以伪装顾客，到该代理商处去咨询、买楼等。通过亲身经历法收集的资料，通常这些信息都是真实的。

3）痕迹观察法

调查人员不直接观察被调查对象的行为，而是观察被观察对象所留下的痕迹，如该产品的报纸广告上附有回执条，凭回执条可以购买优惠价商品，调查人员根据回条情况就可以知道这则广告的注意率和信任度，知道什么是战略性广告设计了。

4）行为记录法

就是通过录音机、录像机、照相机等一些监听、监视设备，记录下被调查者的活动或行为。如电视台在一些典型视听者家中安置电视节目测试仪，把他们家里收看电视的时间长短、节目等情况记录下来，以便研究分析电视广告的播放时间、内容与方法等。

（2）访问法

访问法是指通过以询问的方式向被调查者了解市场情况的一种方法。

根据调查人员同被调查者接触方式不同，可以分为：

1）面谈调查

这是指派调查员当面访问被调查者，询问与营销活动有关问题的方法。它是访问法中的一种常用方法。

　　面谈调查可分为个人面谈和小组面谈两种方式。个人面谈时调查员到消费者家中、办公室或在街头进行一对一面谈。小组面谈是邀请6~10名消费者，由有经验的调查者组织对方讨论某一产品、服务或营销措施，从中获得更有深度的市场信息。小组面谈是设计大规模市场调查前的一个重要步骤，它可以预知消费者的感觉、态度和行为，明确调查所要了解的资料和解决的问题。

　　2）邮寄调查

　　这是指将事先设计好的调查问卷，通过邮政系统寄给被调查者，由被调查者根据要求填写后再寄回，是市场调查中一种比较特殊的调查方法。

　　邮寄调查的优缺点如下。

　　优点：

　　① 费用低。与其他访问方法相比，邮寄调查时原始资料调查中最为便宜、最为方便、代价最小的资料收集方法。

　　② 调查空间范围大。邮寄调查可以不受被调查者所在地域的限制，没有访问人员偏差。

　　③ 邮寄调查可以给予被调查者相对更加宽裕的时间作答，问卷篇幅可以较长，并且便于被调查者深入思考或从他人那里寻求帮助，可以避免被调查者可能受到调查人员的倾向性意见的影响。

　　④ 邮寄调查的匿名性较好，所以对于一些人们不愿公开讨论而市场决策有很需要的敏感性问题，邮寄调查法无疑是一种上选方式。

　　缺点：

　　① 问卷回收率低，因而容易影响样本的代表性。

　　② 问卷回收期长，时效性差。

　　③ 缺乏调查对象的控制。

　　④ 由于问卷或许是由指定地址之外的其他人填写，可能会出现错误的答复或不真实信息。

　　3）电话调查

　　这指的是调查者按照统一问卷，通过电话向被访者提问，记录答案。这种调查方法在电话普及率很高的国家很常用，在我国只适用于电话普及率高的人口总体。电话调查速度快、范围广、费用低；回答率高；误差小；在电话中回答问题一般较坦率，适用于不习惯面谈的人，但电话调查时间短，答案简单，难以深入，受电话设备的限制。

　　4）留置调查

　　这是指访问员至受访者家中访问，委托协助调查并留下问卷，日后再予以回收的方法。

　　访问留置调查与访问面谈调查同样由访问员至受访者家中访问，但不同的是，访问留置调查是委托受访者自己填写问卷，并于日后再次访问时回收。此外，有些时候受访者不在家，这时会委托在家的人协助、留言给受访者，回收问卷时也是通过受访者之外的人来回收，故有些例子中访问员是完全未曾与受访者面对面接触的。

留置调查的优缺点如下。

优点：

即使问题项目多，受访者还是可依据自己的时间从容作答，可回答需要耗费时间或难以当面回答的问题，访问时即使受访者不在家亦可进行调查，不需要面谈技术纯熟的访问员等。

此外，与访问面谈调查相同，只要在回收时确认问卷回答状况，就可避免漏答或错误。

调查问卷回收率高，受访者可以当面了解填写问卷的要求，澄清疑问，避免由于误解提问内容而产生误差，并且填写问卷时间充裕，便于思考回忆，受访者意见不受调查人员的影响。

缺点：

难以确认是否是受访者本人的回答，即使是本人回答亦可能受家人朋友之意见的影响。

需要委托调查及回收共 2 次访问，故较耗交通费及人事费。

调查地域范围有限，也不利于对调查人员的管理监督。

5）网络调查法

这是通过 E-mail 来进行的，它基本上是传统邮寄调查的电子化。调查样本框的来源可以是购买的 E-mail 名单，调查问卷可以是纯文本格式或是 HTML 格式，也可以是一个专门的问卷调查软件，作为 E-mail 的附件发送。

网络调查法的优点是：

① 通过网络传输信息速度快，大大缩短了调查所需时间；

② 通过网络传输信息的费用十分低廉，从而降低了调查成本；

③ 电脑的信息表达能力强于传统的纸张问卷。

缺点同电话访问一样。

目前，网络调研采用的方法主要有：E-mail 法、Web 站点法、Net-meeting 法、视讯会议法、焦点团体座谈法、Internet phone 法、OICQ 网络寻呼机法或在聊天室选择网民进行调查，在 BBS 电子公告牌上发布调查信息，或采取 IRC 网络实时交谈等方式。

国内主要网络调查系统包括：横智网络调查、易调网 、集思网、数字 100 市场研究公司、英德知网络调查、积沙调查、新秦调查、AC 尼尔森等。

（3）实验法

实验法是指有目的地控制一定的条件或创设一定的情境，以引起被试者的某些心理活动从而进行研究的一种方法。实验法一般有两种主要形式：

1）实验室实验法

这是指在实验室内利用一定的设施，控制一定的条件，并借助专门的实验仪器进行研究的一种方法，探索自变量和因变量之间的关系的一种方法。

实验室实验法，便于严格控制各种因素，并通过专门仪器进行测试和记录实验数据，一般具有较高的可信度。通常多用于研究心理过程和某些心理活动的生理机制等方面的问题。

2）自然实验法

这是在日常生活等自然条件下，有目的、有计划地创设和控制一定的条件来进行研究的一种方法。

自然实验法比较接近人的生活实际，易于实施，又兼有实验法和观察法的优点。

（4）问卷法

问卷法是指调查者将事先设计好的问卷（调查提纲或询问表）通过邮政部门或依组织形式交给被调查者，让其在规定的时间内回答完毕，然后通过邮局寄回或由调查者收回后进行统计汇总，以取得所需的调查资料的调查方法，是统计调查方法的一种。问卷法是一种间接的、书面的访问，调查者一般不与被调查者见面，而由被调查者自己填答问卷。根据调查目的设计好问卷是搞好调查的关键。

一份完美的问卷，必须是问题具体，重点突出，使被调查者乐于合作，能准确地记录和反映被调查者回答的事实，而且便于资料的统计和整理。它省时、省力、匿名性强。但调查质量难以保证，并要求被调查者有一定的文化水平。

（5）文献信息法

文献信息是指调查者根据一定的调查目的和调查任务的要求，通过对现有文献的搜集来获取资料的调查方法。文献是指：以文字、图像、符号、声频、视频等为主要记录手段的一切知识载体。

2.2.3　房地产市场调查的问卷设计

通过前面调查方法的介绍，我们可以看出设计一个由一系列问题和选择答案组成的表格可以使被调查者用来较为方便地表述其对问题的观点，提高调查的效率，这就是调查问卷。调查问卷，又称调查表，是以问题的形式系统地记载调查内容的一种印件。问卷可以是表格式、卡片式或簿记式。设计问卷，是询问调查的关键。完美的问卷必须具备两个功能，一是能将所要调查的问题明确地传达给被调查者；二是设法取得对方合作，最终取得真实、准确的答案。但在实际调查中，由于被调查者的个性不同，文化程度、理解能力、道德标准、生活习惯、职业等都有较大差异，加上调查者本身的专业知识和技能高低不同，这都将会给调查者带来困难，并影响调查的结果，所以问卷设计是否科学将直接影响到市场调研的成功与否。

1. 问卷设计的原则

① 有明确的主题。根据调查主题，从实际出发拟题，问题目的明确，重点突出，没有可有可无的问题。

② 结构合理、逻辑性强。问题的排列应有一定的逻辑顺序，符合应答者的思维程序。一般是先易后难、先简后繁、先具体后抽象。

③ 通俗易懂。问卷应使应答者一目了然，并愿意如实回答。问卷中语气要亲切，符合应答者的理解能力和认识能力，避免使用专业术语。对敏感性问题采取一定的技巧调查，使问卷具有合理性和可答性，避免主观性和暗示性，以免答案失真。

④ 控制问卷的长度。回答问卷的时间控制在 20 分钟左右，问卷中既不浪费一个问句，也不遗漏一个问句。

⑤ 便于资料的校验、整理和统计。

2. 问卷设计的程序

① 确定主题和资料范围。根据调查目的的要求，研究调查内容、所需收集的资料及资料来源、调查范围等，酝酿问卷的整体构思，将所需要的资料一一列出，分析哪些是主要资料，哪些是次要资料，哪些是可要可不要的资料，淘汰那些不需要的资料，再分析哪些资料需要通过问卷取得、需要向谁调查等，并确定调查地点、时间及对象。

② 分析样本特征。分析了解各类调查对象的社会阶层、社会环境、行为规范、观念习俗等社会特征；需求动机、潜在欲望等心理特征；理解能力、文化程度、知识水平等学识特征，以便针对其特征来拟题。

③ 拟定并编排问题。首先构想每项资料需要用什么样的句型来提问，尽量详尽地列出问题，然后对问题进行检查、筛选，看它有无多余的问题，有无遗漏的问题，有无不适当的问句，以便进行删、补、换。

④ 进行试问试答。站在调查者的立场上试行提问，看看问题是否清楚明白，是否便于资料的记录、整理；站在应答者的立场上试行回答，看看是否能答和愿答所有的问题，问题的顺序是否符合思维逻辑；估计回答时间是否合乎要求。有必要在小范围进行实地试答，以检查问卷的质量。

⑤ 修改、付印。根据试答情况，进行修改，再试答，再修改，直到完全合格以后才定稿付印，制成正式问卷。

3. 问题的形式

（1）开放式问题

开放式问题又称无结构的问答题。在采用开放式问题时，应答者可以用自己的语言自由地发表意见，在问卷上没有已拟定的答案。

例如：这套房子你住了多久了？您对目前这套住房有什么不满意？

显然，应答者可以自由回答以上的问题，并不需要按照问卷上已拟定的答案加以选择，因此应答者可以充分地表达自己的看法和理由，并且比较深入，有时还可获得研究者始料未及的答案。通常而言，问卷上的第一个问题采用自由式问题，让应答者有机会尽量发表意见，这样可制造有利的调查气氛，缩短调查者与应答者之间的距离。

然而，开放式问题亦有其缺点。例如调查者的偏见，因记录应答者答案是由调查者执笔，极可能失真，或并非应答者原来的意思。如果调查者按照他自己的理解来记录，就有出现偏见的可能。但这些不足可运用录音机来弥补。开放式问题的第二个主要缺点是资料整理与分析的困难。由于各种应答者的答案可能不同，所用字眼各异，因此在答案分类时难免出现困难，整个过程相当耗费时间，而且免不了夹杂整理者个人的偏见。因此，开放性问题虽然在探索性调研中是很有帮助的，但在大规模的抽样调查中，它就弊大于利了。

（2）封闭式问题

封闭式问题又称有结构的问答题。封闭式问题与开放式问题相反，它规定了一组可供选择的答案和固定的回答格式。

例如：你购买这套住房的主要原因是（选择最主要两种）：

① 小区环境好；
② 售价便宜；
③ 交通方便；
④ 离父母近；
⑤ 儿女读书方便。

封闭式问题的优点包括以下几个方面：

① 答案是标准化的，对答案进行编码和分析都比较容易。
② 回答者易于作答，有利于提高问卷的回收率。
③ 问题的含义比较清楚。因为所提供的答案有助于理解题意，这样就可以避免回答者由于不理解题意而拒绝回答。

封闭式问题也存在一些缺点：

① 回答者对题目不正确理解的，难以觉察出来。
② 可能产生"顺序偏差"或"位置偏差"，即被调查者选择答案可能与该答案的排列位置有关。研究表明，对陈述性答案被调查者趋向于选第一个或最后一个答案，特别是第一个答案。而对一组数字（数量或价格）则趋向于取中间位置的。为了减少顺序偏差，可以准备几种形式的问卷，每种形式的问卷答案排列的顺序都不同。

4. 问卷调查设计技巧

（1）事实性问题

事实性问题主要是要求应答者回答一些有关事实的问题。例如：你通常喜欢什么样的居住环境？

事实性问题的主要目的在于求取事实资料，因此问题中的字眼定义必须清楚，让应答者了解后能正确回答。

市场调查中，许多问题均属"事实性问题"，例如应答者个人的资料：职业、收入、家庭状况、居住环境、教育程度等。这些问题又称为"分类性问题"，因为可根据所获得的资料而将应答者分类。在问卷之中，通常将事实性问题放在后边，以免应答者在回答有关个人的问题时有所顾忌，因而影响以后的答案。如果抽样方法是采用配额抽样，则分类性问题应置于问卷之首，否则不知道应答者是否符合样本所规定的条件。

（2）意见性问题

在问卷中，往往会询问应答者一些有关意见或态度的问题。

例如：你是否喜欢××电梯公寓？

意见性问题事实上即态度调查问题。应答者是否愿意表达他真正的态度，固然要考虑，而态度强度亦有不同，如何从答案中衡量其强弱，显然也是一个需要克服的问题。通常而言，应答者会受到问题所用字眼和问题次序的影响，即为不同反应，因而答案也有所不同。对于事实性问题，可将答案与已知资料加以比较，但在意见性问题方面则较难作比较工作，因应答者对同样问题所作的反应各不相同。因此意见性问题的设计远较事实性问题困难。这种问题通常有两种处理方法：其一是对意见性问题的答案只用百分比表示，例如有的应答者同意某一看法等。其二则旨在衡量应答者的态度，故可将答案化成分数。

（3）困窘性问题

困窘性问题是指应答者不愿在调查员面前作答的某些问题，比如关于私人的问题，或不为一般社会道德所接纳的行为、态度，或属有碍声誉的问题。例如：平均说来，每个月你打几次麻将？如果你的汽车是分期购买的，一共分多少期？你是否向银行抵押借款购股票？除了工作收入外，你还有其他收入吗？

如果一定要想获得困窘性问题的答案，又避免应答作不真实回答，可采用以下方法：

① 间接问题法。不直接询问应答者对某事项的观点，而改问他对其他该事项的看法如何。

例如：用间接问题旨在套取应答者回答认为是旁人的观点。所以在他回答后，应立即再加上问题："你同他们的看法是否一样？"

② 卡片整理法。将困窘性问题的答案分为"是"与"否"两类，调查员可暂时走开，让应答者自己取卡片投入箱中，以减低困窘气氛。应答者在无调查员看见的情况下，选取正确答案的可能性会提高不少。

③ 随机反应法。根据随机反应法，可估计出回答困窘问题的人数。

④ 断定性问题。有些问题是先假定应答者已有该种态度或行为。

例如：你们家安装了多少个空调？事实上该应答者极可能根本没安装空调，这种问题则为断定性问题。正确处理这种问题的方法是在断定性问题之前加一条"过滤"问题。

例如：你们家安装空调了吗？

如果应答者回答"是"，用断定问题继续问下去才有意义，否则在过滤问题后就应停止。

⑤ 假设性问题。有许多问题是先假定一种情况，然后询问应答者在该种情况下，他会采取什么行动。

例如：你是否愿意在小区内新建一个游泳池？

你是否赞成物业公司改善服务？

以上皆属假设性问题，应答者对这种问题多数会答"是"。这种探测应答者未来行为的问题，应答者的答案事实上没有多大意义，因为多数人都愿意尝试一种新东西，或获得一些新经验。

5. 问卷的结构

调查问卷一般可以看成是由三大部分组成：卷首语（开场白）、正文和结尾。

（1）卷首语

问卷的卷首语或开场白是致被调查者的信或问候语。其内容一般包括下列几个方面：

① 称呼、问候。如"××先生、女士：您好"。

② 调查人员自我说明调查的主办单位和个人的身份。

③ 简要地说明调查的内容、目的、填写方法。

④ 说明作答的意义或重要性。

⑤ 说明所需时间。

⑥ 保证作答对被调查者无负面影响，并替他保守秘密。

⑦ 表示真诚的感谢，或说明将赠送小礼品。

问卷的语气应该是亲切、诚恳而礼貌的，简明扼要，切忌啰唆。问卷的开头是十分重要的。大量的实践表明，几乎所有拒绝合作的人都是在开始接触的前几秒钟内就表示不愿参与的。如果潜在的调查对象在听取介绍调查来意的一开始就愿意参与的话，那么绝大部分都会合作，而且一旦开始回答，就几乎都会继续并完成，除非在非常特殊的情况下才会中止。

（2）正文

问卷的正文实际上也包含了三大部分。

第一部分包括向被调查者了解最一般的问题。这些问题应该是适用于所有的被调查者，并能很快很容易回答的问题。在这一部分不应有任何难答的或敏感的问题，以免吓坏被调查者。

第二部分是主要的内容，包括涉及调查的主题的实质和细节的大量的题目。这一部分的结构组织安排要符合逻辑性并对被调查者来说应是有意义的。

第三部分一般包括两部分的内容，一是敏感性或复杂的问题，以及测量被调查者的态度或特性的问题；二是人口基本状况、经济状况等。

（3）结尾

问卷的结尾一般可以加上1~2道开放式题目，给被调查者一个自由发表意见的机会。然后，对被调查者的合作表示感谢。在问卷的最后，一般应附上一个"调查情况记录"。这个记录一般包括：

① 调查人员（访问员）姓名、编号；

② 受访者的姓名、地址、电话号码等；

③ 问卷编号；

④ 访问时间；

⑤ 其他，如设计分组等。

6. 问卷设计应注意的问题

（1）问卷的开场白

问卷的开场白，必须慎重对待，要以亲切的口吻询问，措词应精心琢磨，做到言简意赅，亲切诚恳，使被调查者自愿与之合作，认真填好问卷。

（2）问题的字眼（语言）

由于不同的字眼会对被调查者产生不同的影响，因此往往看起来差不多的相同的问题，会因所用字眼不同，而使应答者作不同的反应，作出不同的回答。故问题所用的字眼必须小心，以免影响答案的准确性。一般来说，在设计问题时应留意以下几个原则：

① 避免一般性问题。如果问题的本来目的是在求取某种特定资料，但由于问题过于一般化，会使应答者所提供的答案资料无多大意义。

例如：某物业公司想了解住户对该小区收取的物业管理费与物业服务是否满意，因而作以下询问：

你对这个小区物业管理是否感到满意？

这样的问题，显然有欠具体。由于所需资料牵涉房价与服务两个问题，故应分别询问，以免混乱，如：

你对这个小区收取的物业管费是否满意？

你对这个小区的物业服务是否满意？

② 问卷的语言要口语化，符合人们交谈的习惯，避免书面化和文人腔调。

（3）问题的选择及顺序

通常问卷的头几个问题可采用开放式问题，旨在使应答者多多讲话，多发表意见，使应答者感到十分自在，不受拘束，能充分发挥自己的见解。应答者话题多，其与调查者之间的陌生距离自然就缩短。不过要留意，最初安排的开放式问题必须较易回答，不可具有高敏感性或困窘性问题。否则一开始就被拒绝回答的话，以后的问题就难以继续了。因此问题应容易回答且具有趣味性，旨在提高应答者的兴趣。核心问题往往置于问卷中间部分，分类性问题如收入、职业、年龄通常置于问卷之末。

问卷中问题的顺序一般按下列规则排列：

① 容易回答的问题放前面，较难回答的问题放稍后，困窘性问题放后面，个人资料的事实性问题放卷尾。

② 封闭式问题放前面，自由式问题放后面。由于自由式问题往往需要时间来考虑答案和语言的组织，放在前面会引起应答者的厌烦情绪。

③ 要注意问题的逻辑顺序，按时间顺序、类别顺序等合理排列。

附录　调查问卷示例

××市居民住房与需求市场调查问卷

问卷编号：_____　　　　　　　　　　　访问员_____

尊敬的先生/女士：

您好！

我是国宸·倚唐盛居（位于范家屯有利位置，是30万平方米的大型宜居综合生活区）项目组的访问员，在进行一项××市居民住房状况及需求的市场研究，想跟您谈谈这方面的问题。您的意见无所谓对错，只要真实反映您的情况和想法，都对我们有很大帮助。我们将对您的回答严格保密。希望您在百忙之中抽出一点时间协助我们完成这次调查。谢谢！

甄别部分：

请问未来两年内，您是否打算买房？（　　　）

1. 否…………………………………………终止访问

2. 是…………………………………………继续访问

主问卷部分：

一、住房现状

1. 您现在的住房面积是：（　　　）

A. 50 m² 　　B. 61～80 m² 　　C. 81～100 m² 　　D. 101 m² 以上

2. 您的工作单位在长春市哪个区域？（　　　）

A. 绿园区　　　B. 宽城区　　　C. 二道区　　　　D. 朝阳区

E. 经济开发区　F. 南关区　　　G. 汽车工业开发区

H. 郊区

3. 您日常的交通工具是（　　　）。

A. 步行　　　　B. 自行车　　　C. 摩托车　　　　D. 公交

E. 班车　　　　　F. 私家车　　　　G. 出租车

二、住房需求

4. 您若买房，您的购买目的是（　　　）。

A. 无房　　　　　B. 改善居住　　　C. 投资　　　　　D. 给父母住

E. 给儿女住

5. 购买商品房，您打算买多大面积的（建筑面积)？（　　　）

A. 50 m^2 以下（一室一厅）　　　　B. 60～70 m^2（二室一厅）

C. 78 m^2 左右（二室二厅）　　　　D. 90 m^2（二室二厅）

E. 100 m^2（二室二厅）　　　　　　F. 110 m^2（三室二厅）

G. 140 m^2 以上

6. 在下述诸多因素中，您最看重的因素是（　　　），其次是（　　　）。

A. 地段　　　　　B. 价格　　　　　C. 交通　　　　　D. 小区配套

E. 环境　　　　　F. 开发商口碑　　G. 物业管理

7. 您打算购买的位置首选是（　　　），其次是（　　　）。

A. 市中心　　　　B. 单位附近　　　C. 车程30分钟左右到单位的郊区

8. 您购买房屋的付款方式是（　　　）。

A. 一次性付款　　B. 分期付款　　　C. 按揭贷款　　　D. 公积金贷款

9. 您若购置商品房，您所能接受的总价是（　　　）。

A. 10 万以下　　B. 11 万～15 万　C. 16 万～20 万　D. 21 万以上

10. 您所接受的单价是（　　　）。

A. 1 600 元/m^2 以下　　　　　　　B. 2 000 元/m^2 左右

C. 2 500 元/m^2 左右　　　　　　　D. 3 000 元/m^2 以上

11. 您的商品房希望开发商给您装修好呢，还是自己装修？（　　　）

A. 开发商装修好　　　　　　　　　B. 买了自己再装修

12. 范家屯的房屋价格在 1 600 元/m^2 左右，而且交通方便，你会购买吗？
（　　　）

A. 是的　　　　　B. 不会购买　　　C. 不确定　　　　D. 以后会考虑

调查结束，谢谢您的支持！

访问员记录部分

被访者姓名＿＿＿＿＿＿　　　　　被访者年龄＿＿＿＿＿＿

学　　历＿＿＿＿＿＿　　　　　　被访者性别＿＿＿＿＿＿

联系方式＿＿＿＿＿＿

填写日期＿＿＿＿＿＿　　　　　　工作单位＿＿＿＿＿＿

被访者的理解程度＿＿＿＿＿＿　　被访者的合作态度＿＿＿＿＿＿

2.3　调查结果分析与调查报告的编写

在一手资料和二手资料都收集完后，房地产市场调查的重点应转向资料的整理分析，并编写成最后的调查报告，也就是市场调查的最后一个阶段——分析与总结阶段的工作。

2.3.1　资料整理

资料的整理过程包括编辑、检查和修正搜集到的资料；编码，给每个问题的答案配上数字或符号，为列表和统计分析作准备；列表，把相似的数据放到一起，具有初步分析资料的作用。

1. 编辑

编辑是对资料进行筛选，去除统计资料中的无用部分，这可以在现场进行，称为实地编辑，也可以在办公室进行，称为办公室编辑。

（1）实地编辑

实地编辑是初步编辑，任务是发现资料中非常明显的遗漏和错误，及时调整调查程序，帮助消除误解和解决有关特殊问题。实地编辑需要保证资料的完整性，没有遗漏的项目；保证资料的清除性，调查人员需要仔细查看记录，如果发现无法辨认的字迹应及时澄清；保证资料的内容一致性，不要出现前后矛盾的情况；保证答案的明确性，特别是针对开放式的问题，不要出现模棱两可的词语；保证资料单位统一性，便于后续的统计分析工作。实地编辑的工作重点是复查和追访，一旦发现有错误就需要及时纠正。

（2）办公室编辑

办公室编辑在实地编辑之后，其主要任务是更加完善、确切地审查和校正回收来的资料。这一工作需要由那些对项目调查目的和过程都十分明确，而且具有敏锐洞察力的人员来进行。办公室编辑的工作重点是对查出的问题如何处理。在调查统计上来的资料主要存在的问题是三大类：不完全回答、明确的错误和由于被访者缺乏兴趣而作的搪塞回答。

对于不完整的答卷，如果是大面积的无回答，或相当多的问题无回答应作为废卷；对于个别问题无回答可作为有效问卷，空白待后续工作采取补救措施；对于相当多的问卷同一个问题（群）无回答，仍可作为有效答卷，但也可以指出问题是否写得不清楚，或者是敏感话题，人们不愿回答。

对于明显的错误答卷，应进行仔细分析，如果能够发现其中的逻辑关系纠正前后矛盾的问题，就可以作为有效答卷，否则作为"不详值"处理。

对于无兴趣的答卷，如果是整个问卷的情况，应作为废卷处理；如果只是出现在某个问题（群）上，应把这部分的答卷作为一个独立的样本进行对待。

在审查收集的次级资料时，应弄清楚作者的身份和背景，注意编写时间。在审核统计资料时，要注意它们的指标口径和资料的分组，尽可能地减少使用次级资料时可能遇到的麻烦。

2. 编码

编码就是对一个问题的不同回答进行分组和确定数字代码的过程。大多数问卷中的大部分问题都是封闭式的，这些在事先应做好编码。但对于开放式的问题，它只能在资料收集好之后，根据被调查者回答的内容确定类别的指定编号。这部分工作首先是列出所有答案，将有意义的答案列成频数分布表，再确定可接受的分组数，根据分组数再将有意义的答案重新挑选归并。然后为所确定的分组选择正式的描述词汇，再根据分组结果制定编码规则，最后对全部回收问卷的开放式问题答案进行编码。例如某个小区楼盘的开放式问题调查如下：

问题：您为何会选择购买××小区的商品房？

根据整理后收集到的答案如下（假设10个样本）：① 开发商口碑好；② 价格适中；③ 房屋套型设计好；④ 靠近地铁，方便；⑤ 离父母近；⑥ 环境好；⑦ 得房率高；⑧ 附近买东西方便；⑨ 附近方便子女读书；⑩ 附近有很多公交车站。

根据以上的答案，我们可以作如下分类，见表2-2。

表2-2 编码分类表

分类表号	类别描述	被调查者回答编号	分类表号	类别描述	被调查者回答编号
1	开发商口碑好	(1),(13),…	6	环境好	(20),…
2	价格适中	(3),(15),…	7	得房率高	(17),(19),…
3	房屋套型设计好	(2),(14),…	8	附近买东西方便	(15),(16),…
4	靠近地铁,方便	(6),(9),…	9	附近方便子女读书	(10),(11),…
5	离父母近	(8),…	10	附近有很多公交车站	(4),(18),…

3. 列表

把调查资料按照一定的目的、用表格的形式展现出来，即是资料的列表。它的基本功能就是计算变量值的出现次数。如果只计算一个变量就是单向列表，如果需要同时计算两个或多个变量的不同数值联合出现的次数，就称为交叉列表。一个较为简单的列表见表2-3。

表 2 - 3   × × 地区家庭住宅情况调查表

家庭编号	年均收入/万元	家庭人口	家长受教育程度	居住面积/m²	有无 2 套以上住房	2 年内有无购房计划
0501	15	3	1	90	0	0
0502	20	4	3	79	1	0
0503	8	3	2	100	1	1
…	…	…	…	…	…	…

表中一些难以量化的变量用数字等级分类表示，如 2 年内有无购房计划，如果有购房计划则为 1，如果没有购房计划则为 0；又如，家长受教育程度分为初中、高中、大学、硕士、博士，可以用 1 ~ 5 来表示，便于计算机的统计。

2.3.2 资料的分析与解释

在房地产市场营销调查的所有活动中，对研究者的技能要求最高的是资料的分析与解释。分析是以某种有意义的形式或次序把收集到的资料重新展现出来。解释是在资料分析的基础上找出信息之间或手中信息与其他已知信息的联系。在资料解释时尽管无固定模式可循，但有两个方面是要注意的：一是要理解归纳和演绎的推理方法；二是要保证形成结论时的客观性。

2.3.3 市场调查报告的撰写

1. 调查报告的含义

市场调查报告又叫调查研究报告，它的主要功能是搜集情况，并通过对调查所得情况的深入研究，提出一定的见解。因此调查报告是根据某一特定目的，运用辩证唯物论的观点，对某一事务或某一问题进行深入、细致、周密的调查研究和综合分析后，将这些调查和分析的结果系统地、如实地整理成书面文字的一种文体。

2. 调查报告的特点

（1）真实性

真实性是调查报告首要的、最大的特点。所谓真实性，就是尊重客观事实，靠事实说话。这一特点要求调研人员必须树立严谨的科学态度，认真求实的精神，彻底抛弃"假大空"的虚伪作风，不仅报喜，还要报忧，不仅要充分肯定工作成绩，还要准确反映工作中存在的问题。只有严谨的科学态度，才能写出真实可靠、对工作具有指导意义的调查报告。

（2）针对性

这是调查报告所具有的第二个显著特点，这是由其具有很强的工作针对性所决定的。一般来说，一项调查研究工作，特别是大型调查研究，要花费较多的时间、人力和物力，不是随意组织进行的，而是针对一些较为迫切的实际情况，为解决某些实际问题而进行的。因此调查研究就具有很强的针对性，在调查报告的写作上，必须中心突出，明确提出所针对的问题，明确交代这一问题所获得的事实材料，分析出问题的症结所在，提出具体可行的建议和对策。

（3）典型性

典型性是指在调查报告的写作过程中所采用的事实材料要具有代表性，以及所揭示的问题带有普遍性。这种典型特点在总结经验和反映典型事件的典型调查中表现得尤为突出。

（4）系统性

调查报告的系统性或完整性是指由调查材料所得出的结论，必须具有说服力，把被调查的情况完整地、系统地交代清楚。不能只摆出结论，而疏漏交代事实过程和必需的环节。因为这样的疏忽势必造成不严密、根据不足以及不足以令人信服的印象。这里所说的系统性和完整性，并不是要求在调查报告的写作过程中，事无巨细，面面俱到，而是要抓住事物的本质和主要方面，写出结论的推理过程。

总的来说，调查报告就是论证系统，逻辑严密，摆事实，讲道理，具有强烈的说服力，从而使之成为科学决策的可靠资料。

3. 调查报告的写作方法

不同类型的调查报告，具体内容有所不同。但基本写法是相通的。调查报告的写作方法，一是要熟悉调查报告的结构特点；二是要把握调查报告的写作程序。

（1）调查报告的结构

一般来说，调查报告的内容大体有：标题、摘要、导语、概况介绍、资料统计、理性分析、结论或对策、建议，以及所附的材料等。由此形成的调查报告结构，就包括标题、导语、正文、结尾和落款。

1）标题

调查报告的标题有单标题和双标题两类。所谓单标题，就是一个标题。其中又有公文式标题和文章式标题两种。公文标题由"事由＋文种"构成，如《重庆市沙坪坝区竞争楼盘产品价格的调查报告》。文章式标题，如《重庆市沙坪坝区竞争楼盘的价格分析》；其二是标明作者通过调查所得到的观点的标题，如《××区竞争楼盘产品雷同化日趋严重》。所谓双标题，就是两个标题，即一个正题、一个副题，如《打造生态小区——关于××区竞争楼盘产品的调查报告》。

2）导语

导语又称引言。它是调查报告的前言，简洁明了地介绍有关调查的情况，或提出全文的引子，为正文写作做好铺垫。常见的导语有：① 简介式导语，对调查的课题、对象、时间、地点、方式、经过等作简明的介绍；② 概括式导语，对调查报告的内容（包括课题、对象、调查内容、调查结果和分析的结论等）作概括的说明；③ 交代式导语，即对课题产生的由来作简明的介绍和说明。

3）正文

正文是调查报告的主体。它对调查得来的事实和有关材料进行叙述，对所作出的分析、综合进行议论，对调查研究的结果和结论进行说明。例如，在房地产项目定位的调查报告中主要内容包括：锁定目标客户是谁；分析目标客户的需求；根据这个需求分析提出产品建议。

4）结尾

结尾的内容大多是调查者对问题的看法和建议，这是分析问题和解决问题的必然结果。调查报告的结尾方式主要有补充式、深化式、建议式、激发式等。

5）落款

调查报告的落款要写明调查者——单位名称和个人姓名，以及完稿时间。如果标题下面已注明调查者，则落款时可省略。

（2）调查报告的写作程序

调查报告写作要经过以下五个程序：

1）确定主题

主题是调查报告的灵魂，对调查报告写作的成败具有决定性的意义。

2）取舍材料

对经过统计分析与理论分析所得到的系统的完整的"调查资料"，在组织调查报告时仍需精心选择，不可能也不必都写上报告，要注意取舍。

3）布局和拟定提纲

这是调查报告构思中的一个关键环节。布局就是指调查报告的表现形式，它反映在提纲上就是文章的"骨架"。拟定提纲的过程实际上就是把调查材料进一步分类、构架的过程。构架的原则是："围绕主题，层层进逼，环环相扣"。提纲或骨架的特点是它的内在的逻辑性，要求必须纲目分明，层次分明。

调查报告的提纲有两种，一种是观点式提纲，即将调查者在调查研究中形成的观点按逻辑关系一一地列写出来。另一种是条目式提纲，即按层次意义表达上的章、节、目，逐一地、一条条地写成提纲。也可以将这两种提纲结合起来制作提纲。

4）起草报告

这是调查报告写作的行文阶段。要根据已经确定的主题、选好的材料和写作提纲，有条不紊地行文。写作过程中，要从实际需要出发选用语言，灵活地划分段落。

5）修改报告

报告起草好以后，要认真修改。主要是对报告的主题、材料、结构、语言文字和标点符号进行检查，加以增、删、改、调。在完成这些工作之后，才能定稿向上报送或发表。

附录

调研报告结构

标题版面
摘要（简述调研内容）
调研报告正文
导言（调研报告的目的）
概况介绍（一系列简短的陈述）
调研采用的详细细节
调研结果（正文再加上图表）
调研结果小结
总结和建议（对策）
参考文献
附录

▶ 本章小结

房地产市场调查是指房地产企业为实现企业特定的经营目标，运用科学的理论和方法及现代化的调查技术手段，通过各种途径收集、整理、分析有关房地产市场的资料信息，进而对现有的和潜在的房地产市场进行研究与预测，正确判断和把握市场现状以及发展趋势，并以此为依据做出经营决策，从而达到进入市场、占有市场并取得预期效果的目的。

调查的内容主要包括房地产市场的宏观环境、房地产市场的需求、房地产市场的竞争状况、房地产市场的营销状况。

▶ 关键概念

房地产市场调查　　问卷设计　　房地产市场调查报告

▶ 思考题

1. 房地产市场调查步骤有哪些？
2. 调查原始资料时，有哪些方法？
3. 房地产市场调查内容有哪些？
4. 结合本地某一楼盘，撰写一份楼盘市场调查报告。

▶ 实训项目

假如你是某房地产投资咨询公司的主管。有一房地产开发项目，其投资商是你的客户，委托你公司对该项目进行市场调研，以帮助其进行投资决策。请你：

1. 针对该投资项目，制订一份详细的市场研究计划。
2. 选用合适的市场调研方法进行市场调研，收集有关资料，进行市场分析。
3. ① 必要时设计市场调查问卷并实施问卷调查。
   ② 回收问卷并对问卷进行整理与统计分析。
4. 撰写一份详细的市场调查报告并对你的客户给出投资建议。

▶ 案例分析

拯救不景气的商业零售中心

1991 年 6 月 16 日，《纽约时报》报道，普林斯顿一个 66 英亩（1 英亩 = 404.686 m²）的露天零售中心，像新英格兰购物村一样，已经是处于朝不保夕的地步。这处零售中心房产位于新泽西州 10 千米长街的第一小巷，在新不伦瑞克和特伦顿之间。周围的方便设施包括有号称 20 万平方英尺（1 平方英尺 = 0.092 9 m²）的商业餐饮区，23 万平方英尺的写字楼，还有一个有 300 多个房间的旅店和一个日常看护中心。旅店、写字楼和看护中心都或大或小地取得了成功，但是这个零售中心却失败了。它的净资产不断减少，而且这种不景气在投资项目中也呈现出重大损失。

新的管理部门要求投入 300 万美元的基金来实施改革和营销规划，希望这样可以克服项目本身的缺陷。它的行政部门向市场研究公司寻求帮助，要求发动一次生死攸关的市场调查，来决定厂家直销批发方式是否是一个可行的替代方案。在这个案例中，市场研究的确发挥了很大作用。4 年之后，这个项目起死回生，而且房产售出量也逐日回升。

新的管理层如何对付即将倒闭的事实和激烈的竞争

在《纽约时报》报道这一事件的几个月前，这个购物中心的开发者因为决策失误，把 1.25 亿美元的建设贷款用在了不适合的项目上。因为开发者是以购物中心为抵押获得贷款的，因而银行取消了开发商对购物中心的赎回权。之后，银行任命了一个新的开发和物资管理机构来使购物中心摆脱困境。新机构的副董事长马克·耶哲（Mark Yeager）打破了原来的机构设置，重新组建。

普林斯顿森林村（PFV）创建于 1987 年，它的地理位置极其有利，而且外观迷人。这个购物村包括了 85 个商店的房产，但是到了 1991 年，这个购物村只剩下不足 50 家的承租人。它的 17 个服装小商店，包括 17 个专卖小商店，对那些财大气粗的商家很有吸引力，但他们最终还是没有签约。到当年年底，只剩 7

家商店了。

更为麻烦的是，激烈的竞争更使它的处境雪上加霜。在那条大街上的第一小巷，估计要计划开发约 60 万平方英尺的零售空间，而在 1991 年，这里的零售商店未售出的虽不足 6%，但是已经是 3 年前的两倍了。

管理部门最初花费了 6 个月的时间来收集信息。这些信息包括人口统计信息、交通信息、消费者信息和竞争环境信息。然后，管理部门和它的广告代理商一起工作，他们要求市场研究公司设计一个市场调查研究来评价零售的价值，当然在这里，零售的概念也包括一系列的专卖以及厂家直销零售商店。

确认吸引商家的最佳时机

总体来说就是选择，市场研究的目标在于帮助客户选择最成功的产品的最佳配置——也就是选择吸引商家的最佳时机。这种观点基于一种理论之上，即很难通过简单的询问就能了解顾客偏爱哪种购物理念，而且也不能仅仅依赖由此得出的结论。相反，市场研究更看重以往的销售行为，发现由于应用 PFV 产生的障碍，然后决定究竟怎样做才能使购物村自身对零售商和商业承租人更具吸引力。

从 1983 年起，厂家直销市场就迅速发展起来了。11 年前，美国的国土上还只有 33 家这样的直销市场购物中心。到 1991 年，根据工业贸易出版物《零售信息价值》的统计，有 257 家这样的中心已经开张营业，总公司设在纽约的国际销售中心委员会解释说，厂家直销市场的发展，部分归因于经济上的萧条和困境。根据估计，顾客每次在厂家直销的市场中逗留的时间平均长达 4 个小时，花费平均为 250 美元。

调查设计

管理部门希望市场研究公司从几个关键入手，来确定预期的商业承租人的"心理状态"，这些题目有：

使用本中心的名字所产生的障碍是什么？

顾客能在距离多远范围内的厂家直销商店购物？

潜在回头客的特征是什么以及谁会来厂家直销中心购物？

和管理部门一起工作后，市场研究公司认为市场调查研究可以帮助他们估算到居住地域离直销市场远近不同的顾客中，厂家直销理念的潜在市场。为了能够完成这一计划，这个公司通过收集第二手数据，开始确定顾客可以跑多远到各类型的零售商店购物，这条信息将会影响到采用市场研究的设计。

市场研究公司决定把居住范围在 15 分钟路、30 分钟路、60 分钟路的顾客列为目标测试对象。他们还对人口统计数字进行研究，以确定在这些目标区域内居住着多少户人家。因为厂家直销理念的目的在于吸引富裕的顾客，他们把目标市场定位每户月收入 35 000 美元以上的家庭（稍稍高于进行测试的平均家庭收入）。

营销小组对几个收集数据方案，其中包括发函调查、在销售大厅内面对面采访两种形式的利与弊进行了讨论，最后认为电话访谈是最佳方案，因为它最容易针对目标市场（居住在选定区域内的女性顾客，月家庭收入达 35 000 美元或以上的）。他们认为这些参数将使市场研究得到的数据更易接受。

然后，市场研究人员在每一个目标地域内，随机地选择在邮政编码范围内的电话号码，其中的每个目标区域都反映出顾客为去购物必须行车的路程。调查安排了 504 次电话访问，接受测试的对象都是女性，年龄在 21 岁以上，家庭月收入在 30 000 美元以上。调查的目的是用交谈的结果来了解她们对这个购物村的态度和购物方式。这个案例安排的接受采访的对象较多，这样可以使市场研究公司把结果扩展到所有的目标顾客，而且有较高的可信度。

这次研究的目的设计为：① 提供顾客家庭状况以及与厂家直销商店打交道的行为和态度的数据；② 确定厂家直销理念的优势和劣势；③ 确定使用这个名词导致的障碍和在普林斯顿购物的不足。在 3 个区域内收集数据。

在数据收集阶段，测试对象样本的采集是按照住处距离的远近随机地从 3 个区域中选取的。

区域 1：到 PFV 30 分钟或更短时间的行车路程（200 名测试者）

区域 2：到 PFV 30 分钟至 60 分钟的行车路程（153 名测试者）

区域 3：到 PFV 60 分钟以上的行车路程（151 名测试者）

在 3 个区域内的每一个区域中，选择的测试对象的收入要在一定范围内，这样随机抽取的电话号码的样本总体是特定的。这种采集样本方式应用了多元回归法以期把目标集中在月收入 30 000 美元以上家庭。它还运用计算机产生并且随机选取数据这一程序，使得样本有可能包括新安装电话的家庭的电话或尚未列出的电话号码。

对样本要先进行初步整理，去掉那些难以打通和那些商业性的电话号码，然后对剩下的样本复制一次，这一复制品就可以反映每个区域内电话号码的分布情况。这次调查大约应用了 681 个样本，最后产生了 504 个接受测试的对象。

收集的数据还要加上权数，用来反映在每个区域内合适的住户的真正比例。为确定权数，在每个区域内要对完成访谈的测试者们的分布情况和在 3 个区域中合适的住户的真正分布比例做比较。这样产生出的权数，可以调整样本的分布，以纠正任何比例失调现象。

购物村的形象极差

1991 年 6 月公布出的调查结果，显示的信息状况不容乐观。这个购物村在那些听说过它的人中名声不好，还有许多人根本就没有听说过它。调查结果表明，在购物村成立之前，这个商业区周边半径 45 英里的范围内，有 107 万顾客在批发市场购物，而且平均每次约花销 140 万美元，但是，区域 1 中有 33% 的顾客从来没有听说过这个购物村，而且还有一大批顾客，在区域 2 中 75% 的顾客和区域 3 中 87% 的顾客也是从来没有听说它。

市场研究还得到了其他一些很重要的信息，这些信息有的是关于厂家直销商店总的市场环境的，有关于普林斯顿和这个购物村的大体形象和印象的，以及关于购物村自身潜在市场的消息。

厂家直销市场远景开阔

从市场研究中可以看出，厂家直销这种销售方式市场远景极为开阔。

接受调查的顾客中，几乎有 2/3 的人熟悉这些商店并且曾经在那里购过物；一大部分顾客乐意在厂家直销商店购物，即使商店与住处不在同一街区。

在最近的 6 个月内，有许多顾客曾去过纽约或费城的 5 个规模庞大的厂家直销市场购物一次或多次。

即使居住于其他区域的顾客和 PFV 打交道很少，所知有限，但是居住区域 1 中也有几乎一半（46%）的接受调查的顾客都曾经光顾过这个购物村。这些顾客似乎对这个购物村印象不佳，其中的 45% 认为市场马上就要倒闭了。而购物村在公众面前的不佳形象正是来源于这一说法，与之相反的是，区域中的顾客的 28% 认为这个区域购物环境宜人。

按照调查结果得出的看法，在普林斯顿地区建一座厂家直销市场，对许多顾客，尤其是居住在区域 1 的顾客业说，是很有吸引力的。在区域 1 中，有 40% 的顾客是"非常乐意"或"极有可能"在普林斯顿的厂家直销商场购物（她们被认为是最佳的潜在市场）。这种潜在市场所占比例在区域 2 将为 22%，在区域 3 将为 11%。另外：

● 在区域 1 中，在曾经听说过这个购物村和很有可能在这个购物村的厂家直销市场购物的顾客中，有 1/4 希望能立刻来厂家直销市场看一看，而在其他的区域，想来看一看的人数明显下降。

● 有些顾客认为商场的名字应当加上"厂家直销"的字样，这些顾客的数目占整个测试总体的 2/3。市场研究公司认为这种做法对改变"价格昂贵"的形象很有必要。

顾客们还根据要求回答了她们在其他购物中心直销市场的购物习惯。比如，区域 1 中的 32% 的顾客在过去几年中，在自由购物村购物平均 2.9 次（共占总数的 18%）。因此，PFV 的厂家直销市场有一个潜在的竞争对手——自由购物村，后者是一个成功的厂家直销市场，位于新泽西州的弗莱明顿，去购物只需要花上 40 分钟车程。另外，在区域 1 中有 40% 的顾客说她们"非常乐意"或"很有可能"在普林斯顿的厂家直销市场购物（总计 20%）。

普林斯顿地区和购物村的总体形象

普林斯顿地区的诱人之处，既不在于零售商品的悠久历史，也不在于购物环境，根据 14% 的顾客的评论，在此购物的最主要原因就是"气氛宜人"。换个角度来说，在此购物惹人讨厌的地方包括物价昂贵、停车问题以及交通堵塞。

关于 PFV，不利之处包括"物价昂贵"和"处于财务困窘状态"。有利的评价往往针对的是自然环境，包括"气氛不错"。大多数顾客在6个月之前或更早之前光顾过，但也不过是一两次。比起其他的潜在顾客，这个购物村对这些顾客存在最大的吸引力。

厂家直销的潜在市场

如果普林斯顿地区引进厂家直销市场，1/5的顾客说他们"有可能"或者"极有可能"来此购物。这个平均数包括区域1中的40%的女士，但是在区域3仅包括11%的女士。

如果在PFV开办一家厂家直销市场，在区域1内知悉这家购物村的女士说她们"有可能"或者"极有可能"来此购物。在那些"有可能"来此购物的女士中，几乎一半（47%）的人说她们立刻来试一试。在所有这个3个区域内听说这家购物村的顾客中只有10%的人"很有可能"或"极有可能"来这里的厂家直销商场购物。

刚好有一半的顾客乐意乘90分钟车去厂家直销商场购物。另外，大约1/3的女士乐意乘60分钟车去厂家直销市场购物。

对潜在顾客的研究

对开设在PFV的厂家直销商场来说，最有可能的潜在顾客居住在区域1，或者如果她们居住在区域1之外，她们的家庭收入一定要较高。如果她们还没有在PFV购过物，那么根据调查，她们很年轻（45岁以下），经常在可以打折的成衣店内购物，而且是双职工家庭。总之，根据估计约有20万位女士（而非住户）是光顾和在此购物的顾客，如果在PFV建立厂家直销市场的话，这些潜在的顾客包括：

- 在区域1内有48 000~600 000名顾客
- 在区域2内有86 000~980 000名顾客
- 在区域3内有37 000~43 000名顾客

人口统计调查结论表

"有可能"或"极有可能"到普林斯顿地区的厂家直销市场的女士大多有以下特征：

- 年龄为35~54岁
- 家庭收入超过5万美元
- 有小孩子
- 每年在衣物上的花费超过1 000美元

1年以后

在与潜在的承租人交谈时，房产商应用了这些调查结果。"我着重指出市场对直销理念接纳，并且指出当前的市场环境在未来填补零售行业中的这个空白的必要性。"他说。

在1992年3月，这家购物村在第一街打出一幅新招牌表明了它的厂家直销的性质，并且租出了 30 000 平方英尺的空间。顾客在逛这些商场也发现了值得购买的物品。一个购物村的零售商店——Mark，Fore & Strikc 把它最初的业绩归功于厂家直销。而总经理则宣布说在 1992 年 6 月，销售量比上一年同一月份上升了 16% 。经理认为，这一增长，是在经济更为萧条的情况下发生的，而且当时还没有制作任何广告来宣传它的直销地位。

其他的商场——The Charter Club、Johnston & Murphy 和 Caswell‐Massey——说他们会继续实施零售和直销相结合的方针。

3 年以后

3 年以后，耶哲说道："购物村更加有活力，光顾率显著上升，在我们未采取任何新措施之前，食品销售商和其他行业报道他们的销售上升了 20% ，而且销售量的 80% 发生在这两年内。"

尽管在第一大街上空房率仍接近 6% ，但是从 1991 年起，购物村的空房率急剧下降。管理人员最为关注的最前排——有 175 000 平方英尺以上的厂家直销空间——目前已经全部租出去了。购物村还吸引了一些新的厂家，诸如一家名声很大的女士服饰商场，这可能是一家非常挑剔的商家。

"我们对这家购物村的销售增长极为满意，而且我们相信市场研究在帮助我们预测将购物村改为规模庞大的直销中心时的潜在市场做了一项了不起的工作。"耶哲总结道。

思考题

1. 如果公司派你去负责拯救这个不景气的商业零售中心，你将采取何种措施？请详列实施纲要。

2. 请模拟案例中的情形，设计一份完整的消费者市场调查问卷。

3. 通过此案例的学习，请总结出市场调研成功的关键因素。

（资料来源：市场调研——点铁成金，［美］拉里·帕西译，机械工业出版社，2000 年 4 月）

第三章

购房者的需求分析

▶ **学习目标**

通过本章的学习，了解小区功能对购房者的影响、掌握环境因素对购房者的影响、产品因素对购房者的影响。

▶ **知识点**

1. 购房者对环境的需求；
2. 购房者对小区功能的需求；
3. 购房者对房屋产品的需求。

▶ **技能要求**

1. 学会分析影响购房者的各种需求；
2. 会运用有关知识指导销售策略的制定。

开篇案例

中惠地产"莞深同城新生活体验"式销售

由中国房地产新主流思想沙龙与《深圳特区报》共同策划的"莞深同城新生活体验"活动，在中惠地产开发的系统楼盘实施，位于东莞和深圳接壤处的中惠地产旗下的中惠沁林山庄、中惠金士柏山、中惠香樟绿洲以及中惠山水名城等四大楼盘同时受益。

由于中惠地产系列楼盘位于临近深圳的重要位置，交通极为方便，深圳东莞的城际轻轨即将开建；同时楼盘项目本身的产品设计、创新户型、社区配套以及园林绿化等方面达到深圳同等品质，符合深圳人的置业需求。另外整个东莞城市竞争力提升也是莞深同城策划的基础。2006 年东莞被评为"国际花园城市"，

2007 年东莞市政府又提出"5 年内幸福指数再提高"的计划，近年内将继续在治安、交通、环境等方面努力改善居民生活质量。这些举措将使东莞房地产升值潜力得到持续提升，满足了深圳人的投资需求。2007 年春节期间，中惠地产免费开放"莞深同城新生活体验"社区的会所，让广大客户率先体验"三山两湖五会所"的同城生活模式，同时还增设了免费参观东莞风景名胜的旅游项目，为广大市场提供了"莞深同城体验游＋地产投资"的创新度假模式。这种针对深圳客户消费特点和投资行为特征的销售策划，很快产生了令人满意的效果。位于东莞黄江的中惠金士柏山在 2007 年 7 月推出 100 多套单位，吸引了近 800 名深圳客户到场抢购，半小时内过百单位已被认购，深圳客户纷纷表示在莞深同城生活交通便捷，非常看好黄江未来的发展前景。

（资料来源：http：//www.zovy.com/）

购房者的购买心理和购买行为是复杂的，今天的人们已越来越理性，传统的推销术和广告术效果已不再那么明显，时髦的概念炒作也非灵丹妙药。那么，如何才能打动购房者的心呢？这就要求我们必须认真研究购房者的需求。需求是指在一定的时期，在一既定的价格水平下，消费者愿意并且能够购买的商品数量。消费者的需求多种多样，按照不同的分类有不同的需求，如按起源可分为生理需求和心理需求；按需要对象又可分为物质的需求和精神的需求；按照形式分类又可分为生存需求、享受需求和发展的需求。1954 年美国社会学家马斯洛（A. Maslow）在《动机与个性》一书中提出了"需求等级"学说，把人的需求分成五个层次：第一，生理需要，即人类为了生存而对衣、食、住、行提出的物质需要，这是人类最低限度的基本需要。第二，安全需要，即人类为使个人的生命和财产得到保护而产生的需要。第三，社会需要，即人们希望在人与人之间的联系中得到感情上的联络和获得知己的需要。第四，尊重需要，即人们为使自己在社会交往和实践中得到别人的尊重和好评，取得荣誉，从而增强自信心、进取精神的需要。第五，自我实现的需要，即人们为了体现和发挥自己的才能，实现自己的理想和抱负而不断努力和进取的需要。马斯洛在阐述人类需求层次时认为，人类的需要是一个由低级向高级不断发展的过程。当较低级的需要得到满足后，人们就开始追求更高一层次的需要。这样就形成了一个"金字塔"式的人类需求层次。

马斯洛的需求层次理论对房地产营销具有现实指导意义。一般说来，便宜的房子解决的是生存需求、生理需要，价格因素是首要考虑的问题。而价格贵的高质素房子解决的是自我满足、自我实现的需要。由此可见，房屋购买者对购房的需求是多种多样的，有对物质的需求，也有其追求高层次的精神层次的需求。对房屋本身的安全、方便、环境和对人文精神的需求也是众多购房者的主要需求。

3.1 购房者对环境的需求分析

环境指的是楼盘周围的物质和非物质的生活配置。前者指如山、水、电、气、电话、电视等市政配套，公园、学校、医院、影剧院、超市、宾馆、体育场馆、集贸市场、餐馆等生活配套；后者指的是区域历史沿革、区域形态特征（商业中心、工业中心、学院社区等）、人口数量和素质所折射出来的人文环境和生态环境等。

环境是位置周围的具体生活气氛，是决定地点优劣的一个外在关键因素。同样的地点，交通不一样，地价就不同，位置和环境再好，如果地点偏远，房价也很难高高在上。和其他商品不一样，楼盘的地块情况是楼盘价值不可分离的关键因素，它的优劣与否，往往决定了楼盘的大部分价值。而一个地块的价值往往是地点、交通、位置和环境综合作用的结果。

3.1.1 适居性（基本物质性需求）

消费者需求的反映首先指向对商品本身的需求。对商品本身的需求又首先表现为对商品使用价值的需求。使用价值是商品的物质属性，也是消费者需求的基本内容。人的消费无论侧重于满足人的物质需求，还是心理需求，都离不开特定的物质载体，且这种物质载体必须具有一定的使用价值。因此，消费者需求首先表现为对商品使用价值的需求，它包括商品的基本功能、质量、安全性能、方便程度等。购房者对环境的需求首先表现为对房屋的适居性的需求，它是房屋使用价值最直接的体现。

卫生、安全、方便和舒适是购房者对房屋的物质性需求，也是最基本的需求。

购房者对卫生的需求表现在两个方面：一是环境卫生，包括房屋周围如垃圾收集、转运及处理等方面；二是生理健康卫生，如房屋建筑的日照、通风、采光、噪声与空气污染等方面。在中国大部分的古建筑中，都是坐北朝南，也就是把正门开在南方，而不开在北方。考古发掘资料也证实先秦及至以后的寝宫都城等，都是以南向作为主要朝向的。历代大型陵寝也多以南向为主。建筑群体的主要中轴线往往就是南北中轴线。时至今日，中国人挑选住房，还总是以朝南为最佳，历来形成的以坐北朝南住宅为最佳的生活习惯，造成消费者"有钱就买朝南房"的需求心理。这种"坐北朝南"的选房习惯正是反映了购房者对房屋日照、通风、采光等方面的需求。因为建筑朝向的选择，涉及当地气候条件、地理环境。选择的总原则是：要满足冬季能争取较多的日照，夏季避免过多的日照，并有利于自然通风的要求。中国地处北半球中纬度和低纬度地区，由这种自然地理环境所决定，房屋朝南可以在寒冷的冬季背风朝阳，避免对着冬季主导风向，以免热损耗过大，影响室内温度。夏季则迎风纳凉。坐北朝南的房子，冬暖夏凉，光线充足，即使在冬天，阳光也一样能照射到房间的深处，令人有明亮温暖的感觉。此外，太阳光谱中的紫外线，有杀菌及改善室内卫生条件的效果。在冬季各朝向居室内接收紫外线，以南向、东南和西南朝向较多，东、西朝向较少，大约只有南向的1/2。东北、西北和北向的居室，接收紫外线更少，大约只有南向和东南向的1/3左右。这是日照时间少或没有日照，仅接受天空中散射辐射中的微量紫外线的缘故。因此，从接收紫外线多少来考虑，南偏东45°到南偏西45°朝向的范围内为较佳的建筑朝向。而且，这种坐向的屋宅，到了夏季，当太阳升到接近头顶的上空之时，屋内也受不到强烈日光的照射。除此之外，东南风也可以通过窗口与门户吹进屋里，让人感到凉爽舒适。故此，中国的房屋基本以坐北朝南为主，中国人都愿意住在北房，也就是坐北朝南的房子。

　　安全的需求在需求层次里面也是人的最基本的需求之一，购房者对安全的需求也表现在两个方面，一是人身安全，如小区安全、交通安全等，二是治安安全，如防盗、防破坏等犯罪防治。

　　方便的需求主要是指居民日常生活的便利程度，如购物、教育、户内户外公共活动（老人健身、儿童游乐等）、娱乐、交通等，包括交通的便利状况和各类各项设施的项目设置与布局。交通指的是楼盘附近的主要交通工具和交通方式，如铁路、飞机、地铁、公路等。它表示楼盘所在地区与周围各地方的交通联系状况，表明进出的便捷程度。在具体说明时，我们习惯上将某某商业街、某某火车站和某某城市标志性建筑物等主要商业中心、主要交通集散地的交通方式特别注明。交通实质上是对"点"的修正，是通过外部条件对客观"距离"的人为调整。

　　舒适的需求内容则更为广泛，既有与物质因素相关的生理性方面的内容，也有社会因素的影响。广义的舒适可以包含卫生、安全和方便在内的与物质因素相关的内容，同时还应包括居住密度、住房标准、绿地指标、设施标准、设计水平等内容。其中，影响居住的舒适度最重要的因素是容积率。容积率是项目用地范围内总建筑面积与项目总用地面积的比值。计算公式为容积率＝总建筑面积÷总用地面积。当建筑物层高超过8米，在计算容积率时该层建筑面积加倍计算。容积率越低，居民的舒适度越高，反之则舒适度越低。对于发展商来说，容积率决定地价成本在房屋中占的比例，而对于住户来说，容积率是影响其舒适度的很重要的因素。目前，"改善型需求"也成了房市刚性需求的重要组成部分，成为购房的主力群体之一。尤其是高品质的大户型物业未来市场看好。大户型有其特定的购买人群：成功人士、白领阶层、私企老板……对于他们来说，房屋本身的舒适程度是其购房的主要原因之一。

3.1.2 识别与归属（社会心理）

居住的环境能反映出人们的社会身份地位，过去如此，现在如此，将来也可能如此。当人们将吃穿问题解决之后，再考虑的就是如何建设好居住的问题了。人们爱房、购房、花大气力装修房子及营造出一个舒适的居住环境，已成为衡量人们生活质量及社会身份地位的重要标志之一。

远古时期，人们的生活条件及为恶劣，可是我们的祖先在6 000年前，就在西安半坡建设了一套完整的居住区、制陶区和墓葬区，目前保存完整的房屋遗址达46座、窑穴200多个。建筑群中间不仅有公共活动用的大房子，而且每座房子在门道和居室之间还有泥土堆砌的门槛。房屋中心有灶炕，屋面的墙壁都是用草拌泥涂抹，并经火烧烤，使用起来不仅坚固，而且防潮，在整个部落的四周有用人工挖掘的宽6～8米，深5～6米的壕沟环绕，总面积达10万平方米。在那个年代人们生活水平相当低下的情况下，能把居住环境建设得如此之好，实属罕见，足见当时人们对居住环境的重视程度。就是在现代的农村，人们将多余的钱都用在了房子及环境建设上。什么地方群众盖的房子越漂亮，就说明那个地方越富裕，什么地方群众盖的房子越差，就说明那个地方越贫穷。就一个村子而言，房子盖的最好那个地方住的不是当地有权的人，就是有钱的人。有一句俗话说，若你到村子上不知道村长家住的地方，就往盖得最好的房子处去找，十有八九都错不了。在城市中更是如此，哪个地方越富裕，哪个地方的城市建设就越好；哪个地方越贫穷，哪个地方的城市建设就越差。就每个家庭而言，条件好的人住的房子面积就大一些、房子结构和位置就好一些。若住的是独家独院的，肯定是有权或者有钱者。因此，识别与归属也成为现代人购房的重要因素之一。

识别性与归属感是人对居住环境的社会心理需要，它是反映人对居住环境所体现的自身的社会地位、价值观念的需求。场所与特征是居住环境具备识别性与归属感的两个重要因素，场所与居住环境的心理归属具有密切的关系，而特征与居住环境的形象识别性、社会归属性有着直接的联系。

场所指特定的人或事占有的环境的特定的部分。场所必定与某些事件、某些意义相关，其主体是人以及人与环境的某种关系所体现出的意义，不同的人或事件对场所的占有可以使场所体现出不同的意义。场所不仅是一种空间，它的存在赋予这一空间在社会生活中的意义，由此，它成为了影响人们购房选择的因素之一。

住宅小区规划设计应该注重场所的营造，使居民对自己的居住环境产生认同感，对自己的小区产生归属感。

特征是具有识别性的基本条件之一。在住宅区空间环境的识别性方面，可以考虑的要素有：建筑的风格、空间的尺度、绿化的配置、空间的格局、环境氛围等。

3.1.3　文化与活力（人文环境）

消费者有各自不同的宗教信仰、文化背景、传统观念、风俗习惯、地域特性等社会人文差异。不同地域的消费者在购房时就会根据自己的文化习俗心理对房地产品的各方面进行选择。建筑不仅仅是冰冷的钢筋混凝土，建筑同时是凝固的艺术，具有深刻的生活文化内涵。文化因素对房地产消费者有着广泛而深远的影响。不同文化背景的消费者有着不同的消费喜好。例如：风水对南方人比对北方人要重要得多，尤其是香港、广东等几乎都讲究风水。香港人依靠风水选择办公室、房屋以求好财好运。而西方不少国家都忌讳数字13，因此，西方建筑的门牌编号基本上都不设13层，也没有13号。

同时，社会形成的消费风气、时尚潮流及社区群体文化等，也会使消费者在购房时产生迎合从众的心理。个人的行为会受到各种群体的影响。任何群体都有群体意识，有共同目标，有一系列共同的行为规范，有遵守规范的压力，具有沟通的网络和事实上的领袖人物，成员从群体中可以获得尊重和满足。工作群体是社会群体的主要方式，同事之间在商品信息和购买行为等方面都有相互影响。亲友群体等非正式群体对消费者的行为也有着重要影响。因此，重视购房者的群体影响非常重要。

另外，富有文化与活力的人文环境也是营造文明社区的重要条件，丰富的社区文化、祥和的生活气息、融洽的邻里关系和文明的社会风尚是富有文化与活力的人文环境的重要内容，融合共处的人文环境是影响消费者购房的重要因素之一。

现代的科学技术带来的生活方式使得人与人、人与物、虚与实的关系发生了巨大的改变，但人们在得到基本的物质满足后，对人文环境的关注与渴望也将成为住宅居住环境品质提高与完善的重要内容。

住宅区在规划设计时应该通过有形的设施、无形的机制建立起居民对居住的认同和肯定，它包含了邻里关系、社区文化、精神文明和居住氛围等内容。

链接1

通过对比购房者不同的消费心理需求特征，购房市场消费者被分为三类：品质追求型、中间型和基本改善型。研究发现，品质追求型的消费者在购房时注重产品的档次与品位，偏好环境高雅、设施高档、小区绿化环境好的社区，对于价格有较大的承受能力。这一类型的消费者年龄偏低，拥有三种类型中最高的个人年收入和家庭年收入，也是拥有汽车比例最高的一类消费者。基本改善型的消费者较关注价格因素，在购房时更注重一些住房基本功能的实现，对于较奢侈的配置由于经济承受能力的限制相对有所舍弃。这一类型的消费者平均年龄在三类人中是最高的，其个人年收入和家庭年收入较低，绝大多数人没有汽车。而中间型的潜在购房者各项指标都位于中间，追求住房档次与品质，但在住房品质提高上又不愿多付钱，相对来说较为挑剔。

（资料来源于不同心理需求特征消费者的购房行为分析，北京海润房地产市场研究公司）

链接2

买房人：媒体从业人员古先生

购房情况：首次置业，过渡性住房

购房时间：5月

购房楼盘：铭可达三期

购房原因：一是孩子4月份出生了，需要有自己的"窝"，二是现在的房价已经接近预期。我去铭可达三期看了一次房子，就决定买了。单价才4 800元/平方米，而且带600元/平方米的简装修，相当于4 200元/平方米。地段好，升值空间大，以后出租也容易；价格合适，在自己的心理价位下；简单装修，也免却了自己动手的麻烦。

买房人：某国企员工龙小姐

购房情况：首次置业，自住

购房时间：3月

购房楼盘：景湖湾畔

购房原因：想买房，刚好景湖湾畔举行"7折团购"，房价很低，就抓住机会买了。

那套房子打七折，团购了30套又打了9.3折，100多平方米才40多万，首付三成，月供2 000元。品牌发展商开发的，品质有保证。

朋友最近刚买了那里的房子，据说再没有当时那么低，都要5 000元/平方米以上。4 000多元/平方米的房子在东莞已经很理性了，再跌也跌不了多少。而最近出现的3 500元/平方米起的房子，有可能房子在方位、朝向上都没那么好。

买房人：某企业主管黎小姐

购房情况：换房一族

购房时间：6月

购房楼盘：东骏豪苑

购房原因：现在住单体楼，想住密度低、绿化高、户型实用的小区房，房价已经理性回归。

黎小姐有一个以她为首的三口之家，过着"年轻女孩梦想的有房、有车"生活，而且事业也蒸蒸日上，可谓家庭事业双丰收。随着日子由"小康"奔

"大康"，黎小姐开始想换套自己的房子，于是5月看房，6月买房，遂了心愿。

刚开始她比较注重地段，看过东海阳光等中心地段的房子，因为都是单体楼性质，"不喜欢"。后来考虑小区的生活比较方便，看过新世纪星城的房子，虽然园林都很好，但生活不方便，就放弃了。

黎小姐最后把目标放在四环路片区，而且对东骏豪苑一见钟情。对比周边其他楼盘，东骏豪苑社区园林好、绿化好、密度低、私密性很高，我比较喜欢。刚开始看了一套南向单位，但视野被挡住了，很不舒服，就放弃了。后来买的这套房子户型实用率也高，格局不用大改动，而且朝南城体育馆，视野比较宽。

显然案例中的三位购房者在购房时的需求是不一样的，古先生和龙小姐更加关注房屋的适居性的功能，反映的是其物质性的需求，而黎小姐则更加关注房屋的人文环境，是其精神性需求的体现。

3.2　购房者对小区功能需求的分析

3.2.1　购房者对道路交通和道路停车用地的需求分析

道路交通设施与道路停车用地包括住宅区的通达至住宅、各类设施、各类场地和可活动绿地的道路以及为住宅区居民居住生活服务的非机动车和机动车停车设施。

消费者对住宅区道路功能的需求主要表现在两个方面：一是满足居民日常生活方面的交通活动需要，如职工上下班、学生上学、托幼以及购买日常生活用品等活动，这些活动一般以步行和骑自行车为主，因此，小区道路走向应符合人流方向，方便居民出入。方便的交通出入也成为诸多购房者首先考虑的因素。二是方便市政公用车辆的通行和货运需要，如邮电传递、消防和救护车的通行、家具的搬运、垃圾清除等。

为了保证小区内的安静和安全，居住区道路主要是为区内服务，不应有过多的车道出口通向城市主干道，居住区内主要道路出口应至少有两个，两出口间距不应小于150~200米。

3.2.2　购房者对公共服务设施的需求分析

消费者购房时还注重生活区的物业管理及配套设施的完善。如安全服务管理、学区的设置、运动设施、科技智能化的投入等，都是现代消费者对舒适生活的要求。因而消费者购房时趋向于完善管理和配置齐全的心理需求。

住宅区的公共建筑以及相应的公共服务设施用地是指主要为该住宅区居民日常生活服务的商业、服务、文化、教育、医护、运动等设施及其用地。这些设施包括商业服务设施，如超市、百货、银行、理发、书店、药店等；教育设施，如中学。

3.2.3 购房者对绿地与户外活动场地的需求分析

现代生活中越来越讲求生态环境，环境的好坏直接影响到消费者生活质量的高低。因而消费者购房时在环境选择上也趋向于生态环保绿色健康的心理需求。房地产"绿地率"直接反映小区的绿化状况。绿地率：描述的是居住区用地范围内各类绿地的总和与居住区用地的比率（%）。绿地率所指的"居住区用地范围内各类绿地"主要包括公共绿地、宅旁绿地等。其中，公共绿地，又包括居住区公园、小游园、组团绿地及其他的一些块状、带状化公共绿地。需要注意的是，开发商在楼书中所说的"绿化率"其实是一种比较不准确的说法。绿地率较高，容积率较低，建筑密度一般也就较低，发展商可用于回收资金的面积就越少，而住户就越舒服。这两个比率决定了这个项目是从人的居住需求角度，还是从纯粹赚钱的角度来设计一个社区。一个良好的居住小区，高层住宅容积率应不超过5，多层住宅应不超过3，绿地率应不低于30%。但由于受土地成本的限制，并不是所有项目都能做得到。

案例

新欧鹏房地产开发集团开发的欧鹏K城，规划计划体现出：水景园林、艺术景观、网球场、篮球场、林间休闲道、人文居住与绿色景观和谐统一，营造出现代人理想的居住环境。

设计：精心设计了30多种丰富多彩的户型，从50平方米的一居到90平方米的两居，120平方米的三居到230平方米的空中庭院，多种空间形态随意选择。户型整体精巧，功能齐全，80%楼前有水系，绿化率高达70%，有运动主题公园、喷泉等绿色景观和人文关怀。

3.3 购房者对房屋产品需求的分析

在实际生活中，影响消费者购房决策的心理往往不只是某一方面，而是受到多种心理因素共同作用和影响。且随着社会和时代的发展，消费者的购房心理有了更高的需求，因而，知悉了解消费者购房的心理是当今房地产营销的客观要求和重要环节。

3.3.1 住宅建筑类型与购房者需求

住宅建筑类型按照不同的分类方法，类型较多，如按层数划分，有低层住宅、多层住宅、小高层住宅、高层住宅；按空间形式分类，可分为平层、复式、跃进层、错层式住宅。

首先按照层数划分，有低层住宅、多层住宅、小高层住宅、高层住宅。低层住宅（1~3层）主要是指（一户）独立式住宅、（二户）联立式住宅和（多户）联排式住宅。与多层和高层住宅相比，低层住宅最具有自然的亲和性（其往往设有住户专用庭院），适合儿童或老人的生活；住户间干扰少，有宜人的居住氛围。这种住宅虽然为居民所喜爱，但受到土地价格与利用效率、高政及配套设施、规模、位置等客观条件的制约，在供应总量上有限。

多层住宅（4~7层）主要是借助公共楼梯垂直交通，是一种最具有代表性的城市集合住宅。它与中高层（小高层）和高层住宅相比，有一定的优势：在建设投资上，多层住宅不需要像中高层和高层住宅那样增加电梯、高压水泵、公共走道等方面的投资。在户型设计上，多层住宅户型设计空间比较大，居住舒适度较高。在结构施工上，多层住宅通常采用砖混结构，因而多层住宅的建筑造价一般较低。

但多层住宅也有不足之处，主要表现在：底层和顶层的居住条件不算理想，底层住户的安全性、采光性差，厕所易溢粪返味；顶层住户因不设电梯而上下不便。此外屋顶隔热性、防水性差，且难以创新。由于设计和建筑工艺定型，使得多层住宅在结构上、建材选择上、空间布局上难以创新，形成"千楼一面、千家一样"的弊端。如果要有所创新，需要加大投资，但这又会失去价格成本方面的优势。多层住宅的平面类型较多，基本类型有梯间式、走廊式和独立单元式。

小高层住宅（8~12层）主要指高的集合住宅。从高度上说具有多层住宅的氛围，但又是较低的高层住宅，故称为小高层。对于市场推出的这种小高层，似乎是走一条多层与高层的中间之道。这种小高层较之多层住宅有它自己的特点：建筑容积率高于多层住宅，节约土地，房地产开发商的投资成本较多层住宅有所降低。这种小高层住宅的建筑结构大多采用钢筋混凝土结构，从建筑结构的平面布置角度来看，则大多采用板式结构，在户型方面有较大的设计空间。由于设计了电梯，楼层又不是很高，增加了居住的舒适感。小高层高度30米左右，所以均配有电梯，这对业主的生活十分方便。特别是老年人，由于体力不支或行动不便等原因，特别需要住宅能有一部直达电梯。再者，电梯对于残疾人来说也十分重要，包括有小孩的家庭。而对于成年人来说，电梯也十分重要，毕竟工作了一天之后已经筋疲力尽，都希望立即到达家门口。小高层住宅的电梯设计显然满足了人们的需求，为业主创造了一个方便、舒适的生活空间。

高层住宅（12层以上）。高层住宅是城市化、工业现代化的产物，依据外部形体可将其分为塔楼和板楼。高层住宅的优点：高层住宅土地使用率高，有较大的室外公共空间和设施，眺望性好，建在城区具有良好的生活便利性，对买房人有很大吸引力。高层住宅的缺点：高层住宅，尤其是塔楼，在户型设计方面增大了难度，在每层内很难做到每个户型设计的朝向、采光、通风都合理。而且高层住宅投资大，建筑的钢材和混凝土消耗量都高于多层住宅，要配置电梯、高压水泵、增加公共走道和门窗，另外还要从物业管理收费中为这些设备的修缮维护付出经常性费用。

按空间形式分类，可分为平层、复式、跃层、错层式住宅。

平层住宅：户型合理，舒适、敞亮、大气，一般对户型面积大，有几代人居住的时候大多愿意选择平层住宅。

复式住宅在概念上是一层，并不具备完整的两层空间，但层高较普通住宅（通常层高2.8米）高，可在局部掏出夹层，安排卧室或书房等，用楼梯联系上下，其目的是在有限空间里增加使用面积，提高住宅的空间利用率。一层比较高的房子中局部加一层，变为两层较低的房子。由于低的部分为两层，所以兼有跃层式住宅的优缺点。高的部分是占两层的大空间，视觉感受较为宽阔丰富。

跃层式住宅是一套住宅占两个楼层，有内部楼梯联系上下层，一般在首层安排起居室、厨房、餐厅、卫生间，二层安排卧室、书房、卫生间等。它较平层住宅动静分区更为明确，但上下楼对于老人、孩子不方便。因此家庭中有老人和小孩的一半不会考虑这种住宅。选择这种住宅的一半为年轻人，喜欢其独立的格局。

简单地讲，如果上下两层完全分隔，应称为跃层式住宅；如上下两层在同一空间内，即从下层室内可以看见上层墙面、栏杆或走廊等部分，则为复式住宅。

"错层式"住宅主要指的是一套房子不处于同一平面，即房内的厅、卧、卫、厨、阳台处于几个高度不平的平面上。一户内楼面高度不一致，错开之处有楼梯联系。优点是和跃层一样能够动静分区，但因为没有完全分为两层，所以又有复式住宅丰富的空间感，可以利用错层住宅中不同的层高区分不同功能的房间，错层带来空间丰富的感受，如不是身临其境很难想象得到，因此对于初次进入这种住宅的人有较大吸引力。但错层式住宅不利于结构抗震，而且显得空间零散，容易使小户型显得局促，适合于层数少面积大的高档住宅。

3.3.2 建筑风格与购房者需求

现代化不同的商品房的建筑风格能反映出不同房屋的档次，而不同层次和文化特点的消费者对不同风格的房屋有着不同层次的需求。

建筑风格指建筑设计中在内容和外貌方面所反映的特征，主要在于建筑的平面布局、形态构成、艺术处理和手法运用等方面所显示的独创和完美的意境。建筑风格因受不同时代的政治、社会、经济、建筑材料和建筑技术等的制约以及建筑设计思想、观点和艺术素养等的影响而有所不同。如外国建筑史中古希腊、古罗马有陶立克、爱奥尼克和科林斯等代表性建筑风格；中古时代有哥特建筑的建筑风格；文艺复兴后期有运用矫揉奇异手法的巴洛克和纤巧烦琐的洛可可等建筑风格。我国古代宫殿建筑，其平面严谨对称，主次分明，砖墙木梁架结构，飞檐、斗拱、藻井和雕梁画栋等形成中国特有的建筑风格。这里就当今中国建筑风格的分类进行分析。

欧陆风格："粉红色外墙，白色线条，通花栏杆，外飘窗台，绿色玻璃窗。"这种所谓欧陆风格的建筑类型，主要以粘贴古希腊古罗马艺术符号为特征，反映在建筑外形上，较多的出现山花尖顶、饰花柱式、宝瓶或通花栏杆、石膏线脚饰窗等处理，具有强烈的装饰效果，在色彩上多以沉闷的暗粉色及灰色线脚相结合。另外，这一类建筑继承了古典三段式的一些表象特征，结合裙楼、标准层及顶层、女儿墙加以不同的装饰处理。

新古典主义风格：新古典主义风格的建筑外观吸取了类似"欧陆风格"的一些元素处理手法，但加以简化或局部适用，配以大面积墙及玻璃或简单线脚构架，在色彩上以大面积线色为主，装饰味相对简化，追求一种轻松、清新、典雅的气氛，可算是"后欧陆式"，较之前者则又进一步理性。目前国内这种建筑风格较多，属于主导型的建筑风格。

现代主义风格：现代风格的作品大都以体现时代特征为主，没有过分的装饰，一切从功能出发，讲究造型比例适度、空间结构图明确美观，强调外观的明快、简洁。体现了现代生活快节奏，但又富有朝气的生活气息。现代年轻人追求时尚而简单随意的审美，因此，线条简洁、立面提拔的现代主义风格比较符合年轻人的性格取向。例如：上海慧芝湖花园、和欣国际花园等都以简约和实用为特点，受到了上海年轻人的青睐。

后现代主义风格，亦称"后现代派"，1980 年开始出现。这一风格的建筑在建筑设计中重新引进了装饰花纹和色彩，以折中的方式借鉴不同的时期具有历史意义的局部，但不复古。

异域风格：这类建筑大多是境外设计师所设计，其特点是将国外建筑式"原版移植"过来，植入了现代生活理念，同时又带有其种种异域情调。

普通风格：这类建筑很难就其建筑外观在风格上下定义，它们的出现大概与商品房开发所处的经济发展阶段、环境或开发商的认识水平、审美能力和开发实力有关。建筑形象平淡，建筑外立面朴素，无过多的装饰，外墙面的材料亦无细致考虑，显得普通化。

主题风格：主题型楼盘是房地产策划的产物，2000 年流行一时。这种楼盘以策划为主导，构造楼盘的开发主题和营销主题，规划设计以此为依据展开。

3.3.3　户型功能与购房者需求

建筑被称为一种凝固的音乐，内容与形式的完美统一是最高境界，因而户型设计也是进行房地产产品规划时应该考虑的重要因素。购房者在购房过程中，主要从更好地满足家庭成员需要的角度出发，根据家庭人口的数量、年龄结构和经济承受能力等实际情况，考虑选择合适的户型与面积。例如：有小孩子的家庭在选择住宅时，将充分考虑住宅结构内部安排是否有利于给儿童创造一个良好的成长环境，是否有利于儿童接受教育等。对于有老年人的家庭来说，考虑最多的是住宅结构是否方便老年人的生活。如果老年人身体状况不佳，室内构筑的设计就要充分考虑到消费者也许需要轮椅、病床等各种医疗保健设施。时下，房屋户型主要有小户型、中等户型、大户型和别墅几种。普通住宅一室一厅套型的建筑面积一般为40～60平方米，二室一厅为60～90平方米的可以称为小户型，中等户型一般指二室二厅为90～120平方米，三室二厅为120～140平方米的户型。别墅面积则更大，一般在180平方米以上。

富裕家庭有一定的经济实力，在购房时更多地考虑改善已有的居住环境，偏向追求精神层面的满足。此外，为了给孩子创造更好的生活环境，同时提高生活质量，他们会倾向于选择拥有丰富文化底蕴的地方，并且更喜欢大面积的户型。首先，在物业形态方面，多数家庭的住房为4～7层不带电梯的多层，面积集中在101～120平方米。其次，在居住的户型方面，分布比较均衡，其中以二房一厅一卫、三房二厅一卫、三房二厅二卫和四房二厅二卫所占比重较大。再次，富裕家庭更喜欢有文化的生活环境。这类客群注重享受、追求个性生活的理念。

青年三代是指家庭年收入在5万～15万，家中最小一位的年龄为0～11岁且家中有老人同住的三代人家庭。青年三代在购房时主要受到家庭生命周期的影响。为了生活的方便，他们会更加关注周边的配套设施是否完善，其中，热闹、休闲的娱乐场所是他们关注的重点；同时，他们也比较关心附近是否有小学或者幼儿园等教育配套设施。由于是三代同住，他们会选择三房或者四房的户型，面积为100～120平方米的房屋，以满足三代人同住的需求。

三口之家的家庭是指家庭年收入为5万～15万、有子女的两代人同住家庭。物业类型的选择多71～90平方米房屋；在户型方面，多为二室一厅一卫的毛坯房。购房动机主要是改善居住和生活环境。随着孩子的成长和受教育程度的加深，现代人重视教育的特点体现得更加明显，为孩子创造更好的生活和学习环境成了亟待解决的问题。

小户型需求最强烈的人群包括：年轻白领、普通工作人员以及其他中低收入家庭、单身、独居、未婚人群。这些人群选择小户型的原因在于小户型住房具有价格实惠、设计合理、舒适等特点。社科院房产研究中心赵连曾谈到："80～100平方米的住宅至少在未来5年内应该是主流户型。从房型看，目前的住宅一般大居室在16平方米左右，小居室12平方米左右，一个厅20平方米，厨房6平方米，洗手间4～5平方米，再加上储藏室、玄关、公摊面积，86～88平方米正好。按照这样的结构，一般家庭完全够用。"确实，市场已经证明了这点，每当市场有小户型产品推出，人们看房、选房的热情都非常高涨。

▶ 本章小结

通过本章学习，可以使学生了解影响购房者的诸多因素，如环境、道路交通、房地产产品，包括户型、建筑类型等。学会分析现实生活中的购房需求。

▶ 关键概念

环境需求　　小区功能需求　　建筑类型　　建筑风格　　户型功能

▶ 思考题

1. 马斯洛需求层次理论认为人的需求主要有哪些？反映在购房者对购房需求上又有哪些？

2. 举例说明购房者对环境的需求有哪些。

▶ 实训项目

走访调查你周围的住宅，了解其产品不同的类型，分析其入住人群，反映了其哪些方面的需求？

▶ 案例分析

案例一：小户型住房一直是普通住房消费者关心的话题，小户型住房也一直深受普通工薪阶层的欢迎，可与此相对的是，小户型产品在市场上却一直供不应求。但是，2007年，基于国家住房结构调控政策的指引，住宅市场上的土地供应及其后的开发都将与小户型结缘，小户型在楼市中所占份额越来越大，在市场供应中逐渐成为主角，也是可以预见的。李卫明先生刚刚在百子湾买了一套80平方米的两居室，他高兴地说："我一直想给孩子买一套小户型，贷款不多，非常实惠，两个人生活要不了太大的房子，就是将来有了孩子，这个面积也够了。"目前小户型产品是市场需求的主体，受关注程度颇高，北京有许多主打小户型的楼盘呈现出热销现象，开盘一售而空。

思考：

1. 小户型的畅销反映了购房者的哪些需求？

2. 小户型适合哪些消费人群？为什么？

案例二：随着城市的发展，居住条件在不断改善，同时也悄然影响着人们的生活观念，并最终反映到他们所选择的住宅上。购房者在不断成熟，购房观念也在发生变化，如今老百姓买房心理起了怎样的变化？他们最关心的是什么？呼声最高的又是什么？本报记者对50多位购房者进行了相关调查。

60%以上的市民依旧偏爱多层

一直以来，五六层高的多层住宅在绍兴楼市中处于主流地位，特别是从20

世纪 90 年代开始，商品房的诞生赋予了多层住宅新的生命力，使其在大街小巷如雨后春笋般拔地而起，现在二手房中介挂牌销售的老二手房基本上是多层住宅。

然而，随着城市范围的逐渐扩张，多层住宅，这种陪伴了市民很多年的住宅产品，正在慢慢地从人们的视野中淡出。根据调查发现，多个在售楼盘，发现纯多层的项目几近绝版，特别是一些临近水域、山林等的景观住宅，都是以高层产品形式面市。某楼盘看房的林女士提到："我还是喜欢住多层，环境清幽、住的人少，不杂，生活氛围浓厚。可现在新建的商品房大多都是高层和小高层，多层的楼房并不多。"一高层楼盘的项目负责人说，绍兴的住房格局已从原先的平面布局伸向空中，由城市中心向边远呈现由低到高的趋势。"开发商造高层，主要是考虑地价、容积率、市场购买力及获得利润等相关因素，谁不希望能在硬指标的基础上做出更多的产品。"而现在的多层则正在经历向房产奢侈品过渡的阶段，"叠排""花园洋房""类别墅"等概念十分盛行。

购房者更偏爱的住宅

日前，通过在市区城市广场及市内几个售楼处进行了随机调查，其中有超过60%的购房者表示出对多层住宅的喜爱，而"80后"则更多地表示出对地段的关注，其中选择高层住宅的不在少数。这两者各有优势，高层建筑质量相对较好，而且视野较开阔，空气质量较好，噪声小、采光好、自然风大。而多层的公摊面积少、物业管理费用低，也免去了可能出现的电梯故障等问题，为更多的老绍兴人所钟爱。

40%的市民更关注社区大环境

此外，在调查中还发现，购房者在看房时，除了对楼盘位置、价格、周边配套等考虑较多外，对楼盘的细节问题也更为关注，如社区的整体大环境。市民许先生谈到："目前绍兴的楼盘总体感觉还可以，但与我心目中的理想住宅还有较大差距，我觉得好的房子要具备质量好、价格好、户型好、环境好、物管好等要素。尤其是房子质量上，身边不少朋友的住宅存在这样那样的质量问题，希望开发商能把好这一关。"而有近40%的市民觉得绍兴现有的住房，楼与楼之间较拥挤，缺乏优美的小区环境，或没有物管或现有物管差，安全性较差。可以看出绍兴市民对居住产品的要求开始由"功能型"向"品质型"和"舒适型"转变，今天的购房者已不再仅仅停留在关心户型设计等微观层面上，而是更为关注居住大环境。同时在环境、配套、地段上，不同年龄阶层也有不同的要求，40岁以上的消费者代表余先生提到："买房，我更关注的是小区的绿化、整体环境好不好，是否清静等，而对楼盘的地理位置、交通的便利程度等倒不是最为关心和看重，因为平常可以以车代步，而且回家后的娱乐活动较少。"而年轻人虽也对居住环境有所要求，但首先看中的还是楼盘地段、交通等因素，因为这类人的娱乐、休闲活动较多，日常生活节奏较快。

20%的市民要求车位配比率1:1

随着近几年绍兴私家车消费的日益增长，人们对小区车位的需求也迅速释放，在调查采访中发现消费者在购房的时候，越来越关注住宅车位配比率，20%的市民要求小区车位配比率能达到1:1。

以往，很多消费者非常忌讳车位的高昂价格，"一个车位要好几万元，有些地下车位甚至要价10多万元，真舍不得花这笔钱。"陈先生谈到。但现在观念有了很大变化，随着有车的人越来越多，小区车位日益紧张，租金也越来越高，车辆数量的日益增长与小区车位缺少，已成为很多已开发小区的主要矛盾，因此，对于购房者来说，车位充分和车位价格适中成了当前购买房地产的附加条件。"现在买房子我肯定会将车位问题考虑进去，小区车位配比率最好能达到1:1。"陈先生的想法得到了很多购房者的认同，虽然目前能达到"车位配比率1:1"的楼盘还很少，但这一呼声代表了很大一部分购房者的需求。

某楼盘销售经理提到："现在不少买房的业主，都会对自己几年内的经济有一个计划，如果一两年内有可能买车，他们就会有一个预先的准备，将车位的问题纳入考虑。即使是一些投资客，也十分看好车位配比率高的小区，因为这对今后的投资收益将十分有利。"可以发现，现在很多开发商已经意识到，只有车位配套充足的楼盘才具备更强的市场竞争力，并会对购房者产生更大的吸引力，在接下去的开发中，他们将更加重视车位问题。

15%的购房者要求择良邻而居

在调查中还发现，现在购房者不再像从前一样，为了买房而买房，很多消费者在注重房子质量、品质的同时，还十分关心小区的文化氛围，关心左邻右舍的人员构成。有15%的人表示他们会十分关注邻里素质，特别是一些高学历购房者。

刘先生在事业机关工作，妻子刚刚怀孕，小两口买房有个要求，人文环境一定要好，邻居的素质要高，"在这样的环境里，孩子会受到周围人潜移默化的影响，会爱好读书，会更有上进心。"张小姐认为，"一个人只有与自己同层次的人在一起才会有一种安全感，因此在购买住房时，她会选择同质人群作为邻居，这样会更有共同语言，关系更融洽，住在一起就会觉得更舒适。"对于这种现象，绍兴文理学院老师王女士谈到，古时候有孟母三迁，择邻而居的故事，现在大家生活水平越来越高，满足精神层面的需求显得尤为重要，更多的购房者也开始意识到邻居的重要性，主动提出择邻的要求，这是一种必然趋势。

▶ 思考题

1. 文章里面反映了购房者哪些方面的需求？
2. 你怎么看待他们的需求？

第四章

房地产市场的竞争者
与竞争策略

▶ 学习目标

通过本章的学习，要求学生掌握竞争优势的内涵，理解房地产企业核心竞争力及竞争地位态势的决定因素，懂得如何进行房地产企业的市场定位以及依据企业的竞争地位确定相应的竞争策略。

▶ 知识点

1. 房地产企业如何识别自身的竞争优势；
2. 房地产企业如何识别自己的竞争对手；
3. 房地产企业在市场中所处的地位以及相对应的竞争策略。

▶ 技能要求

1. 识别竞争对手，具备评估竞争对手优势与劣势的能力；
2. 熟悉房地产企业竞争情报系统的结构及设置步骤，具备系统结构设计的能力；
3. 具备依据企业的竞争地位确定基本竞争策略的能力。

开篇案例

万科的核心竞争力

房地产在中国发展相当快，有相当一批城市的居民房地产市场已经发展起来了，应该说万科也面临一个如何重新整合资源的问题，恰好在这个时候，华润控股万科。现在很多人都在问万科公司董事长王石，万科的核心竞争力在什么地方呢？他是这样答复的：

第一，品牌。我们知道目前房地产是地域性非常强的，香港非常成功的几家房地产开发商在内地房地产市场上都触了礁，1993年、1994年投资内地房地产的雄心，5年后就变成一种负担，也就是说，它的地域性非常强。再一个，我们看到，世界500强里应该是没有房地产企业，不要说跨国非常难，就是在中国形成一个全国性的企业都非常难。目前来讲，全国品牌在中国市场上只有两家，一家是万科，再一家是中国海外，应该说中国海外是万科认为非常优秀的一家公司，在很多方面比万科显得成熟，这跟它在香港长期承包建筑业有关系。但就全国品牌覆盖率来讲，万科是超过中国海外的。应该说这是万科的第一大优势，就是品牌优势。很多当地的房地产公司很强，包括北京、上海、广州、深圳等，但作为全国品牌，和万科还是无法相比的。即使有的有全国这种模式，但是某些方面总是有差距，比如说沈阳的华新，它是在全国进行投资，但作为品牌它没有整合，这里叫河畔，那里叫锦绣，也没有打它的华新的名字，一说华新谁都不知道它到底是干什么的。再一个比如说大连的万达，由于它经营的足球俱乐部连续三年打入甲A冠军，万达全国都知道，但万达到底是干什么的，没人知道。实际上万达是大连本地的房地产公司，现在也向全国发展。

第二，是职业经理队伍。中国新兴企业发展非常快，但到了最后没有后劲主要是因为它没有形成职业经理人队伍，都是以一个人为代表，一旦因为这个人年龄或者身体原因，不能投入到企业，这个企业就迅速衰落，举个最典型的例子，像中国最大的彩电企业长虹，如果倪润峰一旦因思想老化、身体原因退下来，整个企业就迅速进入衰退状态。再比如海尔，现在海尔在上升趋势，但到底张瑞敏之后怎样，就不是很清楚。相对来说，万科致力于建立现代企业制度，经营权和所有权分离，在建立企业团队方面显得比较坚强。我想这也是华润整合业务选择万科作为地产业务发展主力的一个原因。

第三，现在是个网络经济时代，上一次我在云南开座谈会，听到一个发展商讲，网络经济的时代不是大吃小的时代，而是快吃慢的时代，我非常同意这个观点。在这样的一个时代，谁的动作快，谁对市场敏感，这个市场就将是他的。而快的前提，一定要充分利用网络技术。在这方面，万科在中国的新兴企业当中，在应用网络技术而不是投资网络产业方面，万科是走在了前列。

第四，制度创新。很多人都以为万科是个民营企业，我在这里再一次申明，万科的前身是一家百分之百的国有企业。1984年成立时是100%国有企业。1988年进行股份制改造，一直到上市、发B股，到这次更换股东，在制度创新方面是走在前面的。相对而言，像联想、四通，应该说在产品方面是相当成功的，但在制度创新方面，联想到了1999年下半年，才解决了这个问题，而在制度之后遇到的问题也仅仅是开始，才解决了所有权和经营权的分离，解决了盈利分配权的问题。在这之后，如何解决，应该说它们还是个尝试。比如说，一个职工持股计划，所谓的所有权和经营权分离后对职业经理的激励制度，实际上万科在20世纪90年代初已经进行尝试了，这样的体会，万科也是走在前面的。制度创新真正成功与否，最后要看资本市场对它的衡量，华润上市系统完成对万科的第一步收购，我想这也是市场资本对万科的认知。我相信还会有人提出这个问题，既然万科这么好，不就是我们华润集团经营规模的1/10嘛，利润也就是1/10嘛，你和海尔、联想相比，人家经营规模200个亿了，那么你们万科的问题在什么地方呢？万科的问题就在于他走了一条弯路。实际上衡量一个企业的标准有两个，一个是它的管理架构，一个看它的业务架构。我刚才更多的是从管理架构谈万科。业务架构万科是走了多元化的道路。应该说，华润多元化，它有资格多元化，因为它已经是个财团了，财团管理从资本上来讲，它必然是个多元化结构。但对于万科来讲，它是没有资格进行多元化的，但它进行了多元化。所以在相当长时间内，它就在10亿的经营规模徘徊，与此同时成立的三九、海尔、联想、四通，它们走的是专业化道路，业务很迅速增长到50亿、80亿、100亿，而万科只是它们的1/10。万科的调整到1999年才完成。到2000年，万科的管理总部才形成专业的专门管住宅的部门设置。按照万科的设想，作为住宅房地产公司，增长的黄金期从2002年开始，但显然，由于华润集团的控股，我相信这个增长会提前到2011年到来。

最后一个，就是万科的企业文化。企业文化，大家都这样提，实际上作为一个规范的公司，应该很少说我的企业文化是怎样的。但是，因为现在国内都这样提，实际上就是万科的经营理念、行为模式，甚至风貌，万科在这方面对外文化的色彩比较浓，比如从狭义来讲，它拍电影、拍电视，令人比较容易同文化联系在一起。第一，它有个刊物，叫《万科周刊》，比较活跃，在国内不仅仅是地产界，还包括政府部门，不能说是完全认同，但很受欢迎。实际上万科也利用它来宣传自己，达到内外沟通。甚至现在到了这样的程度，媒体把万科这种文化叫"万科现象"，在特区成立20周年，总结特区走过的道路，报纸、电台就把万科现象作为一个专题进行讨论。实际上企业免费做了很多软性广告。第二，万科加入华润之后，我认为是非常重要的，华润兼并整合万科，万科也要在中国大陆房地产界兼并整合同行。兼并整合成不成功，企业文化、企业理念是否认同，是很重要的一点，应该说万科在这方面做了非常好的铺垫。不少优秀的房地产公司都把万科的企业文化作为一个参照系，不是说完全模仿这个参照系。这些对下一步整合、提高效率是非常重要的，而且把它作为万科的核心竞争之一提出来。

（资料来源：万科天津副总经理、北京万科物业总经理——矫佩民教授提供）

4.1 房地产市场竞争与竞争优势

4.1.1 房地产市场竞争

市场经济的灵魂是竞争。物竞天择、适者生存、优胜劣汰，唯有竞争，才能使社会经济不断推陈出新，飞跃发展。房地产市场作为一种特殊的商品市场，当然也存在竞争。但是由于房地产商品本身所具备的特殊性质，房地产市场并不具备纯粹、完整的商品市场的所有特性。它是一个不完全的"准市场"。在房地产市场运行中，市场机制、计划机制、法律机制都在起着重要作用。房地产市场机制核心内容的竞争，仍然像一般商品市场那样，成为整个市场运行的决定性因素。通过竞争，至少可以获得如下好处：

1. 丰富产品、提高质量

竞争迫使企业千方百计开发新产品，满足客户的不同需要，千方百计提高产品和服务质量，从而大幅度地改善商品房及其周边环境质量。

2. 规范运作、提高效率和效益

竞争要求开发商要精心策划、精打细算；要认真地研究市场、分析环境；要科学地制订计划和方案；要精心编织成本计划、投资计划，从而使房地产业经济活动的每一方面、每一环节都按照规范而科学的程序运行，确保效率和效益的提高。

3. 降低成本、促进供给

营销竞争的首要环节是价格竞争。价格竞争的一个必然结果是"个别生产者生产商品的劳动耗费只有社会必要劳动耗费的部分才会为社会所承认"，从而使商品房价格维持一个合理水平。

4. 设置壁垒、净化市场

尽管市场经济的一个必要条件是进出的自由，但过度而频繁的自由进出必然带来市场的混乱。激烈的竞争迫使企图进入或退出房地产市场的企业三思而行，不做好充分的准备，不会贸然从事。从而为房地产市场设置了天然屏障。市场竞争的必然结果是优胜劣汰，通过激烈的竞争，剔除了那些不善经营、决策错误或没有实力，不具备条件的竞争者，从而净化了房地产市场。

5. 公开、公正、公平的市场环境

竞争将导致信息公开、公众参与，竞争意味着消费者将获得尽可能多的信息资料，从而为解决信息不对等，形成公开、公正、公平的市场环境提供了必要的条件。

4.1.2 房地产市场竞争优势

"竞争优势也称差异化优势，是被目标市场视为比其他竞争者更重要及更优

越的企业与其产品的独有特色组合。就是这个或这些因素使消费者惠顾该企业而不是其他竞争者"。这是美国得克萨斯克里斯蒂大学营销学教授查尔斯 W·小兰姆（Charles W. Lamb，Jr.）在其代表性著作《营销学的精要》中对"竞争优势"概念所下的定义。由此可见，人们往往从以下几方面来寻找或构筑自己的竞争优势。

1. 成本竞争优势

成本竞争优势的目标在于价格。竞争者往往通过设计、管理、风险转移（如工程发包）及各种有效的经营管理手段千方百计地降低项目开发及经营成本。成本竞争优势就意味着在开发商能在维持满意的利润水平下，向消费者提供较同类产品（服务）低价的产品（服务）。这无疑是吸引顾客的一大法宝。

获取成本优势的主要途径就是在保证质量的前提下降低成本。

（1）规划设计

项目规划设计阶段决定着项目最终的质量水平和成本费用。在规划设计时，可通过结构、造型、材料、设备、设施、工艺、施工组织等选择来影响项目建设成本。

（2）组织管理

在项目策划全过程和项目开发建设、经营管理阶段，往往通过周密的管理域有效的经营而实现降低成本目标。如好的策划方案将有助于缩短项目开发建设工期、加速资金回收周期；有力的工程发包方案将在转移项目投资风险的同时降低项目的资金需求，从而减少开发成本；好的融资方案既能保证项目的资金需求，能有效地降低融资成本；严格的经营管理措施既可大幅度减少人力、原材料消耗，又可提高劳动效率和效益，从而降低开发成本。

（3）政府补贴与优惠政策

房地产商品既是可进入市场交换的商品，又是人类赖以生存的必需品。在很多情况下，一个项目的开发往往同时具有商业经济活动和社会公益活动两类属性，既要考虑它的经济效益又要考虑它的社会效益。如果目标明确，措施得当，往往可通过必要的程序，获得政府的支持，在地价、税费减免上获得的种种优惠，从而大幅度削减成本。如与旧城改建相关的项目，与危房改造相关的项目，与拆迁安置相关的项目，以及解困房、经济适用房以及廉租房屋等项目的开发建设。

2. 创新竞争优势

创新作为一种竞争优势的措施主要体现在其经营管理与组织策划功能上。我们处在一种大变革的时期，无论是我们的观念，对客观世界的认识，还是客观环境，都在飞速地变化。我们只有注重调查研究，了解消费者需求，不断地研究新问题，探索新方案，创新观念、创新管理、创新工艺，为企业或项目注入新的活力，才能适应环境的变化，适应市场的要求，创建竞争优势。一个好的创意，往往会给企业带来无法估量的利益。

3. 产品（服务）差异性竞争优势

差异性竞争优势是指为顾客提供的、区别其他同类、同质商品（服务）的独有特性。如住宅小区的周边环境、配套设备、建造标准、装饰材料、智能化服务、业主会所、穿梭巴士，以及教育、医疗、家政服务等。严格地说，房地产商品由于其自身所具备的特性，任何一件产品都是独一无二的，都有区别于其他产品的特质。问题的关键是如何满足该项目特定的营销对象及特定的需求，构筑吸引这些潜在客户的差异性优势。

4. 补缺竞争优势

补缺竞争优势是指寻找并有效满足某个细分市场要求的优势。对于中小房地产开发企业或中介服务企业而言，"捕"捉市场机会，采用补缺策略，从而获得补缺竞争优势，往往是一条成功之路。社会在发展，人们的需求也在变化，随时关注市场，认真研究市场的人，往往就能极敏锐地捕捉到市场信息，即时补缺市场需求，获取补缺竞争优势。一般而言，房地产项目的补缺竞争优势是在细分市场及目标市场的选择过程中，以正确的市场定位和项目策划创建的。

5. 规模竞争优势

房地产业的一个基本特征就是投资额特别大、投资周期特别长。规模大的企业，拥有或可调配的资源多，在竞争过程中就处于优势地位；规模大的项目，便于降低成本、聚集"人气"、造就声势，自然也处于明显的竞争优势地位。

近年我国房地产业的发展就呈现两个重要的现象：其一是某些房地产企业规模日益扩张。据2002年8月2日广州市建设委员会和广州市统计局共同发布的信息，2001年度，广州市共有房地产开发企业1 318家，其中排在前30位的企业共完成了开发投资110.5亿元，占全市开发投资总额的28.55%，更为引人注目的是，即使在这30强中，排在第一位的和排在第三十位的企业，其开发投资额的差距也在10倍以上。由此可见房地产开发企业日益扩张的基本趋势。其二是房地产项目规模的日益扩大。据有关部门的统计，在广州的周边地区，用地规模在500亩以上的项目就有20多个。有些楼盘占地甚至高达千亩以上，俨然就是一座小城镇。项目规模的扩大，既有利于规模经营，也有利于创建特色、聚集"人气"、增强竞争力。

6. 信息竞争优势

市场经济环境下，信息就是资源，谁拥有信息，谁就在竞争过程中处于有利的地位。房地产业的信息主要有土地资源信息、商品房供求信息、消费需求信息、城市规划与城市建设信息以及社会经济发展的其他有关信息。开发商一般都非常重视信息资源的开发利用，不仅在具体项目的投资决策时广泛地进行调查研究，收集信息资料，即使在日常的经营活动过程中，也十分注意信息渠道的建设和信息资源的开发利用，以此占据信息竞争的优势。

7. 品牌竞争优势

品牌被定义为名称、标志和其他可展示、以示区别的标记。品牌之所以可形成竞争优势，源于市场交换过程中信息的不对称性。这种现象在房地产商品的交易过程中表现得尤为明显。商品房的许多质量特性（尤其是那些至关重要的内在质量特性）、功能及其他属性，对消费者而言是无法把握和检验的。于是，消费者不得不依赖品牌来间接予以评价。

品牌在市场竞争中之所以可以成为一种优势，还源于消费者的消费心理的作用。好的品牌，预示着好的质量、好的信誉、高的价位，也显示了消费者的实力、身份和地位，当然更易得到消费者的认同，从而具备了竞争优势。开发商自然会为打造知名品牌而不遗余力。

4.2 房地产市场竞争对手分析

市场竞争往往是指与具体或潜在的竞争者之间的竞争。因而，对竞争对手的分析与研究就显得尤为重要了。这些分析，主要包括竞争对手的识别、主要竞争对手优势和劣势的判断、主要竞争对手反应模式的估计以及竞争情报系统的设计。

4.2.1 竞争对手的识别与确认

在变幻莫测的市场环境中，公司实际的和潜在的竞争者范围是十分广泛的。著名的国际营销学权威，美国西比大学教授菲利普·科特勒博士根据产品替代观念，把它们分列为 4 种不同的层次。

1. 品牌竞争

当其他公司以相似的价格向相同的顾客群提供类似产品与服务时，视为竞争对手。

2. 行业竞争

这是指把生产同类型产品，但风格、户型结构、价格大不相同的公司视为竞争对手。

3. 平行竞争

把能够提供满足同一种需求的不同产品企业视为竞争对手。

4. 愿望竞争

广泛地把所有同一顾客购买力的企业都视为竞争对手。

区分不同层次的竞争固然重要，但对于房地产市场而言，由于房地产商品本身所具有的区别于一般商品的特性，房地产市场及市场交易行为往往不同于一般商品市场及其交易行为。因而，房地产市场竞争者的识别就有区别于一般商品市场竞争者的固有特征。比如说，由于房地产商品的地域性，竞争对象的区域概念就十分强。研究一个项目的竞争对手时，主要关注点是与该项目在同一地域范围内的同类项目。至于这个地域范围到底有多大、辐射力大小，视顾客群分布范围而定。比如说，由于房地产商品的替代性差、投资额大，不仅其他任何商品都无法取代房产和地产，即使不同类型的房产如工业厂房、市场和住宅，也不便替代，这往往意味着竞争对手的选择范围并没有那么大。

一般而言，对于房地产市场竞争对手的识别应视两类不同的情况而有不同的标准。

1. 项目竞争对手的识别与确认

项目竞争对手是指项目营销策划时需考虑的竞争对手。针对一个具体的房地产开发项目而言，其项目地址已确定，项目性质及项目规模及消费群体均已大致确定。在这种情况下的竞争对手识别主要局限在该地域范围内同类物业、同类消费群体、同类规模的项目。

2. 房地产企业竞争对手的识别与确认

房地产企业竞争对手是指本企业经营领域、地域，或本企业拟进入的经营领域、地域范围内的竞争对手。这类竞争对手的确定比较复杂，首先，要用企业经营战略确定本企业现有的市场或拟进入的市场，初步划定其地域范围、市场类型、性质，然后再按地域和市场类型判定在同一地区、同一类型、统一消费群体的同类企业，他们将是本公司现有的或潜在的竞争对手。

一般来说，企业竞争对手最有效的识别，是按市场竞争的观念，通过详细而周密的市场调查来实现的。这是把企业的竞争者看做是力求满足相同顾客群的需求，为他们提供同类、同质产品或服务的企业。为此，往往需要进行大规模的市场调查，在细分的市场和确定的领域、区域范围进行。

4.2.2　竞争对手的分析与判断

在识别与确定了竞争对手之后，就要针对竞争对手的具体情况，依据市场调查资料，对竞争对手进行分析与判断了。这种分析与判断，当然是直接服务与营销策划，为营销策略制订、营销计划的编制做准备的。一般来说，竞争对手的分析与判断主要围绕现行战略、策略与经营目标、优势与劣势、反应模式等三个层面展开。

1. 现行战略、策略与经营目标分析

每个公司都有其经营战略、策略和目标。每个项目都有经营目标以及为了实现项目目标制订的经营策略。具有相同经营战略与策略的企业，越具有竞争性。因而，分析与判断竞争对手的现行经营战略和策略具有重要意义。

具体的分析应密切围绕该公司现行的经营目标，诸如利润、营业额、市场占有率、顾客赞誉度等经济的或非经济的目标以及达到这些目标的主要经营方针，如财务控制、项目策划、市场营销、资源条件等来进行。应当根据竞争对手的具

体情况详细分析各项职能的方针目标、竞争策略。这些内容一旦具体化，主要竞争对手（一个企业或一个项目）的战略、目标、策略便清晰而完整地描述出来，从而有利于判定本公司（项目）的差距所在，为竞争策略的制定提供依据。

2. 优势和劣势评估

评估竞争对手的优势和劣势主要目的在于编制竞争策略。一般来讲，这种评估大致按如下程序进行。

（1）收集竞争者信息资料

如竞争性企业的营业额、投资额、市场占有率、投资收益率、主要产品分布、主要市场分布、现金流量、资产及负债状况；主要在建拟建项目、主要经营方针等。如果是研究项目间竞争问题，则主要应收集竞争项目的基本情况，如项目性质、项目规模、项目所在位置环境特点、项目建设周期、推出时间、投资总额、投资计划、融资方案、项目开发经营特点、营销计划、主要客户群，项目开发商、承建商、设计师、监理师、代理商的背景材料，以及项目主要卖点等。

（2）收集市场信息资料

通过市场调查，借助于客户调查和各类中介服务机构调查可收集到与竞争对手有关的第二首信息资料。如竞争对手的市场占有率、情感占有率、信誉度、营销业绩、营销价格等。

（3）全面分析和评估

将收集到的信息资料与已掌握的社会平均或行业平均状况相比较，通过专家评估竞争对手的优势和劣势。对房地产企业而言，这种评估一般集中于6个方面：① 资源条件：如资金、人才、设备等；② 经营管理条件：如组织、领导、综合管理能力、应变能力等；③ 成本与财务条件：如成本控制能力、利润、税收、资产与负债等；④ 技术条件：如技术开发能力、研究与适应能力、技术管理能力等；⑤ 市场与营销条件：如市场研究条件、营销渠道、营销业绩、融资能力；⑥ 公共关系：如社会信誉度、知名度、产品质量、社会影响等等。对于房地产项目而言，由于是研究项目间的竞争问题，应关注的焦点当然有所不同，大致上这种评估应集中于如下7个方面：① 项目的性质、规模；② 项目的位置及其环境条件；③ 项目的价格水平及主要顾客群体；④ 项目营销方案及销售状况；⑤ 项目主要卖点；⑥ 项目营销渠道；⑦ 项目主要促销手段等。

3. 反应模式判断

这里的反应模式是指竞争对手在遭遇竞争时的可能举动。这类举动既取决于竞争者拥有的实力、地位，也受制于竞争者的经营哲学、素养及精神状态，是由主客观多种因素决定的复杂心理过程。在编制营销决策时，充分研究竞争者的心理状态，估计他们的反应模式，对于计划的顺利实施是至关重要的。菲利普·科特勒在他的《营销管理》中，把竞争对手可能的反应状况归纳为如下4种类型。① 从容型：无反应或反应不强烈；② 选择型：仅对某些竞争性行为作出反应；

③ 凶猛型：对其领域内的任何竞争行为均作出迅速而猛烈的反应；④ 随机型：无法预见其面对竞争性行为作出的反应。

任何竞争对手在面对竞争性行为时的反应都不是无缘无故的，因而，作为市场研究与分析者，关键的问题在于不仅要对这些竞争对手可能的反应做出估计，还要深入更深的层面，研究与分析他们为什么会做出这样的反应，目的何在、原因何在，由此而采取相应的对策是什么。

4.2.3　竞争情报系统

分析与研究竞争对手需要大量的信息资料，为了及时地掌握、科学地提炼与分析这些信息，企业有必要建立起自己的竞争性情报系统。

1. 情报收集与分析机构

由于公司的规模、性质不同，情报分析与收集机构的编制不尽相同，大的公司可以有专门的部门，设专职人员分工负责各种渠道的信息收集与分析，可以有专门的市场调查与研究人员；小的公司无条件建立自己的专门队伍，可以委托专门的市场调研机构，从事某些信息资料的调查与研究。但有一点应肯定的是，任何公司，面对如此激烈的竞争局面，必须要有专人负责此项工作。机构的作用是收集与分析这些信息、扩散与通报有关资料。

2. 信息收集渠道

市场经济条件下，与竞争有关的信息来源是多方面的。如新闻媒体、政府机关、市场研究机构、竞争对手、消费者等。因而信息来源的渠道与形式也是多方面的。如查阅报纸杂志、走访政府机构、委托市场研究机构、调查客户群等。

3. 信息分析工具

信息往往在归纳和整理后才显示其价值。尤其是一些数据资料，大量的数据只有经过归类、统计、比较，才能反映某种规律，说明某个问题，也才具备信息的价值。因而，统计、传输、储存、显示、分析工具在竞争性信息情报系统的建设中就显得尤为重要。不仅要有用于大规模储存信息资料的电子计算机，用于统计分析这些数据资料的统计及绘图软件，还要有便于传输这些信息资料的网络系统。

任何企业，都要有自己的由机构、渠道、工具所构成的信息情报系统，唯一的区别在于系统的大小、人员的多少。

4.3　房地产市场的基本竞争策略

4.3.1　核心竞争力与竞争态势

1. 核心竞争力

核心竞争力是指最具竞争性的能力或最具竞争优势的能力。每个企业，在长期的商务实践中，都已具备或力争具备区别于别人的核心竞争力。或是品牌，或是管理，或是质量，或是服务。正是由于这种竞争力，才使本企业或本项目在激烈的竞争中立于不败之地，赢得部分消费者的惠顾。营销策划者不仅要实现本公司或本项目的核心竞争力，还要掌握每一个竞争对手的核心竞争力，知己知彼，有的放矢，才能编制出一个好的营销策略方案来。

核心竞争能力是企业独特的、长期个性化发展的产物，是无法完全模仿也无法完全交易的，它渗透于企业的各部门，贯穿于企业经济活动的各个环节。核心竞争能力的管理包括识别、形成、应用和发展四个方面。

（1）识别

核心竞争能力的识别有三个判断标准。一是看其是否存在让顾客感知的价值，即是否能让顾客感受到它的效用；二是看其是否具备让竞争者难以模仿的独特性，即是否形成竞争差异性；三是判断其是否可覆盖多个部门或产品，是否具备扩展性，是否提供进入潜在市场，以便扩展和运用的条件。

（2）形成

按照开发、整合、优化配置的基本程序形成企业的核心竞争能力。开发是企业决策层有意识的主动行为。为了获取形成核心竞争能力的技术、技巧等要素，既可由企业内部培育和积累，也可由企业外部引入。开发形成的构成要素（人才、技术、资源、理念）要通过有目的的整合、优化配置才能生根发芽，创新成长，最终形成自己独特的核心竞争力。

（3）应用

对那些具有广泛覆盖性和延伸性的核心竞争能力，应当推广应用到企业的各部门、各环节、各项产品上去，形成最大的影响，发展最大的效益，创造最大的价值。

（4）更新与发展

市场竞争环境条件在改变，企业的核心竞争能力也不可能永不变化，随着时间的推移，由于技术的进步以及顾客消费需求的变化，今天的核心竞争能力将很快退化而失去竞争优势。因而，企业要关心核心竞争能力的演变，定期评估，不断充实新的内容使其永远保持核心地位。

2. 竞争态势

竞争态势是立足于市场调查与分析资料，在综合考查的基础上，对自身在市场竞争中的地位所做的一种估计和判断。态势地位不同，就意味着竞争态度和策略不同。因而，客观、科学、实事求是地判断本企业或本项目在相关市场中的市场态势就显得尤为重要了。

一般来说，任何企业在相关的竞争市场上都会处于下列六种态势中的一种。

（1）支配性竞争态势

它是指占有绝对的市场控制地位，控制着其他竞争对手的行为并具有广泛的策略选择余地的态势。

（2）超强型竞争态势

它是指具有强烈的市场控制，可以单独采取行动而不致危及自身的长期市场地位的态势。

（3）有利型竞争态势

它是指具有实现特定策略的力量（资源、信誉、顾客群），并有较多改善其市场地位的机会的态势。

（4）稳定型竞争态势

它是指经营状况较为满意，市场销路及运行基本正常的态势。

（5）弱小型竞争态势

它是指处于被动、弱小地位，经营状态不佳但尚存有改善机会的竞争态势。

（6）危机型竞争态势

它是指处于危机状态，经营状况极差，已不具有生存机会的态势。

决定企业竞争态势的因素很多，有企业自身的规模、实力、资源、技术水平、管理等因素，也有市场及竞争环境方面的因素。通常在评估分析时，主要是从市场份额、心理份额和情感份额三个因素来考虑的。

4.3.2　基本竞争战略

不同的竞争态势，导致不同的地位，随即应采取不同的竞争策略。一般而言，人们把企业在市场中的竞争地位划分为市场领导者、市场挑战者、市场追随者和市场补缺者四种类型。

1. 市场领导者的基本竞争策略

市场领导者即市场的支配者，他们往往占有绝大多数（40%以上）的市场份额，拥有绝对的影响市场的能力和资源条件。这一类企业所追寻的目标，当然是保存或更突出市场的领导地位。为此，其竞争策略往往是围绕扩大市场需求、保护和提高市场占有率三个方面展开的。

（1）扩大市场需求

市场领导者占有最大的市场份额。扩大市场需求将会给他们带来最大的利益。房地产行业扩大市场需求可以从寻找新的客户、进军新的市场，开创新的模式三方面入手。

1）寻找新的客户

依靠市场调查和消费者需求分析可以发现许多潜在的客户群。针对这些客户开发的新产品就能拓展一方需求。如最近才崭露头角的以体育运动为主题、以教育为主题、以老年人休闲养老托老为主题的住宅小区，以及为单身贵族、高级白领设计的酒店式公寓等等，均是成功的尝试。

2）进军新的市场

市场领导者往往在市场开拓方面倾注精力。无论是地域范围，还是产品种类，他们都有能力开拓新的市场，占领新的市场。比如近年不少开发公司进军西部，在西安、成都、乌鲁木齐，甚至是西藏的拉萨、日喀则开发项目，也有南方的物业管理公司进入北京、天津甚至东北的城市接管物业。

3）开创新的模式

市场在变化，环境在变化，管理模式、经营模式、营销模式永远不可能一成不变，要不断地创新，开拓新的模式。往往一种新模式的出现，就打开了一片新的天地，创造了无数新的商机。如北京市在危旧房改造中充分利用房改政策，提出的"房改带危改"新思路，就在北京市龙潭西里的危旧房成片开发改造中取得了成功。其主政策框架是：① 危改区居民可申请政策性住房抵押贷款购买安置房；② 选择回迁的被拆迁户根据不同情况按房改房价优惠、成本价或经济适用房价格购置。这一新模式的推行，对于推动北京市危旧房改造工作起到了巨大作用。

（2）保护市场占有率

市场领导者的地位随时都会受到竞争者的挑战。为此，企业必须随时关注市场动态，研究市场状况，尤其是挑战者的行动，采取措施以保护自己的市场占有率。

（3）提高市场占有率

进攻是最好的防御。面对竞争，市场领导者最好的办法是不断创新，不断提高市场占有率。但市场占有率的提高并不意味着企业盈利会自动增加，这取决于企业追求提高市场占有率的策略和投入。一般而言，位于市场领导者地位的企业在采取措施提高其市场占有率时，应重点考虑如下两个因素。

1）引起垄断行为的风险

一个居于市场领导者地位的企业在采取行动进一步提高其市场占有率时，可能会被其他企业或政府指控为垄断行为而受到制裁。这时风险上升付出的代价可能会超出市场占有率增加所带来的盈利。

2）成本费用增加的风险

如果市场上存在一定实力的竞争对手，企业想进一步提高市场占有率往往会付出很大的代价而得不偿失。一般来说，提高市场占有率而带来利润增加，必须满足如下条件：① 实现规模经济，获得成本优势；② 产品销售价格的提高大于为实施差异化战略所发生的成本费用的增加；③ 产品销售利润的增长高于实施竞争策略投入的增长。

2. 市场挑战者的基本竞争策略

市场挑战者是指那些拥有30%左右的市场份额，地位低于领导者的企业。它们只有积极向市场领导者或其他竞争者发起攻击才能争取更大的市场份额。挑战者在追求市场占有率时要做好确定战略目标、挑战对象和选择竞争策略两方面工作。

（1）挑战者的战略目标

大多数的市场挑战者的战略目标是为了提高市场占有率，可供选择的进攻对象有三种类型：市场领导者；具有同等竞争地位的企业；地区性的中小企业。

（2）选择挑战对象以及相对应的竞争策略

1）挑战领导者的策略

① 正面进攻。选择竞争对手的主要市场阵地展开全面进攻（进攻对手强项）。

② 侧面进攻。集中优势力量攻击对手的弱点（这是一条最有效、最经济的进攻战略）。

③ 包围进攻。进行一场全方位、大规模的总攻，摆出与对手决一死战的架势。

④ 迂回进攻。一种间接的进攻战略，完全避开对手现有的市场及用户，采取绕道的方式开展"盘外"活动。

⑤ 游击进攻。发动季节性、区域性的进攻，干扰对手，侵蚀对手阵地，以图占据新据点。

2）挑战非领导者的策略

如果选择对象是与自己大致相同的企业和较小的企业，则可以使用蚕食竞争方式；或者是向市场提供大量优质产品，使之掩盖竞争对象的产品；或是进攻竞争对手地域上的薄弱区域；或是争夺对手已经占领的市场中尚未满足的消费者群等。

市场挑战者在发动挑战时，可以采取一些具体的营销策略：① 价格折扣。即以低于竞争者的价格向市场提供产品；② 提出名牌产品。即企业向市场推出比其他竞争对手更为优越的产品，而且是消费者乐于接受的品牌；③ 产品革新。即对开发出来的楼盘的样式、特色、小区的环境等进行充分地改进，不断以革新产品去吸引竞争对手的顾客；④ 提高服务质量。提供比竞争者更为优越的服务设施和服务保障，以争夺对方客户；⑤ 增加宣传费用。即以密集的广告，大块的评论、众多的公益事业，令顾客对企业形象、企业实力、楼盘特色留下深刻的印象，从而大幅度提高知名度、扩张客户群。

3. 市场追随者的基本竞争策略

市场追随者是指那些市场份额不大（占20%左右），实力也不大的企业。这类企业愿意维持原状，通常因资源有限，害怕在竞争中得不偿失而在营销中多采用模仿战术。通常的市场追随者是依靠低廉的成本、优秀的产品和服务、良好的信誉而保住客户群，维持其市场份额的。市场追随者的竞争策略大致有如下三类。

① 紧随策略。指在不刺激市场领导者的情况下，尽量在市场营销组合上以及各细分市场上模仿领导者；但不会触及和进入领导者的敏感市场或阻碍领导者

的发展。

② 距离追随策略。即在主要市场、产品、价格、服务等方面全力跟随市场领导者。

③ 选择性追随策略。即只模仿市场领导者最主要的策略，经常进行小规模的革新。

4. 拾遗补缺者的基本竞争策略

拾遗补缺者是指把那些生存于市场夹缝中，满足于特殊顾客群、特殊消费需求的小企业。这类企业规模小、实力小，市场份额小（通常不到10%）。这类企业不具备与大公司竞争的实力，通常致力于在一个或几个细分市场上开展经营和营销活动。对于拾遗补缺者来说，选择市场方向，通常要注意如下四方面的条件：

① 是否有足够的规模和购买力；

② 是否具备发展潜力；

③ 是否为大企业所忽略；

④ 企业是否具备为该市场提供服务的必须技术和资源。

市场拾遗补缺者不但要善于发现细分市场，还要不断地拓展细分市场，进军新的细分市场，逐渐扩大市场，积累实力进入新的市场挑战者或领导者的行列。

▶ 本章小结

在市场上由于拥有资源的不同，所有的房地产企业均处于不同的市场竞争地位，即市场领导者、市场挑战者、市场追随者和拾遗补缺者。它们面临着不同的市场挑战和应用不同的策略，房地产企业应该明确自己在竞争市场上的位置和企业的自身条件，从各方面为企业开发出的楼盘创造一定的特色，使之在消费者心目中占据突出的地位，从而确定企业的整体形象。

▶ 关键概念

房地产市场竞争　　竞争优势　　竞争对手　　核心竞争力　　竞争态势竞争战略

▶ 思考题

1. 何为竞争优势？试调查一个房地产开发项目及其面临的竞争市场，识别主要竞争对手及各自的竞争优势和劣势。

2. 评价公司在竞争市场的竞争态势时，主要依据的是市场份额，心理份额和情感份额三项因素。试设计一套评估程序和调查表、统计分析表，对本地区如下四类地产企业进行调查研究，判断每类企业的市场领导者：

（1）房地产开发公司；

（2）物业管理公司；

（3）中介服务公司；

（4）房地产评估公司。

3. 竞争情报系统在企业竞争中的作用日益明显，试为一个你所熟悉的房地产开发公司设计一套适宜的竞争情报系统。

4. 选择一个你所熟悉的房地产开发项目，分析其竞争环境，判定其主要竞争对手，分析其竞争优势和劣势，编制其主要竞争策略。

▶ 实训项目

走访你周围新开发的楼盘，并试调查出该楼盘的主要竞争对手，从价格、户型、楼盘风格等方面入手分析出你调查的楼盘有哪些优势、劣势、机会和威胁。

▶ 案例分析

广州芳草园的市场营销

项目简介

芳草园，位于广州寸土寸金之地的天河北路，占地面积 53 436 平方米，总建筑面积 20 307 平方米，总绿化面积达 20 000 平方米，其中中心花园占地 8 000 平方米。芳草园总体规划 11 栋住宅，首期面市的为 2 栋 31 层高层，首二层裙楼连体，地下一、二层为停车场。小区生活配套有大型综合商场、幼儿园、医疗中心、电信局、银行……衣食住行配套设施齐全。

芳草园配有双重豪华会所，建筑面积达 6 000 平方米，包括游泳池、桌球室、棋艺室、乒乓球室、健身室、阅览室、篮球场、网球场、羽毛球场、儿童活动中心、老人活动中心等。

处于广州新都市中——天河北路的芳草园，中信广场、大都会广场、名雅苑、天河城广场、购书中心等名厦华宅拱卫环境，尽显尊贵，更有广州东站、地铁一号，最为繁华，傲踞其中的芳草园，时刻彰显明日生活新里程。

楼名出世，芳草园

1999 年年底，凌峻公司受芳草园发展商的委托，操作芳草园新近上市的推广运动，在 1999 年 10 月份和 2000 年 4 月份两次大规模的推广运动中创造了天河北路的奇迹，每次推出的单位售出率高达 90%，而在 2000 年 10 月份淡市的情况下，第三度面市，再次制造火爆销售，通过以上三次的推广运动，芳草园呼和胜两栋共 400 余套单位几乎全部售罄（仅剩一套），总销售额超过 3 个亿。芳草园的推广，不仅在销售上获得巨大成功，而且在同行中，也获得极高的评价，是难得的既叫座又叫好的项目！

天河北路，作为广州未来的城市中心，在以中信广场为中心的周边地段，集中了大都会广场、国际贸易中心、市长大厦、金利来大厦等高档建筑和金海、天一、帝景苑等家宅楼盘，参差不齐的建筑排列与高密度的建筑群落，被称为广州的石屎森林。严格来说，广州市在天河北路的规划上存在一定的失误，比如，密度过大，楼宇档次参差不齐，缺乏公共活动场地，这些都在一定程度上影响天河北路商品房的素质。

天河北路因其地理位置的独特，楼盘的价格大多在7 500元左右。早期广州市场的豪宅标准是位于城市中心，装修豪华，面积大……可以说是以追求豪华为目的，在楼盘的命名上也无不给人以豪气甚至霸气的感觉。

随着人们眼界的提高，人们逐渐认识到豪宅不仅仅是这样一个简单概念，豪宅的概念也在发生变化，评判豪宅的标准开始转到对环境以及景观等其他的素质要求上了。在这种思路及时势的需求下，"芳草园"作为一个楼盘的名字顺时而出。如果单纯从地理位置、楼宇外形、大堂面积、会所设施等硬件标准来进行衡量，芳草园无疑是一个豪宅，但芳草园认为，仅仅把豪华理解为豪宅的内涵是片面的，豪宅的本质是给予居住者舒适的生活感受，而不仅仅是一些外观上的东西。芳草园是这样理解的，也是这样做的。

在见惯了、听惯了以豪气、大气为家宅的名称后，芳草园这个名字最终听起来就让人感觉与天河北路的传统豪宅命名不一样，有花有草的，倒像是一个什么郊区，却没有料到这是一个地地道道的市区盘，就在天河北路！

芳草园正是敏锐地抓住了这一点，其建筑采取围合式的布局，在中间有一个8 000平方米的花园，从根本上与竞争楼盘形成了差异。它更注重居住者的生活感受，比如，窗外的景色、户外活动的空间、回到家后的舒适感等。这就是对现代人居住的理解与洞察。这形成了影响芳草园主要的营销策略的主要因素，在此基本策略上，芳草园展开了一轮又一轮的成功推广。

推广策略

在明确了芳草园的核心开发策略——天河北路超大规模绿色环保社区之后，芳草园的各项推广策略开始有条不紊地展开。

1. 目标消费群的圈定

芳草园作为广州新城市中的高档商品房，具有投资和自住的双重价值。因为芳草园所处的广州天河体育中心板块，可以说已经是广州金融和经济的新中心，集中了最高档的写字楼和娱乐设施，相应带动周边住宅的需求，使得天河北路的商品房租赁市场一直相当活跃，具有丰厚的投资价值。

传统广州的豪宅，单位面积主要在120平方米以上，以每平方米7 000元来计算，总价往往超过80万，能够购买的人群相当有限，主要以商人为主。而此部分买家经过多年的市场消化，存量已经不大，如果再以此类买家为主要消费群体，则必然面临激烈的市场竞争。

经过详细的市场调查，芳草园发现，天河区置业者年龄层比老城区置业者要小 5 ~ 10 岁，同时还有不少外地来广州发展的年轻高收入阶层。芳草园认为，中高收入的白领和金领人士将成为项目的主要潜在消费对象，他们年龄在 28 ~ 40 岁，个人月收入在 5 000 元以上，具有很强的月供能力，家庭结构以三口之家为主，但家庭积蓄不会很多。他们所需要的房子是离上班地点不远，有较高的综合质素，户型面积以二室二厅和小型三室二厅为主，同时，房子要具有较好的保值和升值能力。

在明确了主力消费群之后，芳草园开始展开系列化的营销和推广工作。

2. 形象包装

天河北路绿色环保社区是项目的市场定位，它清楚说明了项目所处的位置和基本状况，但是它不是一句广告语，同时，也没有赋予项目鲜明的形象。芳草园所针对的消费群与传统的购房者的区别是明显的，他们有自己的生活方式，作为项目的形象包装，要与他们的生活理想和生活观念相吻合，才能起到事半功倍的作用。

在这样的背景下，"我轻松，我快乐"的广告语应运而出，轻松和快乐也随之成为项目的主要形象包装方向。对于都市生活的年轻人来说，生活紧张，工作压力大，回到家中渴望的是轻松自如的生活方式，他们不想活得太累，也不想承受太重的负担，只是想回到一个让自己感觉轻松而快乐的家里。

具体来说，芳草园的轻松和快乐体现在以下三个方面：

① 因为地理位置的便利，买家在下班后可以很快地回到家里，不用在路上花费太多的时间，此为轻松之一。

② 因为总体规划的卓越，8 000 平方米的大花园让住户有回归自然之感，双会所可以让你彻底放松，此为轻松之二。

③ 因为楼价的优惠，芳草园以超低的价格发售，让更多的买家能够拥有高质素的物业，此为轻松之三。

"我轻松，我快乐"，此广告语具有年轻人喜欢的语感，又具有清晰的承诺，所以一经推出，马上在市场上引起了强烈的反响。

3. 定价策略

芳草园周边的楼价，每平方米最贵的均价在 9 000 元以上，最低的也有 7 000 元，这些发展商满足于每个月十几套的成交量，追求单位面积的利润。而芳草园发展商认为，最重要的是总体利润，而总体利润的关键在于销售速度。经过详细的论证和计算，芳草园决定以均价每平方米 6 000 元推出市场，最低价仅为 4 500 元，比周围楼价低30%。芳草园认为，以这样的楼价推出这样质素的房子，销售速度一定可以提高很多倍，同时可以节约大量的推广费用，还可以避免未知的风险。时间证明，芳草园的定价策略是非常成功的，芳草园推出之时，周边楼盘的销售还供不应求，而最终，周边的发展商只能选择降价的出路，与芳草园火爆的销售形成鲜明的对比，但早知如此，又何必当初呢？

4. 现场包装

芳草园不因为售价的优势而忽略每一个细节，发展商清楚知道目标买家虽然会受到价格的影响，但楼宇的质素仍然是第一位的。所以，芳草园坚持在做好现场包装之后再推出市场，务求给买家营造完美的心理感受，形成心理价格与实际价格的巨大落差。芳草园的售楼都是很有特色的，整体上以现代时尚为主要风格，通过色块、布幅等元素，形成简略、干净、清爽的风格。

最让人惊喜的是，芳草园在第一次公开发售之前先做好了一半的中心花园，这样来参观的人对芳草园本来的生活就不再是一种想象，而是一种真真切切的感受，对销售产生巨大的推动力。

5. 投放策略

芳草园认为，房地产项目最重要的是速度，不应该打持久战。芳草园希望的效果是每一次推出的单位都快速售罄，这样不仅回笼资金快，同时在市场上留下旺销、供不应求的印象。所以，芳草园的广告投放策略是平时不做广告，只在展销会时做广告，不浪费一分钱。但一旦做广告，则成为此段时间广州楼市的焦点和明星项目，以轰轰烈烈的广告力度，以非同一般的广告创意，结合完美的现场和富有竞争力的楼价，芳草园的产品力与形象力达到高度的和谐统一，产生强大的销售力。

案例思考：

1. 芳草园的市场营销特点在哪里？试从这份材料里替他们总结出几点最成功的经验来。

2. 芳草园的核心竞争力是什么？

第五章

房地产营销策略

▶ 学习目标

通过本章的学习，了解影响房地产营销策略的有关因素；熟悉房地产定价方法和价格调整策略；熟悉几种典型的房地产营销渠道；掌握和熟悉各种促销策略的有关内容。

▶ 知识点

1. 影响房地产营销策略的有关因素；
2. 房地产营销策略的相关内容。

▶ 技能要求

1. 能撰写楼盘价格策划和促销方案；
2. 学会拟定渠道设计和管理方案。

开篇案例

星海知音人家的前期营销方案

某集团开发的星海知音项目，属于该集团开发的首个房地产项目，以前没有商品房的开发经验，对市场及房地产格局的把握能力相对较弱。星海知音占地3万平方米，总建筑面积约12万平方米，区内为16层的小高层住宅，靠公路一排住宅的首层为商铺。户型为中等户型，小区内人车分流，共分两期开发，首期推出6幢。

地处黄石西路，后面是农村，属于城乡结合部，与富力阳光美居相对，紧邻未来的白云新城。

1. 楼盘策略

（1）楼盘概念

主题音乐精品住宅小区。

（2）包装规划

如果条件允许，建议楼盘外观建筑仿造造型精美的乐器。比如将房顶的造型设计成琵琶状、小提琴状、钢琴状，将楼盘的墙柱仿五线谱状等。这样更有助于直观地传达音乐概念。在其他公共场所，也分别置放不同类型的音乐器材的小型模型。

在会所内腾出一个空间场所，做音乐器材、设备陈列室，购置一整套音乐器材和设备，陈列其中，深化、演绎音乐主题。

小区泳池造型也仿一种乐器造型。

2. 价格策略

不同楼层、不同朝向、不同景观、不同户型的单位分别采取不同价格。

（1）按楼层定价

楼盘是带电梯的，按楼层定价的方法是：3楼以下每低一层，价格就递减；每上一层，价格就递增。

（2）按景观定价

外景——指小区以外的大景观。可以近观山林或者河流的，价格最高，远观山林或者河流的次之。

内景——指小区内的景观。可以观望小区园林、有泳池的，价格最高，不能观望小区内景观但视野开阔的次之。

3. 促销策略

（1）促销方法选择

选择现场促销、展销会促销、广告促销、活动促销、人员直销、销售跟进与服务等九大方式分步进行。

（2）促销形式与主题

① 优惠促销：在内部认购阶段进行，一种是对内内部认购，即针对本集团员工、老板的亲朋、相关政府单位的职员，建议认购价以2 980元/平方米为宜，拿出50套（对外宣称50套，实际只拿出10套）；另一种是对外内部认购，需要注意的是，在内部认购阶段，由于房屋数量有限，认购者众多，无法满足需求，为了达到一种较好的效果，可以采用摇号的方式进行。

② 崔永元与你实话实说，在正式开盘的当天进行，将中央电视台名牌栏目"实话实说"的著名主持人崔永元请到现场主持，主题为：你如何看待音乐住宅，再邀请广州各大媒体参加，请电视台现场转播。形成一种新闻热点，借新闻传播活动的意义。

4. 渠道策划

（1）人员直销

在内部认购前即展开。找一批在校大中专学生或者由本公司售楼员组织成立一个人员直销小组，在广州市区内，主要在白云区范围内对大中型企业展开地毯式全面搜索，做到服务（销售）上门，联系到企业最高层领导，说服企业领导以配房作为员工福利，为每一位高级职员配一套住房，由企业负责交首期款，由本公司提供特价优惠。开发商再为团体购房者专门配备一部中巴，作为上下班用。人员直销意在争取集体购房，变零售为批发。

（2）专卖销售

由公司挑选出具有一定特色的单元进行专卖。

（资料来源：周帆主编《当代房地产策划方案解读》，广东经济出版社，2003 年）

5.1　房地产营销策略概述

由于房地产具有投资价值大、不可移动性及区位性等特点，其销售难度比一般商品要大得多。为了成功而有效地把房地产产品销售出去，必须根据营销目标及营销市场的特点，采取一系列营销策略。目前房地产行业发展十分迅猛，一些新的营销理念和思路层出不穷。比较有代表性的是 1990 年由美国的劳特朋教授提出的 4Cs 理论在房地产营销中的应用。它有悖于营销学中传统的 4Ps 策略，将消费者置于房地产营销的核心地位，无论是产品、价格、销售渠道还是促销，都以消费者的需求、意愿为首要因素和根本出发点。许多房地产营销人员都将其看做是房地产营销的战略转移，但 4Cs 理论的理论根源与 4Ps 理论同出一宗，与其说是战略转移，还不如说是 4Ps 理论在实际操作中的发展与改良。因此，本文仍将按照营销学中传统的 4Ps 理论对房地产营销策略进行分析。

目前我国的房地产市场从总体趋势上看，已经进入以需求为导向的发展阶段，房价逐步向成本价和微利价靠近，市场化程度逐步加深。在市场营销方面，无论是业内人士还是消费者都逐渐成熟，一个概念或者一个点子已经难以打动人心。消费者开始注意产品的本身。目前购房者的经验越来越多，日趋理性；违规项目纠纷的问题及房价的问题使部分消费者更加谨慎。因此，房地产营销的产品策略、价格策略、营销渠道策略和促销策略都必须根据目前的市场情况进行合理的创新。

5.2　房地产产品策略

5.2.1　房地产整体产品的概念

房地产营销产品策略是房地产营销首要因素，房地产企业必须营销市场所需要的产品，才能生存。房地产市场营销组合中房地产产品是最重要的内容。按营销学中产品的概念及内容，房地产产品可以分为三个层次，如图 5 - 1 所示。

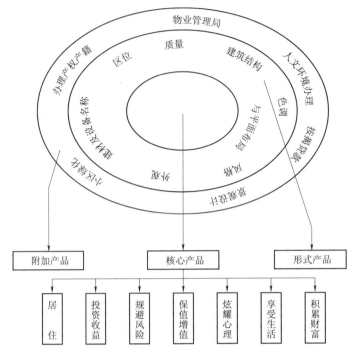

图 5－1　产品整体概念图

　　① 核心产品。它是购买者实际上要购买的主要服务，对购房者来说，他们需要的是家庭感和安全感、成就感。

　　② 有形产品。指构成房地产产品的品牌、特点、式样、质量等。

　　③ 延伸产品。它是附加在有形产品上的各种各样的服务，如物业管理、保证公共设施的提供等。

5.2.2　房地产产品的类型

　　房地产产品类型的划分是房地产市场细分和产品定位的基础和出发点。其划分的方法根据不同的标准有不同的分类结果。

1. 根据房地产的使用性质划分

　　可划分为民用房地产、工业房地产、农业房地产和其他房地产。其中民用房地产又分为居住房地产和公共房地产。

　　居住房地产的形式包括：

　　（1）单元式住宅

　　单元式住宅（图5-2），又叫梯间式住宅，是以一个楼梯为几户服务的单元组合体，一般为多、高层住宅所采用。单元式住宅的基本特点：每层以楼梯为中心，每层安排户数较少，一般为2~4户，大进深的每层可服务于5~8户，住户由楼梯平台进入分户门，各户自成一体。户内生活设施完善，既减少了住户之间的相互干扰，又能适应多种气候条件。建筑面积较小，可以标准化生产，造价经济合理。仍保留一定的公共使用面积，如楼梯、走道、垃圾道，保持一定的邻里交往，有助于改善人际关系。单元式住宅一经建造使用，便被社会所接受，并推广到世界绝大多数国家和地区。

图 5-2 单元式住宅

（2）公寓式住宅（图5-3、图5-4）

公寓式住宅是相当于独院独户的西式别墅住宅而言的。公寓式住宅一般建在大城市，大多数是高层大楼，标准较高，每一层内有若干单独使用的套房，包括卧室、起居室、客厅、浴室、厕所、厨房、阳台等等，还有一部分附设于旅馆酒店之内，供一些常常往来的中外客商及其家眷中短期租用。

图 5-3 上海的百老汇公寓式大厦

图 5-4 悉尼海滨公寓

（3）花园式住宅（图5-5）

花园式住宅也叫西式洋房或小洋楼，即花园别墅。一般都是带有花园草坪和车库的独院式平房或二三层小楼，建筑密度很低，内部居住功能完备，装修豪华，并富有变化，住宅水、电、暖供给一应俱全，户外道路、通信、购物、绿化也都有较高的标准，一般为高收入者购买。

图5-5　花园式住宅（别墅）

（4）公共房地产（图5-6~图5-9）

公共房地产是为公众提供公用性、公益性房地产。包括酒店、商业、文化、医疗、体育、金融等用房。

图5-6　百货商店

图5-7　学校

2. 根据房地产产品所用建筑材料划分

可分为木结构建筑、砖木结构建筑、砖混结构建筑、钢筋混凝土结构建筑、钢结构建筑等。

（1）木结构建筑

木结构建筑从结构形式上分，一般分为轻型木结构和重型木结构，主要结构构件均采用实木锯材或工程木产品。目前在中国建成的木结构住宅主要应用轻型木结构。木结构建筑在世界各地被广泛使用，即可单家独户，又可以形成多层多

图 5 - 8　酒店

图 5 - 9　奥体中心

户的公寓楼、低层商业建筑和公共建筑，如餐馆、学校、教堂、商店和办公楼等，都采用这种结构体系，如图 5 - 10 所示。

图 5 - 10　木结构建筑

（2）砖木结构建筑

砖木结构建筑是房屋的一种建筑结构。主要承重构件是由砖和木两种材料制成的。由于力学工程与工程强度的限制，一般砖木结构是平层（1～3 层），如图 5 - 11 所示。

（3）砖混结构建筑

砖混结构是指建筑物中竖向承重结构的墙、柱等采用砖或者砌块砌筑，横向承重的梁、楼板、屋面板等采用钢筋混凝土结构。也就是说砖混结构是以小部分钢筋混凝土及大部分砖墙承重的结构。砖混结构是混合结构的一种，是采用砖墙来承重，钢筋混凝土梁柱板等构件构成的混合结构体系。适合开间进深较小，砖

图5-11　砖木结构建筑

混结构施工技术房间面积小，多层或低层的建筑，对于承重墙体不能改动，而框架结构则对墙体大部可以改动，如图5-12所示。

图5-12　砖混结构民居

（4）钢筋混凝土结构建筑

钢筋混凝土结构（图5-13）是指用配有钢筋增强的混凝土制成的结构。承重的主要构件是用钢筋混凝土建造的。包括薄壳结构、大模板现浇结构及使用滑模、升板等建造的钢筋混凝土结构的建筑物。用钢筋和混凝土制成的一种结构。

钢筋承受拉力，混凝土承受压力。具有坚固、耐久、防火性能好、比钢结构节省钢材和成本低等优点。用在工厂或施工现场预先制成的钢筋混凝土构件，在现场拼装而成。

图 5－13　钢筋混凝土剪力墙体系的高层住宅楼

（5）钢结构建筑

钢结构工程是以钢材制作为主的结构，是主要的建筑结构类型之一。著名的四川泸定大渡河铁索桥，北京鸟巢（图 5－14）以及云南的元江桥和贵州的盘江桥等都是我国早期铁体承重结构的例子。

图 5－14　鸟巢

3. 按建筑层数可将房地产划分

可分为，低层建筑、多层建筑、小高层建筑、高层建筑等（详见教材第三章）。

5.2.3 房地产品牌策略

当前房地产的品牌竞争渐趋激烈。开发商对房产品牌效应的重视也在一定程度上反映出经过几年的市场磨炼，我国的住房开发商渐趋成熟，住房开发已由最初的盲目趋同发展到了理性竞争的阶段。但值得注意的是，不少开发商对楼市品牌效应的认识尚流于表面，所谓的品牌竞争往往如同隔靴搔痒，并不能最大限度地提升房产的市场竞争能力。

1. 房地产品牌的内涵

它的内涵是为社会公众提供合理的、人性化的"建筑空间"，并赋予其具有现代精神、个性化的生活方式及价值。

2. 房地产的品牌竞争策略

选择不同的竞争策略，对房地产品牌的竞争力及传播的影响是不同的。

① 创新竞争策略：完全以满足市场需求空白或以未来消费趋势为定位，塑造创新型的、引导时代精神的市场领导性品牌。

② 差别竞争策略：适应于买方市场条件，在产品（服务）的功能与效用、生活方式、情感类型及价值符合等方面实施市场细分及定位，塑造个性化的、顺应时代精神的品牌。

③ 价格竞争策略：努力提高产品（服务）的性能价格比，以获取较大市场份额及影响力，塑造良好的、具有较强竞争力的品牌。

3. 房地产品牌效应

房产的品牌效应就是在房产交易中，通过品牌认知，向掌握较少信息的购房者还原部分的产品信息的作用。我们知道，住房是项极其复杂的商品，购房者只有在实际使用之后，才能加深对所购住房（包括开发商所提供的服务）的认识，在此之前，购房者对房屋建筑质量、物业管理水准、开发商的商业信誉等方面的信息掌握不多，相对于开发商而言，购房处于信息劣势。这种情况对于双方而言都是不太理想的，购房者为了购得理想的住房，就必须加大对各类信息的搜寻成本，同时开发商也为了让购房者了解更多的信息而花费了相当的广告宣传费用，并且拉长了房产的销售周期，降低了资金的周转速度。而通过房产的品牌效应却可以减少房产交易中由于信息不充分而带来的不利影响。某种特定的房产品牌一旦形成，该品牌就向购房者传达了一种代表特定的房屋质量与管理服务水准的信息，降低了事前（买卖行为发生前）的信息不对称性。并且只要开发商是注重长远利益的，这种由品牌而还原出来的信息就是可信的，因为开发商任何有损房产品牌形象的行为都会降低消费者下一次对该房产品牌的评价，从而有损开发商的长远利益。也正是从这一意义上而言，良好的品牌形象是开发商的一项无形资产，从长远看能降低开发商的营销成本，加快销售进度。

4. 强化房产的品牌效应的方法

在正确认识房产品牌的性质与作用之后，开发商就应该适时地建立与维护自身的品牌形象，发掘品牌这一无形资产。具体而言，可以从以下几个方面入手：

① 建立特有的房产品牌。房产品牌应当涵盖开发商所开发的全部房产，因此一般都与房产公司的名称结合起来，例如万科企业股份有限公司便是以"万科城市花园"作为公司物业的统一品牌，目前这一品牌已经在京、沪等地脱颖而出，成为颇具价值的一项无形资产。

② 以质量为后盾，逐步树立良好的品牌形象。品牌的价值是需要市场来认可的，因此品牌形象的建立在根本上也必须要以房产的质量为后盾。这里所指的房产质量是一个综合性的概念，既包括房产作为建筑物的建筑质量，也包括开发商或物业管理公司向购房者提供的服务水准，以及诸如房型设计、小区环境等所有决定物业市场价值的因素。

③ 保持物业开发的连续性，从而不间断地向消费者提示该品牌形象，维持品牌效应的持久性。这就要求开发商有充足的土地储备、多渠道的资金来源、合理的员工结构与稳定的员工队伍。

④ 适时宣传自身品牌形象，提高公众对品牌的认知程度。对品牌形象的宣传应当依据物业开发与销售的进度而适当掌握节奏，在物业的销售期内应重点进行对品牌形象的宣传，以强化购房者对房产的品牌认知，同时针对所售物业进行特定的广告推出，在房产售后则可以通过公开客户的信息反馈来巩固品牌形象，提升品牌价值。

5.3 房地产价格策略

房地产的开发建设、买卖、租赁、抵押、土地出让、转让等营销，都是商品经济活动，必须按照市场规律、经济原则实行等价交换。掌握房地产产品的定价方法，灵活运用各种定价的策略是开展房地产市场营销活动的主要手段。在这里将主要介绍房地产定价方法、定价比例和价格调整策略。

5.3.1 房地产价格的构成因素

一般房地产的价格是由以下十项因素组成：土地征用及拆迁补偿费、地质勘察与设计费、"三通一平"费用、地下工程开发费用、房屋建筑安装工程费、公共配套设施费、基础设施建设费、管理费、利息支出、税金利润。目前国内房地产价格太高，主要是各项行政收费太高太多所造成的。

5.3.2 影响房地产价格的主要因素

1. 供求状况

供给和需求是形成价格的两个最终因素。其他一切因素，要么通过影响供给，要么通过影响需求来影响价格。房地产的价格也是由供给和需求决定的，与需求成正相关，与供给成负相关。供给一定，需求增加，则价格上升；需求减少，则价格下跌。

2. 自身条件

房地产自身条件的好坏，直接关系到其价格高低。所谓自身条件，是指那些反映房地产本身的自然物理性状态的因素。这些因素分别如下。

（1）位置

各种经济活动和生活活动对房地产位置都有所要求。房地产位置的优劣直接影响其所有者或使用者的经济收益、生活满足程度或社会影响，因此，房地产坐落的位置不同，价格有较大的差异。无论是坐落在城市或乡村、中心商业区或住宅区、街角或里地、向阳面或背阳面均如此。尤其是城市土地，其价格高低几乎为位置优劣所左右。

房地产价格与位置优劣成正相关。商业房地产的位置优劣，主要是看繁华程度、临街状态。居住房地产的位置优劣，主要是看周围环境状况、安宁程度、交通是否方便，以及与市中心的远近。其中别墅的要求是接近大自然，环境质量优良，居于其内又可保证一定的生活私密性。"一步差千金"对于商业来讲永远是个真理，但对于营造别墅则是个误区。工业房地产的位置优劣，通常视其产业的性质而定。一般来说，要是其位置有利于原料与产品的运输，便利于废料处理及动力的取得，其价格必有趋高的倾向。

（2）地质

不同类型的建筑物对地基承载力有不同的要求，不同的土地有不同的承载力。地质条件决定着土地的承载力。地址坚实、承载力较大，有利于建筑使用。在城市土地中，尤其是在现代城市建设向高层化发展的情况下，地质条件对地价的影响较大。地价与地质条件成正相关；地质条件好，地价就高；反之，地质条件差，地价则低。

（3）地形地势

地形是指同一块土地内的地面起伏状况。地势是指本块土地与相邻土地的高低关系，特别是与相邻道路的高低关系，如，是高于或低于路面。一般来说，土地平坦，地价较高；土地高低不平，地价较低；在其他条件相同时，地势高的房地产的价格要高于地势低的房地产的价格。

（4）土地面积

同等位置的两块土地，由于面积大小不等，价格会有高低差异。一般来说，凡面积过于狭小而不利于经济使用的土地，价格较低。地价与土地面积大小的关系是可变的。一般来说，在城市繁华地段对面积大小的敏感度较高，而在市郊或农村则相应较低。土地面积大小的合适度还因不同地区、不同消费习惯而有所不同。例如，某地方市场若普遍接受高层楼房，则该地方较大面积土地的利用价值要高于较小面积土地的利用价值，因而较大面积土地的价格会大大高于较小面积土地的价格。相反，如果地方市场仅能接受小型建筑型态，则较大面积土地的价格与较小面积土地的价格，差异不会很大。

（5）土地形状

土地形状是否规则，对地价也有一定的影响。土地形状有正方形、长方形、三角形、菱形、梯形等。形状不规则的土地由于不能有效利用，价格一般较低。土地经过调整或重划之后，利用价值提高，地价立即随之上涨。地价与土地形状成正相关：土地形状规则，地价就高；土地形状不规则，地价就低。

（6）日照

日照有自然状态下的日照和受到人为因素影响下的日照两种。房地产价格与日照的关系具有下列特征：一方面与日照成正相关；另一方面与日照成负相关。一般来说，受到周围巨大建筑物或其他东西遮挡的房地产的价格（尤其是住宅），必低于无遮挡情况下的同等房地产的价格。日照对房地产价格的影响还可以从住宅的朝向对其价格的影响中看到。

（7）通风、风向、风力

一般情况下，风力越大或时常出现风灾的地方，房地产价格越低。房地产价格与风向的关系在城市中比较明显，在上风地区房地产价格一般较高，在下风地区房地产价格一般较低。

（8）气温、湿度、降水量

这三者极端过剩或极端贫乏，均不利于生产和生活，因此会降低房地产价格。把降水量与地势结合起来看，其对房地产价格的影响更明显。地势虽然低洼，但若降水量不大，则不易积水，从而地势对房地产价格的影响不大，但在地下水位高的地区例外；反之，降水量大，地势对房地产价格的影响力就大。

（9）天然周期性灾害

凡是天然周期性灾害的地带，土地利用价值必然很低，甚至不能利用。但这类土地一旦建设了可靠的防洪工程，不再受周期性灾害的影响，其价格会逐渐上涨。甚至由于靠近江、河、湖、海的缘故，可以获得特别的条件，如风景、水路交通，从而这类土地的价格要高于其他土地。

（10）建筑物外观

建筑物外观包括建筑式样、风格和色调，对房地产价格有很大影响。凡建筑物外观新颖、优美可以给人们舒适的感觉，则价格就高；反之，单调、呆板，很难引起人们强烈的享受欲望，甚至令人压抑、厌恶，则价格就低。

（11）建筑物朝向、建筑结构、内部格局、设备配置状况、施工质量等

3. 环境因素

影响房地产价格的环境因素，是指那些对房地产价格有影响的房地产周围的物理性因素。这方面的因素有：

（1）声觉环境

噪声大的地方，房地产价格必然低下。噪声小，安静的地方，房地产价格通常较高。

（2）大气环境

房地产所处的地区有无难闻的气味、有害物质和粉尘等，对房地产价格影响也很大。凡接近化工厂、屠宰厂、酒厂、厕所等地方的房地产价格较低。

（3）水文环境

地下水、沟渠、河流江湖、海洋等污染程度如何，对其附近的房地产价格也有较大的影响。

（4）视觉环境

房地产周围安放的东西是否杂乱，建筑物之间是否协调，公园、绿化等形成的景观是否赏心悦目，这些对房地产价格都有影响。

（5）卫生环境

清洁卫生情况如何，对房地产价格也有影响。

4. 人口因素

房地产的需求主体是人，人的数量、素质如何，对房地产价格有着很大的影响。人口因素对房地产价格的影响，具体可分为人口数量、人口素质、家庭规模三个方面。

（1）人口数量

房地产价格与人口数量的关系非常密切。就一国而言如此，一地区或一市的情况也如此。特别是在城市，随着外来人口或流动人口的增加对房地产的需求必然加大，从而促进房地产价格的上涨。人口高密度地区，一般而言，房地产求多于供，供给相对匮乏，因而价格趋高，如图5-15所示。

（2）人口素质

人们的文化教育水平、生活质量和文明程度，可以引起房地产价格高低的变化。人类社会随着文明的发达、文化的进步，公共设施必然日益完善和普遍，对居住环境也必然力求宽敞舒适，凡此种种都足以增加房地产的需求，从而导致房地产价格趋高。如果一个地区中的居民素质低，组成复杂，秩序欠佳，人们多不愿在此居住，房地产价格必然低落。

（3）家庭规模

这是指全社会或某一地区的家庭平均人口数。家庭规模发生变化，即使总数不变，也将引起居住单位数的变动，从而引起需用住宅数量的变动，随之导致房

图5－15　人口密集的香港房价趋高

地产需求的变化而影响房地产价格。一般而言，随着家庭规模小型化，即家庭平均人口数的下降，房地产价格有上涨的趋势。

5. 经济因素

影响房地产价格的经济因素主要有：经济发展状况，储蓄，消费，投资水平，财政收支以及金融状况，物价（特别是建筑材料价格），建筑人工费，利息率，居民收入，房地产投资。

（1）经济发展

经济发展预示着投资、生产活动活跃，对厂房、办公室、商场、住宅和各种文娱设施等的需求增加，引起房地产价格上涨，尤其是引起地价上涨。如图5－16所示。

（2）物价

房地产价格与物价的关系非常复杂。通常物价普遍波动，房地产价格也将随之变动；如果其他条件不变，则物价变动的百分比相当于房地产价格变动的百分比，而两者的动向也应一致。

（3）居民收入

通常居民收入的真正增加显示人们的生活水平将随之提高，从而促使对房地产的需求增多，导致房地产价格上涨。如果居民收入的增加，是中、低等收入水平者的收入增加，对居住房地产的需求增加，促使居住房地产的价格上涨。如果居民收入的增加，是高收入水平者的收入增加，对房地产价格的影响不大，不过，如果利用剩余的收入从事房地产投资（尤其是投机），则必然会引起房地产

图 5 - 16   经济发达的上海房价趋高

价格变动。

6. 社会因素

（1）政治安定状况

政治安定状况，是指现有政权的稳固程度，不同政治观点的党派和团体的冲突情况等。一般来说，政治不安定，意味着社会动荡，影响人们投资、置业的信心，造成房地产价格低落。

（2）社会治安程度

社会治安程度，是指偷盗、抢劫、强奸、杀人等方面的犯罪情况。房地产所处的地区，如若经常发生此类犯罪案件，则意味着人们的生命财产缺乏保障，因此造成房地产价格低落，如图 5 - 17 所示。

图 5 - 17   重庆交巡警平台的搭建让更多的
人愿意到重庆来居住

（3）房地产投机

房地产投机，简言之就是投准时机，利用房地产价格的涨落变化，通过在不同时期买卖房地产，从价差中获取利润的行为。

（4）城市化

一般来说，城市化意味着人口向城市地区集中，造成城市房地产需求不断增加，带动城市房地产价格上涨。

7. 行政因素

影响房地产价格的行政因素，是指影响房地产价格的制度、政策、法规、行政措施等方面的因素，主要有土地制度、住房制度、房地产价格政策、行政隶属变更、特殊政策、城市发展战略、城市规划、土地利用规划、税收政策、交通管制等。

8. 心理因素

心理因素对房地产价格的影响有时是一个不可忽视的因素。影响房地产价格的因素主要有下列七个：购买或出售心态；欣赏趣味（个人偏好）；时尚风气；接近名家住宅心理；讲究门牌号码，楼层数字或土地号数；讲究风水；价值观的变化。

5.3.3　房地产的定价方法

一栋楼宇、小区的销售往往是一个时期的或跨年度的。而消费市场变幻莫测，楼宇的定价要能被市场接受，需要一定的超前意识和科学预测，可以说定价部分是艺术，部分是科学。影响价格的因素有很多，主要包括：成本、楼盘素质、顾客承受的价格、同类楼宇的竞争因素等。产品的可变成本是定价的下限，上限是顾客所愿意支付的价格。市场中消费者总想以适中的价格获得最高的价值，因此不应把价格和价值混为一谈。定价之后，运行中可以做适当的调整，但不能做大幅度的或否定性的调整，否则会带来非常恶劣的影响。从定价来讲，主要有几个方法：

① 市场比较法。将勘估房地产与相应市场上类似房地产的交易案例直接比较，对形成的差异作适当调整或修正，以求取勘估房地产的公平市场价。

② 成本法。以开发或建造估计对象房地产或类似房地产需要的各项必需费用之和为基础，再加上正常的利润和应纳税金得出估价对象房地产的价格。

③ 收益法。将预期的估价对象房地产未来各期（通常为年）的正常纯收益折算到估价时点上的现值，求其之和得出估价对象房地产的价格。

④ 剩余法。将估价房地产的预期开发后的价值，扣除其预期的正常开发费用、销售费用、销售税金及开发利润，根据剩余之数来确定估价对象房地产的价格。

当然，无论哪种定价方法，均应随行就市，最大限度地获取市场份额。在弄清方法之后，具体执行有低价、高价、内部价、一口价、优惠价等战略。开发商采用低价战略时，入市会比较轻松，容易进入，能较快地启动市场；而采用高价策略则标榜出物业的出类拔萃、身份象征、完善功能、优良环境等，可用高价吸引高消费者入市，但不是盲目漫天要价，要物有所值。

5.3.4　房地产的定价比例

一般来说，先设定一个标准层，高层一般定在 1/2 高度，多层一般 3 ~ 4 层

（9层以下）为最好。然后确定一个楼层系数，标准层以上一般每层加价比例为0.8%，标准层以下每层下调0.5%。在高层建筑中，7层以下因其视野受限，一般应为低价区，顶层与低层的价格一般相差约30%。

用户选择购房不仅受楼层的影响，房子所处两个主力面的景物和视野如街景、江景、马路等亦是影响楼价的因素之一，即朝向系数。一般来说，江景、街景等给人以视觉上的享受，朝向系数大，为8%～10%，而临马路边因其噪声大，尘埃多，朝向系数亦低，为3%～5%，楼盘的南、北两个方位，如无景观差别，一般南面售价高于北面。有的楼盘，因其朝向系数不合理，好的楼层和好的朝向全部卖光，剩下的全部都是不好卖的，使楼盘出现滞销状态。

商铺的定价，由于一般顾客购物习惯在首层，因此首层商铺定价一般是住宅平均价的三倍以上。车位的每平方米定价一般相当于住宅的50%。

5.3.5　房地产价格调整的策略

房地产价格调整策略可以分为直接的价格调整、优惠折扣两方面内容。

直接的价格调整就是房屋价格的直接上升或下降，它给客户的信息是最直观明了的。直接的价格调整主要有两种形式：

（1）基价调整

基价调整就是对一栋楼的计算价格进行上调或下降。因为基价是制定所有单元的计算基础，所以，基价的调整便意味着所有单元的价格都一起参与调整。这样的调整，每套单元的调整方向和调整幅度都是一致的，是产品对市场总体趋势的统一应对。

（2）差价系数的调整

每套单元因为产品的差异而制定不同的差价系数，每套单元的价格是由房屋基价加权所制定的差价系数而计算来的。但每套单元因为产品的差异性而为市场接纳程度的不同并不一直是和我们原先的估计是一致的。差价系数的调整就要求我们根据实际销售的具体情况，对原先所设定差价体系进行修正，将好卖单元的差价系数再调高一点，不好卖单元的差价系数再调低一点，以均匀各种类型单元的销售比例，反映出市场对不同产品需求的强弱。差价系数调整是开发商经常应用的主要调价手段之一。有时候一个楼盘的价格差价系数可以在一个月内调整近十几次，以适应销售情况的不断变化。

优惠折扣是指在限定的时间范围内，配合整体促销活动计划，通过赠送、折让等方式对客户的购买行为进行直接刺激的一种方法。优惠折扣通常会活跃销售气氛，进行销售调剂，但更多的时候是抛开价格体系的直接让利行为。优惠折扣和付款方式一样，有多种多样的形式，譬如一个星期内的现实折扣；买房送空调、送冰箱，或者送书房、送储藏室，购房抽奖活动等，如图5-18所示。优惠折扣要做得好，首先要让客户确实感受到是在让利，而不是一种花哨的促销噱头。其次，优惠折扣所让的利应该切合客户的实际需要，是他们所能希望的方式，只有这样才便于促进销售。再者，不要与其他竞争者的优惠折扣相类似，优惠折扣在形式上的缤纷多彩为开发商标新立异提供了可能。

图 5-18　买房子送车

5.4　房地产渠道策略

目前我国房地产行业中，房地产营销渠道策略可以大致分为企业直接推销、委托代理推销以及近几年兴起的网络营销、房地产超市等。

企业直接推销，是指房地产开发企业通过自己的营销人员直接推销其房地产产品的行为，也称为直销或自销。直接推销的优势在于它可以帮助房地产开发企业节省一笔数量可观的委托代理推销的费用（相当于售价的 1.5% ~ 3.0%），但推销经验的不足和推销网络的缺乏也是这种销售渠道的致命缺陷。由于我国房地产市场正处于起步阶段，房地产市场的运行机制尚不健全，必需的人才与管理经验还有待于积累发掘。所以目前它还是我国房地产销售的主要渠道，在房地产市场发展的将来，它依然会占据重要位置。

委托代理推销，是指房地产开发企业委托房地产代理推销商来推销其房地产产品的行为。所谓房地产代理推销商，是指接受房地产开发企业的委托，寻找消费者，介绍房地产，提供咨询，促成房地产成效的中间商。委托代理商可以分为企业代理商和个人代理商，前者是指由多人组成的具备法人资格的代理机构，后者是指中介代理的个人，即经纪人。

网络营销是信息时代和电子商务发展的产物，目前它也运用到了房地产市场营销上，目前国内出现了一些以房地产为主要内容的网站，如搜房网、中房网等，它们为房地产企业和消费者提供了全新的信息沟通渠道；同时，许多房地产商也利用Internet网络资源，进行网络营销。2000年9月，上海"青之杰"花园推出了全国第一本电子楼书，标志着网络房地产营销又增加了新的手法。现在不少开发商都在互联网上注册了自己的网站，为企业和产品进行宣传和推广。通过互联网双向式交流，可以打破地域限制，进行远程信息传播，面广量大，其营销内容翔实生动、图文并茂，可以全方位地展示房地产品的外形和内部结构，同时还可以进行室内装饰和家具布置的模拟，为潜在购房者提供了诸多方便。随着电子商务的进一步发展，网络营销将成为房地产市场上一种具有相当潜力和发展空间的营销策略。

房地产超市营销是最近在浙江、上海等地出现的一种全新的营销渠道。它的出现表明我国房地产销售开始告别传统的开发商自产自销的单一模式，进入一个以超市为显著特征的商品零售时期。有专家认为，房地产超市是我国楼市营销理念、方式的一次改革和突破，为解决当前商品房销售困难带来了新的思路和转机。

5.5　房地产促销策略

5.5.1　房地产促销的概念

房地产促销是指房地产企业向目标顾客传递产品信息，促使目标顾客做出购买行为而进行的一系列说服性的沟通活动。是房地产市场营销管理中最复杂、最富技巧、最具风险的一个环节。

5.5.2　房地产促销的主要方式

房地产促销主要有四种方式：人员推销、广告、公关关系、销售促进。

人员推销是指在与一个或多个顾客的面对面的直接交流中促成交易的活动。

广告是指由明确的广告主在付费的基础上，通过广大大众传媒所进行的对商品、服务或观念等的信息传播和宣传活动。

公关关系是指企业为树立或提高企业及其产品的形象而通过各种公关工具所进行的宣传报道和展示。

销售促进是指鼓励或刺激顾客立即尝试、购买产品或服务的各种短期激励手段。

5.5.3　影响房地产促销效果的主要因素

1. 促销组合目标

通过各种目标方向上几种促销方式的优劣势进行有效的组合。

2. 推式与拉式战略

几种促销方式在作用力的方向上有所不同。

3. 产品市场类型和产品生命周期

（1）产品市场类型

在不同产品市场类型中，同一种促销方式所产生的促销效果是不同的。如，广告和销售促进及公关宣传在消费者市场和产业市场中的效果具有差异。

（2）产品生命周期

在产品生命周期的不同阶段，不同促销方式的效果也有所不同。

4. 经济前景

随着经济前景的变化，及时改变促销组合。

5.5.4　房地产广告策略

1. 广告的溯源

随着社会生产力的逐渐发展，出现了商品生产和商品交换，广告也就随之得到发展，广告的概念也在不断地改变与深化。《周易·系辞》记载，远在神农时代，就有"日中为市，集天下之民，聚天下之货，交易而退，各得其所"的场面。而据《周礼》记载，当时凡做交易都要"告于示"。世界文明古国埃及、古巴比伦、希腊、印度、罗马和中国，都较早出现了与商品生产和商品交换相关的广告活动。

但"广告"作为一个外来词在中文里出现，是近代的事情，含有"广泛地宣告"的意思。当初多用"告白"来指称今天的"广告"之意。较多的学者认为"广告"（Advertising）源于拉丁文 Adverture，有吸引人心或注意与诱导的意思。在 1300—1475 年期间，才演变为中古英语的 Advertise 一词，其含义为"一个人注意到某种事情"，后来又演变为"引起别人注意，通知别人某件事"。直到 17 世纪末 18 世纪初，英国开始大规模商业活动时，广告一词才开始广泛流行使用。日本首次将 Advertising 译成"广告"，约在明治五年（1872 年）。直到明治二十年（1887 年）才被公认，得以流行。从"广告"一词的应用来看，中国、日本等东方国家对广告的认识要晚于西方国家。

2. 房地产广告的概念

一般来说，广告有广义与狭义之分。现代广告的广义概念是与信息社会紧密相连的一个历史范畴，它是维持与促进现代社会生存与发展的一种大众性的信息传播工具和手段。广义的广告，包括经济广告与非经济广告。经济广告又称商业广告，它所登载的是有关促进商品或劳务销售的经济信息，尽管内容多样，表现手法不一，但都是为经济利益服务的。非经济广告，是指除了经济广告以外的各种广告，如各社会团体的公告、启事、声明、寻人广告、征婚启事等等。

现代广告是指一种由广告主付出某种代价，通过传播媒介将经过科学提炼和艺术加工的特定信息传达给目标受众，以达到改变或强化人们观念和行为为目的的、公开的、非面对面的信息传播活动。

这个定义是以大众传播理论为基础，从广义广告的角度进行概括的。它包括了几个方面的内涵，反映出现代广告的主要特征：强调了广告的本质特征是一种以公开的、非面对面的方式传达特定信息到目标受众的信息传播活动，而且这种特定信息是付出了某种代价的特定信息。广告必须有明确的广告主或称广告客户，它是广告行为的主体，是广告行为的法律负责人。这是广告与新闻等其他信息传播活动的不同之处。

明确了广告是一种通过科学策划和艺术创造将信息符号高度形象化的、带有科学性和艺术性特征的信息传播活动。

指出了传播媒介的重要作用。现代广告是非个人的传播行为，一定要借助于某种传播媒介才能向非特定的目标受众广泛传达信息。这决定了它是一种公开而非秘密的信息传播活动，也就决定了传播者必须置身于公众和社会的公开监督之下。

说明了广告是为了实现传播者的目标而带有较强自我展现特征的说服性信息传播活动，通过改变或强化人们的观念和行为，来达到其特定的传播效果。观念指的是思想、政治、文化等意识形态方面的信息，行为则包括了商品、服务、生活等消费形态方面的信息。从而概括了广义的广告内容。

房地产广告（Real Estate Advertising），是指房地产开发企业、房地产权利人、房地产中介机构发布的房地产项目预售、预租、出售、租、项目转让以及其他房地产项目介绍的广告。不包括居民私人及非经营性售房、租房、换房广告。

3. 房地产广告目标

房地产企业的广告目标，取决于房地产企业的整个营销目标，但在企业实现其整体目标的每个阶段，广告都起着不同的作用，即有着不同的目标。归纳起来有三种：

（1）以告知为目标

即只向目标顾客说明产品，使顾客对产品产生初步的认识和了解。如向顾客介绍一种新产品；说明某种产品的新用途；告知某种产品的价格或包装已发生变化；解释产品的使用方法；纠正顾客的误解，减少顾客的疑虑；树立企业和产品形象等。这种广告常用于产品生命周期的投入期。

（2）以说服为目标

即强调特定品牌的产品与竞争产品的差异，突出该产品的优点和特色，目的是使顾客形成品牌偏好。这种广告常用于产品生命周期的成长期，以不断争取新顾客，扩大企业的市场份额。

（3）以提醒为目标

这有两种情况：一方面是在成熟期对已经畅销的产品做广告，目的是为了加深消费者的印象，提醒其购买；另一方面是对季节性商品在旺季的时候提醒人们购买。

4. 房地产广告信息的表达

一则房地产广告信息的效果不仅取决于"说什么"，还有赖于"怎么说"，特别是对于那些差异性小的楼盘，广告信息的表达方式更为重要，能在很大程度上决定广告效果。

房地产广告信息的表达方式有很多，可以利用生活片段表现产品的用途；用音乐、美术手法强调楼盘的名称；制造幻象情景、气氛或形象，给人以暗示；运用科学证明突出产品质量；请权威人士、权威机构或普通老百姓现身说法，证实产品的质量等等。另外，在表达广告信息时，应注意运用适当的文字、语言和声调，广告标题尤其要醒目易记，以尽量少的语言表达尽量多的信息。

案例：2007 重庆地产影响力之 10 大广告语（节选）

（1）龙湖春森彼岸：超越龙湖（图 5 – 19）

图 5 – 19　超越龙湖

（2）金科蚂蚁 SOHO：蚂蚁归来

蚂蚁象征着勤奋，与金科蚂蚁 SOHO 提倡的移动办公形象结合在了一起：Small Office Home Office 的缩写，泛指在家办公或小型创业者，如图 5 – 20 所示。

（3）华宇老街印象：老街在变，印象不变（图 5 – 21）

（4）红树林："一期售罄，多谢多谢"

（5）中海北滨 1 号：不止别墅那么简单

（6）一米阳光：阳光三千　我只取一米

5. 房地产广告媒体

媒体一词源自英文中的"media"。从传播学角度看，媒体通常是指传达、增大、延长人类信息的物质形式。媒体是人借助用来传递信息与获取信息的工具、渠道、载体、中介或技术手段。也可以理解为指从事信息的采集、加工制作和传播的组织，即传播机

图 5 – 20　金科蚂蚁 SOHO

图 5 - 21　华宇老街印象

构。而被运用向消费者传递广告信息的媒体，就是广告媒体。一般说来，我们在讨论广告媒体的概念时，是把它当做一种工具来认识的；在制定广告媒体策略时，将涉及具体的传播媒体机构。

接下来我们就针对目前房地产企业的主要广告媒体形式作出具体而详尽的分析。

（1）报纸广告

报纸广告在与其他媒体的竞争中耗费了高额费用，再加上报纸生产成本的上升导致了报业内部的合并。合并有利于采用新技术解决报纸媒体存在的问题，如印刷质量差、缺少声音、动作、颜色等。在线销量信息系统、电子图书馆、数据库出版和卫星传输的引进都是新技术给报业带来的改进。

报纸上的广告大致分为三类：分类广告、展示广告和增刊广告。

分类广告。分类广告通常包含所有形式的商业信息，这些信息根据读者的兴趣被分成若干类，例如"代售地产""代售汽车"等。这类广告大约占全部广告收入的40%。发展最快的一个领域就是再显分类广告。根据有关传播公司的估计，此类广告的收入将会从1997年的1.23亿美元增长到2000年的8.3亿美元。传播公司预言，到2000年年底，将会达到19亿美元，占全部分类广告市场的10%。报纸是免费提供再现分类广告的，他们通过提高在线分类广告的费率来补贴成本。

展示广告。这是报纸广告最重要的一种形式。除了编辑区的任何版面，它都可以以任何大小的篇幅出现。展示广告可以进一步分为两类：地方性的（零售性的）和全国性的（一般性的）。全国和国际性的公司、组织和名人用全国性的展示广告来维持其品牌的影响力，或者支持地方零售商和促销活动。区域性的公司、组织和个人则以较低的费用刊登地方性的展示广告。两者的不同就体现在广告费用的差异上。

增刊广告。全国性和地方性的广告都可以在增刊上刊登广告。所谓增刊广告，是指在一个星期内，尤其是在报纸的周日版出现的，或者是辛迪加式或是地方单独刊登的彩色广告插页。一种很流行的形式是杂志的增刊广告，也包括两种：辛迪加式的和地方单独刊登的。独立出版商制作并且将企业联合的增刊广告分发给全国各地的报纸，出版商的商标和地方报纸一起出现在报头上，最有名的例子是美国的 Parade 和 USA Weekend。同一地区的一家或多家报纸都能制作地区性增刊广告。不管以哪种形式编辑，杂志的增刊广告从内容到形式上都更像杂志，而不是报纸。另一种形式的报纸增刊广告是自由式插入广告，或称作自由插页。这些提前印好的广告可以是一页，也可以多至三十页，可以是黑白的，也可以是彩色的。它在其他地方事先印刷好，然后送到报纸那里。因为要插入这些广告，报纸要向广告主收取酬金，如果要在特定的某一期插入，还要另外收一定比例的费用。这种形式的报纸广告在零售商广告主的作用下普及得非常之快。原因在于：它能更好地控制印刷质量和色彩精确度；它是很好的优惠券的载体。

1）报纸广告的优势

① 市场覆盖范围。广告主可以通过报纸以很低的成本触及各种地方或区域市场，有独特偏好的群体、种族或是民族团体。

② 选择性购物。消费者可以利用报纸来有选择性的购物，因此，它对有明显竞争优势产品的广告主来说是非常有利的。

③ 积极的消费者态度。一般的读者认为，报纸包括其广告，是及时和可信的信息来源。特别是因为消费者能够根据自己的需要选择什么时候读报，怎么读报，所以他们对待报纸广告的态度是相对积极的。

④ 灵活性。报纸有地理上的灵活性：广告主可以选择在某些市场做广告，在某些市场不做。报纸还有制作上的灵活性：可变的广告格式，彩色广告，自由式插入广告，地区差别定价，样品展示，增刊广告……都是报纸广告的选择。

⑤ 全国和地区间的互动。报纸为全国性的广告主和地区零售商提供了一个联系的桥梁。一个地区零售商可以通过刊登相似的广告很容易地参与到全国性的竞争中去。此外，需要迅速行动的计划，例如减价和发放优惠券，都可以很容易通过地方报纸得以实施。

2）报纸广告的劣势

① 生命周期短。人们读报时倾向于快速浏览，而且是一次性的。一份日报的平均生命周期只有短短的 24 小时，因此，其生命周期是很短的。

② 干扰度高。很多报纸因为刊登广告而显得杂乱不堪，尤其是超级市场做广告的那几天和星期日的报纸尤其如此，过量的信息削弱了任何单个广告的作用。即使是增刊广告，现在也因为太厚而显得更加混乱。

③ 有限的覆盖面。报纸在特定的市场的读者大多不是经常的读者。例如，报纸历来就没有影响到 20 岁以下的年轻人，老年人和不住在大城市的外国人也是如此。由于成本太高而且全国性报纸很少，报纸也不能为全国性广告主提供所有的市场。

④ 产品类型限制。报纸和所有的印刷媒体一样有着共同的缺陷。有些产品不能在报纸上做广告，例如要演示的产品。另外，专业的服务（医生、律师）

和技工（管道工、电工），也很容易被忽视。

⑤ 再版印刷质量差。除了特殊的印刷技术和事先印好的插页，虽然有新的生产技术引入，但与杂志、说明书和直接邮寄广告相比，报纸的再版质量仍然很差，尤其是彩色广告。另外，由于日报的制作速度要求很快，对生产过程更细致的准备和管理难以办到，而周刊和月刊出版物就可以做到这点。

（2）杂志广告

杂志在接触特定读者群体方面是很有用的媒体，它的性质决定了它必须有独到的内容才能满足特定读者的需要。所以各类杂志在读者结构、风格等方面都极为不同。选择在哪种杂志做广告时，广告主有必要了解这种杂志区别于其他杂志的地方。

1）杂志广告的优势

① 目标受众。杂志大多是以特定目标受众而发行的。

② 受众接纳性高。杂志内容本身的权威性和可信性使广告也沾了它的光。很多杂志声称，在它们出版物上出现的广告都使其产品更有吸引力。很明显，在《财富》上刊登的广告会使商界人士留下深刻的印象。

③ 生命周期长。杂志是所有媒体中生命力最强的媒体。有些杂志，像《国家地理》和《消费者报告》被看成是权威的资料而不断被引用，可能永远也不会作废。其他如《电视导报》，在某一段时间会被频繁地使用。此外杂志还有很大的发展潜力，因为它可以通过家人、朋友、顾客和同事更广泛的传播，有许多间接读者。

④ 版式。人们倾向于较慢的阅读杂志，通常要用几天以上的时间，因此他们有时间阅读详细的报道。杂志可以有多页面、插页和专栏等，从而使版式更富于创造性和多样化。

⑤ 视觉效果。杂志通常使用高质量的纸张印刷，因此有很好的视觉效果，可以印出更加精美的黑白或彩色图片。印刷质量反映了内容质量，受欢迎的作家经常撰写一些特别的专栏。

⑥ 销售促进作用。广告主可以有多种促销手段，如发放优惠券，提供样品或通过杂志发送资料卡。

2）杂志广告的劣势

① 有限的灵活性。杂志的截稿期早，广告必须在出版日之前就要提交。有些情况下，广告主在一份月刊出版的前两个月就要把彩色广告的版画送到印刷厂。采用桌面出版和卫星传输的杂志可以允许广告主在出版前几个小时才提交广告。杂志对广告位置的提供也有局限。主要的版面，如封底和封二，可能早在几个月之前就售出了。

② 缺乏及时性。有些读者在杂志到手后很长时间都不去读它，所以，广告要作用到这些读者还需要一段时间。

③ 成本高。例如，1996 年，在美国《新闻周刊》杂志的全国版上做一则整页四色广告的费用是 160 827 美元。像这样拥有大众读者的杂志，千人成本实在太高，而且他们向来不和其他媒体在这方面竞争。只有面向特定读者的杂志，费用会低一些，因为他们的读者是有限的。

④ 递送问题。除了少数杂志，大多数杂志不是在所有的书报摊上都出售。如何使杂志到达目标受众是较为严峻的问题。

（3）电视广告

电视系统主要包括：闭路与开路电视、公众电视、有线电视订户、地方性电视、特殊电视、联播节目和交互电视。

电视广告。与电视节目一样，电视广告也可以通过很多不同的方式播放。电视广告主可以通过广播联网、地方性电视或有线电视来播放商业广告。

1）电视广告的形式

电视广告的实际形式取决于运用的是联网电视、地方电视还是有线电视。联网电视可以通过其会员媒体进行赞助、分享或插播广告；地方电视允许插播广告、地方性赞助和全国性赞助；有线电视系统允许面向全国和当地的插播；交互式电视允许面向全国和当地的插播。

① 赞助。广告主承担制作节目和提供配套广告的总的财务负担。赞助电视能对观众产生强有力的影响，特别是因为广告主不仅可以控制广告播放的地方和长度，而且还能控制节目的内容和质量。然而，对于大多数广告主来说，制作和赞助一个长度为 30 到 60 分钟的节目成本非常昂贵。所以，几个广告主可以联合制作节目，这也是一种可选方案。例如很多体育事件的赞助就是这样，每个赞助商得到 15 分钟。地方性广告主也可以提供独家赞助或与他人联合赞助。例如，一家地方银行可以赞助一所学校的足球赛，也可以赞助全国性的节目。

② 联合参与。只有 10% 的联网电视广告是赞助广告，其他的以分享的形式卖给广告主，他们买下 15 秒、30 秒或者 60 秒的广告时间，在一个或多个节目中播放。广告主可以购买定期或不定期的任何时间。这种方法与赞助相比不仅减少了风险和成本，而且在市场的覆盖面、目标受众、时间安排和预算方面都有很大的灵活性。然而，联合参与不会像赞助那样产生强烈效果，而且广告主不能控制节目的内容。另外，受欢迎节目的广告时段往往被大广告主包下，留下不太好的广告时段给小广告主。

③ 插播广告。插播是在节目的间隙播放，是广告主向地方媒体作的地方的广告。电视台一家一家把 10 秒、20 秒、30 秒和 60 秒的广告时间卖给地方的、区域性的和全国的广告主，其中地方的广告占多数。节目的间隙并不是最好的广告时间，因为存在着很多的干扰因素：竞争性的广告、电视台的暂停、大众服务广告和其他干扰因素。而且，电视观众往往利用节目间隙时间离开电视机休息一下。

2）电视广告的优势与劣势

① 优势：

成本效用。很多广告主把电视看做是传播广告信息最有效的方法，因为它的到达面非常广。数以万计的观众定期看电视。电视不仅能达到很大比重的人口，而且还能到达印刷媒体不能有效到达的人群。

冲击力。电视画面和声音可以产生强烈的冲击力。这一性质导致了一定程度的消费者的参与，这与遇到一位说服力很强的销售员的购物经验很相似。电视也允许很大程度的创新，因为它将画面、声音、颜色、动作和戏剧结合起来。电视有令人难以置信的能力：它能使平凡的产品显得很重要、令人兴奋、有趣。如果广告令人喜爱，还能使消费者产生对赞助商的正面的联想。

影响。电视对我们的文化有着强烈的影响。对多数人来说，电视是一种主要的信息来源、娱乐形式和教育途径。它是我们生活中的一部分，以至于我们更容易相信那些在电视上做广告的公司（特别是戏剧和教育节目的赞助商），而不相信那些不做广告的公司。

② 劣势：

费用。电视广告的制作和播放的成本非常高。虽然人均成本低，但绝对费用可能很高，尤其是对于中小型公司来说。制作成本包括将广告做成胶片和智力成本。像名人做广告要上百万元。

干扰。电视广告的干扰非常多。国家广电局等有关部门对于广告播放时间和时段的规定就是一种限制。另外，如果30秒钟的广告、电视台间隙广告、信用服务广告和大众服务广告增加，电视广告的可视性和说服力就会下降。还有很多地方性电视台对自己节目的促销也造成了对广告一定程度的干扰。

对观众没有选择性。虽然已有各种技术，能够更好地定义消费者，但是电视对观众仍然缺乏选择性。由于广告主不能确信观众就是恰当的受众，于是广告有很多浪费的覆盖面，比如向并不符合目标市场特征的受众传递信息。

（4）广播广告

在全国联网和当地电台都有广播广告。联网广播（Network Radio）是通过电话线或卫星与一个或多个全国性联网相连的一组地方会员广播电台。广播联网提供及时的联网节目，许多地方或区域性的电台同时属于多家联网，每家联网都提供特别的节目，这样电台的时间安排就比较紧凑。ESPN广播联网就是一例。每家电台都通过自己的天线发出联网的讯号，同时也存在区域性的联网（例如美国山间联网和格罗斯金广播集团），他们对特定的州或农场主之类的特定受众进行广播。

联网广播广告。联网广播有着全面的覆盖率和高质量的节目，所以很受欢迎。在美国，至少20家全国性广播联网播放音乐会、脱口秀、体育赛事、戏剧等节目。卫星转播带来了重要的技术进步，卫星不仅提供了更好的声音，而且能够用不同的形式发送多个节目。联网广播被视为一种可行的全国性的广告媒体，对于食品、汽车和药物的广告主来说更是如此。美国四大广播联网：Westwood One、CBS、ABC 和 Unistar。联网广播的发展带动了广播联播节目和无线联网的增加。会员广播电台增多的同时，广播联播节目也在增多，这就给予打开新市场的公司提供了更多的广告机会。联播节目为广告主提供了各种高质量的、特别的节目。

插播广播广告。广告主通过一家电台而不是联网来做广告。广播联网提供预先设定的全国性的广告，也允许地方会员出卖插播广告时间，它为广告主提供了很大的灵活性。

1）广播广告的优势

① 受众明确。广播能通过特别的节目到达特定类型的听众。它能够适应全国不同的地区，能在不同时间到达听众。例如，对于开车上下班的人，广播是一种理想的到达方式，这些广播时间叫驾驶时间，它为很多广告主提供最好的目标受众。

② 灵活性。在所有媒体中，广播截止期最短：文案可以直到播出前才交送，这样可以让广告主根据地方市场的情况、当前新闻事件甚至天气情况来做调整。例如，在雪后，一家地方的五金商店就可以迅速地进行铁铲的促销。广播的灵活性还在于它愿意播放带有促销性质的插播广告。例如，为了促销饭店的比萨饼，广播电台播出促销性的有免费赠品的竞赛，让人们产生意愿并进行尝试。

③ 可支付性。广播可能是最便宜的媒体，因为广播时间成本很低，而且可能被广泛的接收到。另外，制作广播广告的成本也很低，特别是当读信息的是地方电台的播音员时。广播的低成本和对目标群体很高的到达率使其成为非常好的辅助媒体。实际上，多数广播广告最恰当的地位是辅助性广告，作为其他媒体广告的辅助方式。

④ 想象。广播让听众有一个很大的想象空间。广播通过词语、声音效果、音乐和声调来让听众想象正在发生的事情。所以，有时广播被称为思想的剧院。

⑤ 接受程度高。在地方范围内，广播的接受程度很高。广播并没有被想象为一个强迫性的刺激物。人们有自己喜欢的电台和广播员，并定期地收听，由这些电台和广播员传递的信息更容易被接受并保存。

2）广播广告的劣势

① 易被疏忽。广播是个听觉媒体，听觉信息转瞬即逝，广告很有可能被漏掉或忘记。很多听众都把广播视为令人愉快的背景，而不去认真听它的内容。

② 缺乏视觉。声音的限制会阻碍创意。必须展示或观赏的产品并不适合做广播广告，制作出能令观众产生观看产品这种想法的广告非常难。专家认为，幽默、音乐和声音效果的运用是最有效的方法。

③ 干扰。竞争性广播电台的增多和循环播放，使得广播广告受到很大的干扰；广播听众往往倾向于将自己的精力分散于各种事情，这样，听众听到或理解

广播信息的可能性就大大降低了。

④ 时间安排和购买的难度。想拥有比较广的听众的广告主需要向好几家电台购买时间，这样，时间安排和广告评价变得非常复杂。

⑤ 缺乏控制。因为很大比重的广播都是谈话广播，总会有播音员说对一些或所有听众不利的话或主题。这就对赞助商产生负面影响。

（5）网络广告

国际互联网是指通过一系列互相连接的计算机在全世界范围内实现信息交换和传播的一种全球性工具。最初是为美国国防部的计划——互联网络或信息高速公路而开始实施的，现在已经可以与任何一个有计算机和调制解调器的人进行连接。

网络为营销商提供了一个向消费者直接出售产品的完美机会，互联网上的广告的一个主要目标就是促成直接的销售。如图5-22和图5-23所示。互联网上的广告者还有以下的目标：传播信息；创造声誉；收集调研信息；创造形象；刺激试购。

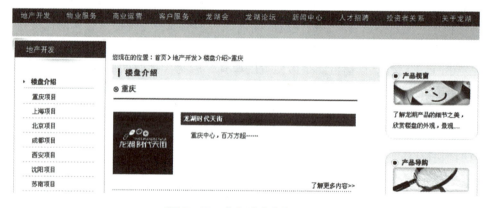

图5-22　龙湖地产官方网站

1）网络广告的优势

① 目标营销。由于互联网可以针对非常特定的群体做广告，所以它的浪费很小。

② 信息修整。在精确的目标选择结果下，信息可以完全针对与目标受众的特定需要和愿望来设计。

③ 交互能力。网络的双向互动性大大提高了消费者的参与度。站点的访问者已经对浏览公司或产品具有了足够的兴趣。

④ 信息传递。一旦用户访问网站，它们可以获得大量有关产品说明设计、购买信息之类的信息资源，而新的信息的提供速度几乎是即时的。

您现在的位置：首页＞地产开发＞热推楼盘＞重庆

| 楼盘介绍

龙湖-花千树

图 5-23　龙湖——花千树网络广告

⑤ 销售潜力。因为这是一种直接的反映媒介，它促成销售的能力得到了很大的加强。

⑥ 创造力。设计恰如其分的网站可以带来重复性的访问，公司同样可以从中获益，就像从它的产品和服务中获益一样。广告牌和网站可以频繁地修改以刺激消费者的兴趣和需要。

⑦ 市场潜力。互联网正在飞速增长。当个人电脑向家庭渗透的不断增大以及人们对网络的兴趣和注意越来越多的时候，市场的潜力同样也在增长。如图 5-24 所示。

图 5-24　搜房网上的房地产广告

2）网络广告的劣势

① 衡量问题。由于这种媒介是一种全新的事物，能被人广泛采纳的有效的

受众和效果衡量方法目前还没有建立。

② 受众特征。网络并不适合于所有人。大多数用户都对计算机以及与技术有关的产品感兴趣，所以几乎一半以上的网上广告都是有关计算机的产品的。

③ 网络拥挤。有关网络的一个最主要的抱怨就是传递信息所需要的时间。

④ 冲突。由于广告量的激增，广告吸引注意的能力明显下降，一项调研表明，仅仅7.2%的网络用户们说他们经常或者总是会点击广告牌以获得更多的信息，而一半以上的人说他们从来就不曾这样做。电子邮件在作为建立营销关系的沟通方面正如洪水泛滥。

⑤ 诈骗的潜在可能。美国媒体教育中心（The Center for Media Education）指出，广告尝试着用一些狡猾的广告信息瞄准儿童的时候，网络简直就是"充满诱饵的渔网"，他们已经呼吁政府增强对网络的管制。

（6）户外广告

户外广告取得一系列成功的原因在于，它能通过科技手段来保持广告效果；三维效果和尺寸的延伸可以更加吸引受众的注意。户外广告的使用十分广泛：在体育馆、超市、书店和食堂、购物商城、高速公路、建筑物上，你都可以看到招牌或电子广告牌；无论是纽约市摩天大楼的霓虹招牌，还是在美国中西部栏杆两侧的 Mail Pouch 烟草的油漆招牌，均可以捕捉到户外广告的踪影。如图5-25所示。

图5-25　户外路牌广告

由于形象问题和媒体购买的难度问题，媒体购买者没有完全采用户外广告。

1）户外广告的优势

① 广泛覆盖地方市场。安置合理的户外广告（图5-26）能够在地方市场

白天黑夜地广泛展露，一个100GRP的展露度（一个户外招贴每天产生的累积展露人次所占的百分比）意味着每天能够产生的展露次数相当于整个市场，一个月下来就是3 000个GRP。如此高的覆盖率可以产生很高的到达率。

图 5 – 26　房地产户外路牌广告

　　② 接触频度高。由于购买周期通常为30天，消费者常常多次接触户外广告，所以它可以达到较高的接触频度。

　　③ 位置灵活性大。户外广告可以放置在公路两旁、商店附近，或者采取活动的广告牌的形式。只要是法律未禁止的场所，户外广告均可放置。这样就可以覆盖地方市场、地区市场甚至全国市场。

　　④ 创意新颖。如图 5 – 27 所示。户外广告可以采用大幅印刷、多种色彩以及其他很多方式来吸引受众的注意力。

　　⑤ 能够创立知名度。户外广告具有很强的冲击力（而且要求信息十分简洁），所以可以建立高水平的知名度。

　　⑥ 成本效率很高。与其他媒体相比，户外媒体的千人成本通常非常具有竞争力。

　　⑦ 收效良好。户外广告通常能够直接影响销售业绩。

　　⑧ 制作能力强。户外广告可以经常替换，因为现代科技缩减了制作的时间。

　　2）户外广告的劣势

　　① 到达率的浪费。虽然户外广告可以将信息传达给特殊受众，但大多数情

图 5-27   极具创意的户外广告

况下购买这一媒体会导致很高的到达率浪费。因为并不是每个驱车经过广告牌的人都是目标受众。

②可传递的信息有限。由于大多数经过户外广告的受众行走速度较快，展露时间较短，因此广告信息必须是几个字或一个简短概括。太长的诉求通常对受众无效。

③厌倦感。由于展露频度高，人们对户外广告的厌倦度也高。人们可能会因为每天看到同样的广告而感到厌烦，如图 5-28 所示。

图 5-28   户外广告

④成本高。由于制作招牌数目的减少，以及充气广告的制作成本增加，从各个方面而言，户外广告的费用都是昂贵的。

⑤广告效果评估困难。对户外广告的到达率、到达频度及其他效果的评估的精确性是营销商面临的难题之一。

⑥形象问题。户外广告不但存在形象问题，而且消费者还可能忽视其存在。

（7）交通广告

交通广告虽然也使用广告牌、电子信号，与户外广告相似，但交通广告的目标受众是那些接触商业交通工具的人们，如公共汽车、出租车、郊区火车、电梯、电车、飞机和地铁。交通广告有三种形式：车厢广告，车身广告，车站、月台或站台海报。

车厢广告。如图 5-29 所示，公共汽车的座位上、行李架上有各种有关餐馆、电视或广播台以及其他各种产品和服务的车厢广告。一种较新颖的车厢广告形式是电子信息版，它可以播出流动的广告信息。这种信息以可变动的方式更容易吸引受众的注意力。

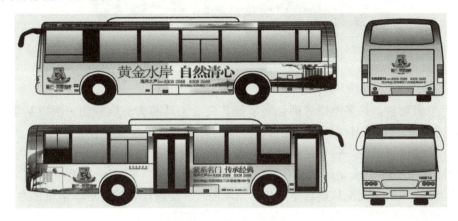

图 5-29　车身广告

车身广告。广告主采取各种户外交通招贴来促销产品和服务。这些车身广告出现在公共汽车的车厢两侧、后面和车顶，出租车、火车、地铁和电车的车身上。

车站、月台和站台海报。在火车或地铁站、飞机场等站点的其他广告展示形式，如地面展示、电子信号牌，均属交通广告。

1）交通广告的优势

① 展露率高。如图 5-30 所示，市内形式的交通广告的主要优势在于广告可有较长的展露时间。对于一般交通工具而言，人们平均乘坐的时间为 30~40 分钟，因此交通广告有充足的时间来接触受众。而乘坐飞机的旅客在等候航班时通常无处可去，无事可做，购买飞机票后，可能多次阅读上面的广告。而且，因为交通广告可接触受众的数目是确定的，所以该广告形式的展露人数也就可确定。每年有数以万计的人使用大众交通工具，从而为交通广告提供了大量的潜在受众。

② 到达频度高。由于人们每天的日程安排是固定的，所以经常乘坐公共汽车、地铁之类的交通工具的人们会重复接触到交通广告。例如，如果你每天做同一路公车往返，一个月内你有可能看到同一广告有 20~40 次之多。而且车站和广告牌的位置也会带来较高的展露到达度。

图 5 – 30　房地产车身广告展露率高

③ 及时性。许多消费者都会乘坐公共交通工具前去商店购物，所以某个特殊购物区的交通工具促销广告能够将产品信息非常及时地传播给受众。

④ 地区可选性。特别是对地方广告主而言，交通广告的一个优势在于它能够将信息传递给某个地区的受众。

⑤ 成本低。无论从绝对还是相对角度而言，交通广告均是成本最低的之一。在公共汽车车厢两侧进行广告宣传的千人成本非常合理。

2）交通广告的劣势

① 形象因素。对于大多数广告主来说，交通广告并不能十分理想地向受众表达产品或服务所要表达的形象。有的广告主认为，在公共汽车的车身或公共汽车站进行广告宣传，会不合理地反映公司形象。

② 到达率低。虽然交通广告可以覆盖广大的受众，但从总体来说，具有某些生活方式或行为特点的受众就可能不被包含在这种媒体的目标市场中。例如在乡村或郊区，大众交通工具很少见或者根本没有，那么交通广告对于这些地区的人们来说是无效的。

③ 覆盖率存在浪费。虽然交通广告具有地区可选性的优点，但并不是所有乘坐交通工具或者看到交通广告的人都是潜在顾客。如果某种产品并不具有十分特殊的地理细分特点，这种交通广告形式会带来很大的覆盖率的浪费；交通广告还存在一个问题，同一辆车不可能每天行驶不同的路线，为了减少交通工具的磨损和毁坏，有的公司将城市线路改为更长的城区路线。因此，一辆公共汽车可能头一天到市中心区并到达目标受众群体，第二天却在郊区行驶，那里就没有多少市场潜力可言。

④ 文案制作和广告创意的局限。在车厢上或座位上画上色彩绚丽、具有吸引力的广告似乎是不可能的。车内广告牌固然可以展示更多的文案信息，但车身广告上的文案信息总是一闪而过，所以文案诉求点必须简洁明了，短小精悍。

⑤ 受众的心情。当人们站在或坐在拥挤的地铁站候车时，可能很难被指引着去阅读地铁广告，更别说去产生广告主所期望他们产生的心情。同时，当乘客匆匆忙忙地穿过飞机场，在这种焦急的心情之下很少会注意到飞机票上的广告或飞机场内放置的广告，这也会限制该广告的有效性。

（8）珍惜品广告

珍惜品广告是指在有一定保留价值的物品上进行的广告。如图 5 - 31 和图 5 - 32 所示。

图 5 - 31　年历上的广告　　　　　　　　　图 5 - 32　扇子上的广告

（9）模特广告

模特广告就是用人的身体做宣传商品优点的工具和载体。如：雨伞、T 恤衫、帽子等。图 5 - 33 和图 5 - 34 所示为万科·四季花城的模特广告。

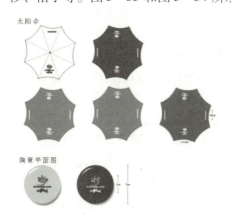

图 5 - 33　万科·四季花城的雨伞和胸徽　　图 5 - 34　万科·四季花城的帽子和 T 恤衫

（10）会展广告

通过房产展销会（见图 5 - 35）促进房产项目的销售是销售商的一贯做法。房产展销会免去了消费者来回奔波的劳累，集中了大量的房产项目，扩大了消费者购房的选择余地。因此，它还是很受购房者欢迎的。

图 5 – 35　房交会展厅效果图

一般情况下，为了向社会及时报道展会的情况，展会主办单位会定时了解各参展商当日的销售情况，加以统计后向媒体发布，由于这种统计一般都采取参展商"自报家门"的形式，当事者出于自身形象的考虑，其成交量、销售面积、成交金额中不时带着某种"水分"。另外，也有的发展商会在现场签约以营造一种热销气氛。并且每个展销商都力求把房交会的每个细节做到最好，（如图 5 – 36 所示）。

现在，每逢节假日或双休日期间，有关单位都会举办房展会，而且颇受消费者和发展商的欢迎。

值得指出的是，参加房展需要有卖点，好的项目创意、切实的区位、环境、价位、户型的优势可以通过房展会引起房产消费者的关注，从而取得成功。

6. 楼书的设计

楼书是楼盘销售信息的集合。由于它主要面对的是客户，因此其重要性自然是不言而喻的。作为开发商，首先应该对自己的项目、对自己的客户群体、对自己的信誉负责任。所以楼书的内容必须真实。其次，今天的客户是日渐成熟的消费者，他们对楼盘的各种构成要素，包括开发商的实力与诚意等都应该是严肃认真的，任何夸张、虚伪和差错都是不明智的。不少精明的消费者就是因为楼书的失真而放弃了对项目楼盘的选择。因此，房地产企业应首先创造一流的信誉与项目，其次才是制作一流的楼书。楼书的设计内容包括：

① 楼盘概况。包括占地面积、建筑面积、公共建筑面积、商业建筑面积、建筑覆盖率、容积率、绿化率、物业座数、层数、层高、车位数、物业结构、发展商、投资商、建筑商、物业管理人等。

② 位置交通。包括楼盘所处具体位置示意图、交通路线示意图及位置、交通情况的文字详细介绍等。

③ 周边环境。包括自然环境介绍、人文环境介绍、景观介绍等。

（a）

（b）

图 5 - 36　房交会展厅细节图

　　④ 生活配套设施。包括对周边学校、幼儿园、医院、菜市场、商场、超市、餐饮服务业、娱乐业、邮政电信等配套建设的介绍等。

　　⑤ 规划设计。包括对楼盘规划人、规划理念、规划特点、楼盘建筑设计者、

设计理念、建筑特色、环艺绿化风格特色等的介绍。

⑥ 户型介绍。户型与生活是否方便、舒适有着极大的关系，是影响消费者购买决定的重要因素之一，因此，楼书中对户型的介绍往往不惜余力，以灵活多样的方式将户型特色、户型优点"悉数"展示。

⑦ 会所介绍。作为全新生活方式下的产物，以及能提升楼盘整体品位的重要组成部分，会所在近年的房产市场中受到越来越高的重视，会所功能、会所设计概念、会所服务细则也因此在楼书中有所介绍。

⑧ 物业管理介绍。物业管理即楼盘的售后服务，随着市场的发展，人们对物业管理日益重视，对物业管理的要求也越来越高。物业管理人背景、物业管理内容、物业管理特色也作为吸引购房者的重要内容在楼书中详细介绍。

5.5.5　房地产销售促进策略

1. 房地产销售促进的概念

销售促进是为了在一个较大的目标市场上，刺激需求，扩大销售，而采取的鼓励购买的各种措施。多用于一定时期、一定任务的短期的特别推销。销售促进刺激需求的效果十分明显且费用较少。开发商可以通过开展大规模的住房知识普及活动，向广大消费者介绍房屋建筑选择标准、住宅装修知识、住房贷款方法和程序以及商品房购置手续和政府相关税费，在增加消费者房地产知识的同时，也可以增加消费者对开发商的认同感。另外开发商还可以举行开盘或认购仪式、项目研讨会、新闻发布会、寻找明星代言人、举办文化与休闲活动、业主联谊会等，这些活动可以极大地提高房地产企业的知名度，从而使企业的销售业绩不断上升。

房地产销售促进是指房地产企业通过各种销售方式来刺激顾客购买的一种促销活动，特别强调利益、实惠、方便的刺激和诱导，具有很强的诱惑力和吸引力。

2. 房地产销售促进的特征

销售促进一般在限定的时间和范围内进行，通常时间较短；销售促进活动设计时要充分地考虑买房者的消费心理，要着力设计能吸引买房者和其他市场关系人员参与的活动方案；注意掌握销售促进工具的灵活运用。目前在许多行业适用的促销工具在房地产行业并非适用；销售促进必须提供给买房者一个购房的激励，或现金，或折扣，或赠礼，或心理的高额消费，或附加服务，这种激励必须适应于房产商品高额消费的特性；销售促进要求开发商注重自身销售能力的训练与培养。

3. 房地产销售促进的方法

（1）"无风险投资"促销法

"无风险投资"促销法是以降低风险为目的的促销法，目前已受到人们的普遍欢迎，它常常表现为如下四种形式。

1）自由退房法

购房者只要一次性付清房款，那么，在房子交付使用时，购房者如果要求退房，可以不说明任何理由退房，"立即"一次性退还房款，而且给予20%的风险补偿金！这样做，对于开发商来说，可以很早就收回投资，有利于资金周转。尽管在房子造好后，对于那些退房者要付给比银行利息高的补偿金，但是总的来说，还是划算的。因为许多高档商品房一直到建成，还卖不出一半，大量空置的商品房，会使开发商的资金陷于泥潭。

2）试住促销法

该法让欲购房者可以先试住一小段时间后再买房。这种方法把握消费者心态的是：因为只有想买房的人，才会去"试住"。如果一旦住进去了，买房的可能性会变得很大。

3）换房促销法

该法的特征是客户入住后仍可以自由换房。买了这家房地产公司的商品房，住进去以后，觉得不如意，可以随便换住别的商品房——先决条件是这些商品房必须是这家公司建造，而且还空着。换住时，原来买房的钱，可以折算，多退少补。

对于房地产公司来说，换来换去，都是他们公司的商品房，没有换出"如来佛"的手掌，所以于他们无损。但此法容易造成销售失控，不便于对成交客户的管理，建议少用。

4）以新换旧促销法

该法的特征是以旧房换新房。由于将旧房出卖之后的资金可以作为购新房的"资本"，一下子使付出的房款大为减少，购房者只需负担其中的差价，这样，使得普通百姓在经济上能够承受。

除此之外，房地产营销还可以采取下面两种方法，一是"以地段换面积"，就是说，想换大一点的房子，就以好地段的小房子，换差一点地段的大房子；二是"以面积换地段"，就是说，想换好一点的地段，就以差一点地段的大房子，换好一点地段的小房子。

（2）购房俱乐部法

长期以来，许多购房者由于对房地产业比较陌生，对楼市行情不了解以及缺乏必要的购房知识，对怎样才能买到称心如意的房子感到困惑。成立购房俱乐部，目的就是为消费者营造一个良好的购房环境，以确保消费者的合法权益。

复地集团的"复地会"，万科集团的"万科会"均属于购房俱乐部这一类。这种购房俱乐部的目的是为人们提供购买的选择，事实上组织购房俱乐部的房产商常常近水楼台先获得大量购房订单。

（3）"购房安全卡"促销法

商品房是一种特殊商品，其价值较高，购房对一个普通消费者来说，是一笔巨额开支，所以购房者的购房行为慎之又慎。但由于房屋的购买不同于其他商品房的买卖，购房的过程涉及国家各种法律、法规、政策以及有关房地产、建筑、金融等方面的知识，专业性和政策性较强，再加上我国存在着有关法律，法规不够健全，房地产商的开发方式各不相同，物业产权形式多种多样，交易合同及手续不规范等情况，消费者的购房行为承担着较大的风险，购房者稍有不慎，就有可能陷入不法房产商设置的"陷阱"，产生大量纠纷和争议，给消费者带来极大的经济损失和时间的浪费。目前有关购房投诉已成为消费投诉的热点，法院受理的购房纠纷案件急剧上升。

为了保护消费者权益，使消费者的购房风险降到最低点，个别房地产商推出了"购房安全卡"这一服务项目，以帮助购房者安全购房。

"购房安全卡"这一服务项目，由全面了解有关房地产各项政策、法规、熟悉房地产开发交易市场的各方面情况的房地产评估事务所的专家来主持，可以帮助购房者对选中的物业情况进行综合的鉴定评判，在购房者发生交易之前就杜绝各种可能对购房者合法权益的损害，这种方法应该说是保护购房者合法权益的有效途径之一。但此种"购房安全卡"也常常是由相关的房地产商赞助的，他们与律师事务所一起合作，在提供消费者一定保障的同时，也促进了该项目房产的销售。

（4）"精装修房"促销法

"精装修房"，如图5-37所示，顾名思义，就是经过装修、装饰，甚至配

图5-37　精装修房

有基础家电、家具的住宅商品房。快节奏的现代社会，使人们无暇顾及到装修过程的每一个环节，即使这样，一场装修下来，累瘦几圈也是常有的事。这种"精装修"的商品房，交房时即可入住，省去了客户因购买"毛坯房"后还要花大量人力、物力进行装修的麻烦而受到欢迎。

（5）周末购房直通车促销法

为方便市民购房，一些房地产销售营销公司与房地产管理机构和新闻媒体联合起来推出了一种"周末购房直通车"项目，目的是促进房地产销售。

随着市民购房意识的日益成熟，看图后马上下手购房的人已越来越少，他们越来越重视对楼盘的现场考察，他们不再只听信广告，更相信亲眼所见。常常为了解售楼情况到处奔波以致劳累不堪。"周末购房直通车"的推出极大地方便了市民，免除了购房者四处奔波的劳累，又为项目挖掘了潜在购房户，开拓了市场。

（6）名人效应完美形象促销法

该法主要是指房地产商应用一些名人效应（如图 5 – 38 所示）来迅速培植项目的知名度和美誉度，塑造一些"形象完美"的房地产项目，借名人效应代言项目来打开市场通路，以达到促销的目的。

图 5 – 38　明星代言房地产

（7）环保卖点促销法

随着天气预报中每日空气质量指数的公布，购房者也越来越关心所购住房上空空气的质量。这是购房者成熟的一种表现，也对开发商提出了更高的要求。于是，房地产市场新推出的项目力求在社区环境及配套设施上挖"卖点"。

还有些房地产商推出了"绿色住宅"（图5-39）的概念，大力提倡纯净水入户、保暖供冷系统的新工艺、垃圾分类处理等环保卖点，但是，这些方式对购房者来说，只能是锦上添花，如果空气、阳光、水这些根本的问题没有解决好，而只是一味在营造卖点上做文章，最终会与购房者的要求越来越远。概念是产品所作的可以解决消费者未满足需求的一种承诺，是产品定位的一种差异化表现。概念的开发过程就是对市场和消费的再认识过程，发掘消费者尚未被满足的需要，并与竞争品牌区别开来。

图5-39　重庆中英低碳示范楼

（8）保健卖点促销法

对一个现代人来说，他可以不知道某某歌星或影星，但他不可以不知道绿色、环保所代表的意义。换句话说，对自身生存环境的关注，对健康生活观念的崇尚，已经成为新派现代人的一个重要"标识"。因此，当房地产界一些住宅项目尝试把绿色、健康、环保的概念引入居住领域时，很快便得到消费群体中一些年轻人的热烈响应。

（9）展销会促销法

通过房产展销会（图5-40）促进房产项目的销售是销售商的一贯做法。房产展销会免去了消费者来回奔波的劳累，集中了大量的房产项目，扩大了消费者购房的选择余地。因此，它还是很受购房者欢迎的。

图 5 – 40　房交会

（10）赠奖促销法

赠奖活动（图 5 – 41）是以赠品或奖金作为促销诱因所进行的活动，这种活动一般以消费者为对象，以赠品作魅力，来刺激消费者采取购买行为。有的房产商会采用赠送购房者基本家具和家电的促销方法。对消费者而言，如果购买房产的同时还有家具或者家电赠送，那么无疑让他省掉了亲自去购买的麻烦，当然是乐意接受的。对房产商而言，能够以此吸引更多购房者并刺激他们进行购买活动，使资金早日回笼，何乐而不为呢？

图 5 – 41　赠送促销

（11）抽奖促销法

抽奖活动是以高额的奖品或赠品，一人或数人独占形式的附奖销售。例如"购买某楼盘，可获免费欧洲旅游"等，都属于这种形式的促销活动。

（12）先租后卖法

所谓先出租，后卖楼，是指房产商在正式销售之前，将具体房屋单元先出租给固定客户，然后以此作为卖点，进行房屋销售推广。此种促销策略的核心是，充分考虑客户购买不动产后所存在的变现风险，使客户在买楼之后即可享受到即时、现实的现金回报。由于客户在决定买楼时，能通过具体的考察知晓其决定购买的房屋所存在的投资价值与发展潜力，并且由于具有现实可行的资金回报，从一定程度上讲，能在很大程度上刺激客户的购买行为，最终产生很好的促销效果。

先出租，后卖楼策略将使房产商面临两个市场：租赁市场和销售市场。表面来看，房产商由于所面临市场范围的扩大和不确定性，将加大推广难度。实则，尽管目前许多房产商开发的新盘没有直接面对租赁市场，但在租赁市场上却能常常看到新盘房屋的影子。由此可见，该策略实际上是直接面对租赁市场与销售市场并举，通过租赁市场的较低风险进入，实现楼盘价值的初步实现，从而为销售市场减轻压力，促进销售。

5.5.6　房地产人员推销策略

1. 房地产人员推销概念

房地产人员促销是指房地产促销人员根据掌握到的客户信息，向目标市场消费者介绍开发商及其房地产的情况，促成买卖成交的活动。人员促销的优点在于：目标客户明确，促销力量集中，成交率高；与客户面谈，有利于联络与密切同客户的感情，有利于信息反馈，有利于了解同行业的开发建设和营销动向。

当然，人员促销方式对促销人员的素质要求比较高。促销人员一般必须具备以下条件和素质：具有丰富的房地产知识和合理的知识结构；及时掌握正确的房地产市场信息；具有良好的经营理念和业务素质。促销人员在日常工作中，要注意对商圈内的所有顾客的详细资料包括地址、姓名、电话号码等建档，以便随时跟踪。

2. 房地产人员推销流程（图 5－42）

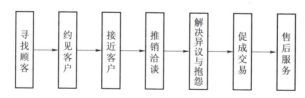

图 5－42　房地产人员推销流程

3. 人员推销技巧

（1）不要给客户太多的选择机会

有时客户面临太多的选择时反而会犹豫不决拿不定主意。所以最好能在 1～2 个机会下，比较销售，作出决定。

（2）不要给客户太多的思考机会

客户考虑越多，可能就会发现商品越多的缺点，反而会使他决定不购买，所以销售人员要留给客户思考时间的长短要适当。

（3）不要有不愉快的中断

在紧凑的销售过程中，若有不愉快的中断，可能就会失去先机。

（4）中途插入的技巧

在进行说服工作中，如有人从旁插入，谈及与销售人员前后不相关的问题，亦会使客户产生怀疑的心理。

（5）延长洽谈时间

使客户人数增多，造成购买的气氛，尤其是销售初期，客户较少时，更要尽量延长洽谈时间。

（6）欲擒故纵法

不要对客户逼得太紧，要适度放松，使对方产生患得患失的心理，而达到签约的目的。

（7）避重就轻法

采用迂回战术，避重就轻。

（8）擒贼擒王法

面对一组客户时，同时欲购买时，要从中找出具有决定力量的人，集中火力攻击。

（9）紧迫盯人法

步步逼近，紧迫盯人，毫无放松，直到对方签下订单，达成销售目的之前，决不轻言放弃。

（10）双龙抢珠法

在现场故意制造一户双销的错误，造成抢购的局面，促成其中之一的客户尽快作出决定。

（11）差额战术法

当己方的商品价格定的比他方贵时，要采取差额战术法，提出己方商品的优点、特点、品质、地段、环境，与对方商品比较分析，使客户了解价格差异的原因，及付出较高金额购买后所获得的利益。

（12）"恐吓"法

告诉客户要捷足先登，否则不但会失去优待的机会，而且可能买不到了。

（13）比较法

必须与其他地区的竞争商品互相比较，以使客户了解己方商品与其他商品的不同点。

（14）反宾为主法

站在客户立场去考虑，使客户觉得很亲切，而消除对立的局面。

（15）安排座位时，不要让客户面向门口，以免失去注意力。

（16）不要节外生枝

尽量将话题集中在销售商品方面，避免提到题外话。

（17）连锁法

让客户介绍客户。

（18）事先了解客户

应先充分了解客户之需要、偏好，再行推销，若不了解客户，直接推销，反而容易引客户的反感，徒然浪费时间和精神。

（19）运用专家权威的有利立场

（20）运用丰富的常识

销售人员如能同时具备丰富的财经、市场行情状况的常识，往往可以作为说服客户的有力工具。

（21）不要与客户辩论

先让客户讲出他的观点、意见，再设法一一解决。不要与客户正面辩论。

5.5.7　公共关系策略

1. 房地产公共关系概念

房地产公共关系促销活动包括：争取对房地产开发商有利的宣传报道，协助房地产开发商与有关各界公众建立和保持良好的关系，建立和保持良好的企业形象以及消除和处理对房地产开发企业不利的谣言、传闻和事件。

2. 房地产公共关系的主要内容

（1）制造噱头和危机公关

人为制造新闻点，引得媒体争相报道，享受无偿广告。这其中也包括危机公关。针对当前屡屡发生的入住纠纷问题，如处理得当，或许可在众多消费者与媒体的关注下，以坦诚的态度重树项目良好形象，化不利为有利。

（2）建立与各方面的良好关系

开发商应当重视消费者导向，强调通过企业与消费者的双向沟通，建立长久的稳定的对应关系，在市场上树立企业和品牌的竞争优势。商品和品牌的价值是最难以替代的，这与消费者的认可程度紧密相关。因此，开发商应当完全从消费者的角度安排经营策略，充分研究消费者需求，努力加强与消费者的沟通，注意关系营造。同时，开发商还要注意与地方政府、金融机构和其他社会组织的合作，更要注意开发商之间的合作，特别是后者的合作尤为重要。

综上所述，房地产营销策略大致可以分为以上几个方面内容。房地产营销对提高房地产开发经营的经济效益、社会效益和环境效益的诸多方面都起着重要的作用，由于目前我国房地产业正步入一个崭新的发展阶段，房地产营销俨然成为房地产开发的一个重要组成部分，它对整个房地产行业而言都具有极其重要的现实意义。

▶ 本章小结

本章初步介绍了影响房地产营销策略的有关因素，重点学习了房地产营销策略中产品策略、价格策略、渠道策略以及促销策略的有关内容，通过学习，系统地了解如何制订房地产营销策略。

▶ 关键概念

房地产产品策略　　房地产定价策略　　房地产渠道策略　　房地产促销策略

▶ 思考题

1. 影响房地产营销策略的因素有哪些?
2. 分析比较房地产商品的几种定价方法。
3. 房地产营销渠道有哪些类型?
4. 房地产企业如何开展公共关系活动并促进房地产的销售?

▶ 实训项目

根据所在地房地产市场实际情况，选择某房地产开发项目，设计其营销推广策略。

依据给定房地产项目与促销目标，为广告确定基调。

根据房地产项目特点与房地产市场情况，确定人员推销计划方案。

为给定房地产项目选择不同阶段的销售推广方式。

为给定项目设计公共关系建议。

综合以上4个方面的成果撰写该房地产项目的促销组合策划方案。

▶ 案例分析

某老年公寓项目营销策划方案

成都港都花苑实业开发有限公司在成都东门的龙舟路有一块占地31亩的土地待开发，需进行项目定位及整合营销策划。

大禹企划公司选派人，对该楼盘做了大量的市调工作。经调查，发现该楼盘的重要优势有：楼盘地处东门，土地价格便宜；位置紧临龙舟路，交通方便；牛市口小学、幼儿园、四川师大附中分布四周；紧邻府南河，背靠望江公园、河心公园，环境清幽；莲花新区及农贸市场、牛沙便道农贸市场就在附近，生活方便。

同时也发现几处明显的劣势：小区占地面积小，不可能开发高档楼盘，因为不能满足高档楼盘必须配制的会所及其他大型配套项目设施。

　　并且成都港都花苑实业开发有限公司是一家年轻的公司，刚介入房地产领域，自身缺乏知名度，经济实力也不济，没有成片大规模开发的实力，竞争能力弱。如果走中低档路线，特色不突出的竞争对手非常多，而且对手实力较强劲，打价格战，港都花苑实业公司不仅没把握取胜，说不定连本钱都收不回来。龙舟路沿线为旧城改造、老成渝公路拓宽改造的重点城区，房地产开发新项目非常多，并且由于成都东门国营老厂商单位非常多，经济效益普遍较差，故价位低，卖点雷同。

　　怎样能在中低价位的楼盘上做出鲜明的个性色彩，填补市场空白，切中市场特色需求，是其面临最大的难题。

　　经过广泛的市场调查，对全市楼盘分布、项目特色、开发成本、周期和营销实效进行深入了解分析后，大禹企划公司感到：现实条件下，从概念出发的特色牌几乎开发殆尽，开发商的经济实力和地段条件又不允许涉足如"高科技""古典""欧美风情"这类豪华概念。必须从新的角度寻求市场空白。在对地块周边服务设施的调查中，大禹企划公司的调研人员遇到一对老年夫妻，他们到附近的医院就诊，由于排队挂号、候诊排长队、拍肺部 X 光片和血液检查、在两幢大楼间来回奔波、等候检查和化验结果、交费取药排队等原因，为了一点普通感冒折腾近 5 个小时，心情痛苦烦躁反而使病情加重。"老年人看病难"的诉求触动了公司调研人员的灵感。能不能从年龄切入，开发专门适合老年人安度晚年的住宅楼盘呢？

　　统计显示：由于生产力发展，人民群众物质文化生活水平的提高，中国 60 岁以上老龄人口占总人口的比例不断上升，目前已接近 10%，标志着中国即将进入老龄社会。全国 60 岁以上人口超过 1.2 亿人，占世界老年人口的 1/5，居世界第一位，预计今后还将长期居于世界首位，这将对中国社会经济发展产生深远影响。而成都市 60 岁以上老龄人口约 130 万，占全市总人口比例接近 13%，已提前进入老龄社会。

　　针对这 130 万老龄人口进一步细分：具备中低档楼盘购买力者应占 10% 以上，即 13 万人；统一按"老两口"计算，则为 6.5 万个老龄家庭。再把成都市区分为东南西北四大块，东门片区占 1/4，则有意在东门买楼盘的老龄家庭约为 1.6 万户。针对这 1.6 万户基数，开发全城都绝无仅有的百余套老年住宅，完全具备成功的条件。

　　有了目标消费群的量化指标，又对老年住宅的需求心理和资金来源等进行了深入的分析。

1. 需求心理分析

　　① 老年人和下一代、下两代由于生存环境、所受教育等诸多原因，生活方式、习惯及思想观念等方面难免产生"代沟"。多数被访问者认为：解决"代

沟"的最佳方式是老年人与子女分开居住，节假日儿女上门探望，全家团聚。

②年轻人有自己的生活和工作特点，现代生活节奏加快，竞争加剧，压力加大，生活无规律；与老年人住在一起相互干扰影响，令人头痛。

③敬老院虽然"火爆"，但入院使人心理上有"被遗弃"的感觉，子女也有不孝的负罪感。只要不是孤寡老人，一般不愿意入敬老院。

④老人再婚后，新建立的老年家庭不易与子女完全和睦共处，分户购房是最佳选择。

⑤老年人喜欢安静、淡泊、朴素、平静的生活，对物质要求不高，不愿地处闹市和商业区、工厂区，与子女的居住要求差异较大。

⑥老年人怕孤独，在相对集中的老年公寓，子女上班上学后，老人们仍有同龄伙伴、共同话题、共同乐趣。

2. 资金来源分析

①老年人常常有多年的积蓄和稳定的退休金；

②子女们可以共同出资为老人买房，既尽了孝心，日后也可成为遗产；

③本来准备送父母去敬老院的子女，可以用入院费转为购房款，既解决了后顾之忧，又摆脱了"负罪感"。

通过以上分析，大禹企划公司和开发商确立了开发老年公寓的决心，并经调研人员建议，将楼盘定名为"夕阳红"。

3. 公寓特色设计

项目确定后，立即着手，针对老年人的心理和生理特点，紧紧围绕老年人的生活需求，广泛开展调研和征询，为老人群体量身定做最合理、最合适的住房。

①所有路面都进行防滑处理；

②所有通道、门槛都采取无障碍设计；

③房型设计上，力求通风、干燥、采光、隔音、结构合理；

④装修适用合理，不奢侈豪华；

⑤其他公寓配置大面积花草绿地，老年公寓配置各户"自留地"；

⑥高档小区配置游泳池，老年公寓配置钓鱼池；

⑦室内设计处处突出安全第一，壁柜防止碰头，插座防止碰撞踢踏；

⑧水龙头不用螺丝头，防止拧不紧，拧不开；

⑨窗户采用推拉杆式，避免头、手伸出窗外；

⑩阳台外设自动晾衣架，收晾衣物十分方便；

⑪通过楼盘的物管系统，成立钓鱼协会，老年棋协，与外部挂钩联办川剧座唱、老年大学等；

⑫通过楼盘物管系统，配备专职保健医生、护士，方便老年人常见病就诊，开设家庭病房，上门医疗、护理。

4. 环境配套设施

① 利用附近的农贸市场，解决老人柴米油盐等生活必需品的采购；

② 利用附近 3、12、14、31、38、51、68、75、77 路公交车，充分解决老年人办事、亲友子女探望等交通问题；

③ 与附近的医院挂钩，解决老人"就医难"的问题；

④ 与附近公园挂钩，解决老人休闲、锻炼、娱乐的需求；

⑤ 与附近的幼儿园、小学挂钩，解决老人替子女照料孙子孙女，就近入托、入学、方便接送的需求。

5. 宣传促销

针对老年人特点，制订了与众不同的老年公寓促销策略：

① 大力宣扬中华民族"尊老爱幼"的传统美德，倡导"孝心"消费，引导子女为老人集资买房。

② 调查有关"尊老敬老"、为老年人排忧解难办实事的正反两方面新闻素材，通过新闻热线向媒体提供。巧妙联系社会对"老年公寓""老年社区"的舆论期盼呼吁，利用新闻扩大本楼盘的知名度和美誉度，既提高效率，又降低成本。

③ 制订相对较低的价格，采用分期付款，银行按揭等灵活的收费方式。

④ 从下岗职工中招聘一批中年妇女担任售楼代表，既能提高与老年人的亲和力，又相对降低了用工成本。

⑤ 创造"拉家常"售楼方式，让中年妇女售楼代表充分"倾听"老人们的"唠叨"，与老人们推心置腹，陪老人们货比三家。

经缜密的策划后，楼盘以"夕阳红"命名，正式开盘。响亮提出是专门为老人量身定做设计的房子。户型设计、环境、配套都完全符合老人们的习惯和内在需求，并响亮地传播了楼盘的广告主题语："成熟地爱一次！"方案推出后，由于定位准确，特色突出，营销独特，房价便宜，功能完善，因而大受好评，创造了开盘两个月销售一空的奇迹，并赢得了可观的社会效益和经济效益。

思考：

1. 该项目为何会取得成功？

2. 应该项目产品有哪些特色？

3. 该项目使用了哪些促销策略？

第六章

房地产项目形象包装策略

▶ 学习目标

通过本章的学习，了解楼盘 VIS 设计的标准，楼盘样板间的形象包装；理解楼盘 VIS 设计的原则；掌握楼盘 VIS 设计的内容、楼盘品牌形象包装、楼盘销售部包装。

▶ 知识点

1. 楼盘 VIS 设计的原则、内容；
2. 人员形象包装、售楼部和样板房的包装要点。

▶ 技能要求

1. 具备楼盘 VIS 设计的能力；
2. 会进行简单的楼盘主题的设计。

开篇案例

万科的 VIS 设计

万科的宗旨：建筑无限生活。

万科的愿景：成为中国房地产行业持续领跑者。

万科的核心价值观：创造健康丰盛的人生。

V：中国传统民宅中常见的窗花纹样，体现了万科专注于中国住宅产业的业务战略。

不同的朝向：寓意万科理解生而不同的人期盼无限可能的生活空间。

红色：寓意万科员工生趣盎然、健康丰盛、充满自信的性格特征。

让建筑赞美生命：建筑为了生命；建筑延拓生命；建筑充满生命。

（资料来源：曾任万科天津副总经理、北京万科物业总经理——娇佩民教授提供）

每一个房地产项目的内涵是不同的，但都使用某种符号或系统进行传播。因此，重视房地产项目的形象包装策划就显得特别重要。然而，中国目前的房地产形象策划仍显稚嫩和浮躁，表现在：一是名称缺乏可识别性，如"某某花园、某某豪庭"等，在许多城市中都能找到一模一样的名字；二是滥用"概念"，如宣称"智能化小区""e 生活"等；三是"欧陆风"的牵强附会，如抄袭一些欧洲 18 世纪并不适宜现代人居的建筑结构及装饰的片段和符号，或是直接将外国的城市名称照搬过来就要让人相信享受异国生活方式等；四是广告传播的无效性，过分依赖广告轰炸这种"单向传播"手段。相反，一些成功的房地产品牌却以其独特的个性和"人本主义"的理念备受消费者推崇，如"现代城"以其创新的"SOHO"产品及具有时尚概念的项目形象为公众所接受，"阳光 100"以其国际化的生产方式造就的产品（服务）及先锋的、个性化的形象独树一帜，为消费者所认同。本章将就房地产项目的 VI 设计、楼盘（小区）形象包装等方面来分析房地产项目的形象包装策划。

6.1　楼盘（小区）VIS 设计

楼盘形象设计是房地产形象策划的核心部分，能帮助房地产项目将楼盘理念、楼盘形象以及楼盘的整个优势传递给公众，让消费者对楼盘产生良好的印象。

对楼盘的形象设计，一般是通过 CIS，即企业形象识别系统来完成。CIS 是企业理念识别系统（MIS）、企业行为识别系统（BIS）、视觉识别系统（VIS）、听觉识别系统（AIS）和环境识别系统（EIS）五者的有机统一体。MIS 是指在企业经营过程中的经营理念和经营战略（包括生产和市场的各环节之经营原则、方针、制度、条规和责任）之和的统一化，是企业的经营思想和经营标准，包括企业的经营信条、经营哲学、经营策略以及企业的风格等，相当于企业的"心"，企业精神的标语是其具体的表现。例如，IBM 的"IBM 就是服务"。BIS 指在实际经营中所有具体的执行行为于操作中的规范化、协调化，以及经营理念的统一化，是企业非视觉化的形象展示和塑造，相当于企业的"手"。BIS 是以理念识别为动力源的动态的识别形式，主要包括企业管理、企业营销、公共关系。行为识别是企业理念目标得以实现的保证。对内的行为包括干部员工的教育、工作环境；对外的行为包括市场调查、产品推广、促销活动等。VIS 指视觉信息传递的各种形式（包括企业名称、标志、标准字、标准色）的统一，是企业最直接、最具体的形象传播和展示，相当于企业的"脸"。环境识别又称企业环境识别。EIS 是要对人所能感受到的组织的环境系统实行规范化的管理，AIS 亦称听觉形象统一化。它主要作用于公众的听觉。在房地产形象策划中，VIS（视觉识别系统）是 CIS 的静态识别系统，是企业理念精神和行为规范的反映，它是最直观、最具体、最富有传播力和感染力的子系统。在 CIS 的整体开发中，VIS 开发发挥着重要作用。

6.1.1　楼盘 VIS 设计的内容

楼盘 VI 设计的内容分为两大系统，一是 VIS 设计的基础设计系统，包括楼盘名称、楼盘标志（Logo）、楼盘标准字、标准色等；二是 VIS 设计的应用设计系统，包括事务用品、环境、交通运输工具、员工制服等，如图 6 - 1 所示。

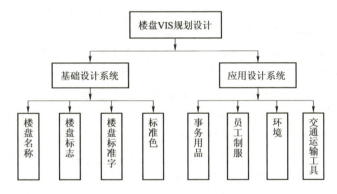

图 6 - 1　楼盘 VI 规划设计的内容

1. 楼盘基础设计的要素

（1）楼盘名称

在计划经济时期，住房由国家分配，所建楼盘也基本上没有名称。有的只是"××家属院""××福利区"等。每幢楼相互之间以"×号楼"区别。当房地产生产进入市场时，楼盘逐渐有了自己的名称，如"王兆新村""沙曼小区""翠海花园"等，这些名称基本上是以街道、区位、地址来命名的，不是来自市场需要，而是带有浓厚的计划经济色彩。随着市场经济的发展，房地产市场竞争日趋激烈，开发商绞尽脑汁，用尽各种营销手段，使出浑身解数，想给楼盘起个好名作为房地产的商标、业绩的标志。起名的重要性日益被开发商、政府、置业者所重视。一个好的名称是楼盘被消费者认知、接受、满意乃至忠诚的前提，什么样的楼盘名称会使消费者产生什么样的联想，从而对其销售产生直接的作用。在深圳曾有过一个好的命名救活一个楼盘的神话。在深圳大学附近有一个楼盘，盘量不大，地理位置也不是很好，总之，没有什么太多的特色，再加上命名定位也不准确，取了个什么"轩"之类的名字，结果楼盘销售业绩平平。于是求救于某著名的策划公司，策划者分析楼盘的各种综合因素，找到了楼盘的"卖点"——深圳大学。根据消费心理分析：居住在著名的学府旁边，终日耳濡目染学术气息，对孩子的成长十分有利。于是给楼盘取名为"学府××"，同时在策划推广活动中刻意突出深圳大学，有意让楼盘与深圳大学联系在一起。把与学府共同生活、感受浓厚的学术氛围的观念传递给消费者，于是该楼盘成为热销楼盘。因此，楼盘在一开始就要确定一个有利于传达的定位方向且利于传播的名称。

楼盘名称或文化底蕴深厚，或意味深长，或灌输新居住理念，或反映地域特征，或展示品牌形象，或诉说亲情温馨，或祝福祈祷，或衷心祝愿等。把楼盘定位在市场中的某个位置，使目标客户知道是自己要购买的楼房，给顾客带来方便。楼盘名称是面向市场的第一诉求，一个极具亲和力并给人以审美愉悦的楼盘名称，可让客户产生美好的第一印象，并会加强置业者的购买信心。总之，一个好的楼盘命名应该做到：简洁、独特、新颖、响亮。

简洁指的是名字单纯、简洁明快，字数不能太多，要易于传播。独特指的是楼盘名称要彰显出独特的个性，并与其他楼盘有明显的区分或表达独特的内涵。例如：中海北滨1号，以自己产品的定位彰显自己的独特之处，1号具有豪宅的霸气在里面。这样的命名很容易让人过目不忘。新颖指楼盘名称要有新鲜感，要与时俱进，有时尚感，创造新概念。楼盘命名尽量避免使用"花园""公寓""广场""中心"等共用名词或地名或街区名命名为楼盘名。这些词既俗套，又容易雷同，而且不容易起出富有特色的名字来。例如金科蚂蚁SOHO这个楼名称听起来既独特又有新意，蚂蚁象征着勤奋，与金科蚂蚁SOHO提倡的移动办公形象结合在了一起。SOHO是Small Office Home Office的缩写，泛指在家办公或小型创业者。这样的楼盘名称不但独特，且新颖，与社会需求紧密结合，具有创新性。

响亮指楼盘名称要朗朗上口，发音响亮，避免出现难发音或音韵不好的字。

（2）楼盘标志（Logo）

楼盘标志与楼盘名称都是构成完整的楼盘概念的要素，现代市场上的产品，不仅要有个好的名称，而且还应该有一个风格独特的标志。楼盘标志指的是通过造型单纯、意义明确的统一标准视觉符号，将楼盘的文化、特征等要素，传递给社会大众，提供识别与认同。一个好的标志不仅能够引发联想，同时还能促进消费者产生喜欢的感觉，有利于消费者识别、认识该楼盘，从而达到塑造形象、促进销售的目的。例如，奥林匹克花园，为了突出运动与健康的主题，标志为流畅的圆环，颜色为奥林匹克五环的颜色，这样的标志醒目、独特，又与楼盘定位很好的结合，是比较成功的楼盘标志（图6-2）。

（3）标准色

标准色是指企业将某一特定色或一组色彩系统，运用在所有的视觉传达的设

图 6 - 2　奥林匹克花园标志

计媒体上，标准色对楼盘宣传来说是一种形象色，具有强烈的识别效果。标准色常常与楼盘标志、标准字等配合使用，被广泛应用于楼盘广告、员工服饰及其他公关活动中，是企业视觉识别的重要的基本设计要素。

1）色彩的感觉

调查研究表明，色彩会给人冷暖、轻重、进退等不同的感觉体验。

"冷暖感"：即色彩带给人冷暖的感受，令人感到温暖的色彩叫做暖色，如橙色、红色、黄色等；反之，使人感到寒冷的颜色叫做冷色，如青绿、青色等，还有一些颜色介于冷色和暖色之间，称为中色，如绿色、紫色等。

"轻重感"：即色彩给人以或轻或重的感觉。同样大小的面积或体积，明度高的看起来轻，明度低的看起来比较重。

2）色彩的心理效应

由于色彩给人不同的感觉，它不但能有力地传达不同的感觉，而且能在不知不觉中影响人的精神、情绪和行为。每一汇总颜色都能诱发出特定的情感。

红色的心理效应：在可见光谱中，红色光波最长，给视觉一种迫近感和扩张感，相当于暖色所能引起的兴奋感觉。红色的感情效果具有刺激性，给人以活泼、生动的感觉。它包含着一种力量、热情的向上感和冲动感。很多楼盘广告都以红色作为标准色，就是取其视觉上的巨大冲击力。例如：万科新标四个"V"和中海地产的标志都用上了红色（图 6 - 3）。

图 6 - 3　万科、中海标志与标准色

黄色的心理效应：在可见光谱中，黄色波长居中，是颜色中最亮的颜色，它给人以光明、辉煌、醒目和庄重、高贵的印象。实验证明，黄色是使人愉快的颜色。能给人以幸福的感觉。例如：麦当劳的"M"型标志采用的黄色，在都市中显得格外显眼、醒目。在房地产的标志中，碧桂园在其标志中用到了黄色，如图 6 - 4 所示。

图6-4　碧桂园标志

　　黑色的心理效应：黑色在视觉上是一种消极性的色彩，象征着悲哀、沉默、神秘、肃静。但另一方面，黑色使人感到休息，具有稳定、深沉、庄重，严肃大方、坚毅的特点。同时，黑色和其他颜色一起使用，往往可以使设计收到生动、醒目的效果。因此，在地产标志中，很多企业采用黑色作为其标准色。例如万科、金地、恒大、绿地集团中海都有运用到黑色作为其标志的颜色。另外，在2007年重庆地产10大具有影响力的广告中，排在第一位的正是龙湖地产的春森彼岸的广告，黑与白的搭配，"超越龙湖"几个大字，给人以强烈的视觉刺激，给人以深沉、坚毅、气势磅礴之感，如图6-5所示。

图6-5　春森彼岸的广告

　　（4）标准字

　　规定广告、宣传等使用的字体，以统一其形象。标准字是楼盘VI设计中的基本要素之一，由于企业经营理念和内容不同，再加上设计者各自的构思，标准字的设计各具特色。

　　2. 楼盘应用设计系统

　　楼盘的应用设计系统包括事务用品的设计、员工制服、交通工具和工作环境的设计，这些设计在楼盘的VIS设计中也比较重要，其设计应该标准化，应该体现楼盘的价值理念，展现其标志和图案，颜色和字体上应该追求视觉上的认同性、识别性和传播性。

6.1.2　楼盘 VIS 设计的原则

1. 以楼盘设计理念为中心的原则

楼盘 VI 策划必须根据楼盘自身的情况，楼盘的市场营销的策略，在推行楼盘形象战略时确立准确的形象定位，然后以此定位进行发展规划。楼盘视觉识别设计要素要能传达楼盘开发企业和楼盘的价值观、设计理念，脱离了价值理念、企业精神的符号，不是成功的楼盘 VI 设计。例如：奥林匹克花园，为了突出运动与健康的主题，标志为流畅的圆环，颜色为奥林匹克五环的颜色，这样的标志既醒目、独特，又与楼盘的价值理念很好地结合。

2. 同一性原则

为了实现楼盘形象对外传播的一致性与一贯性，应该运用统一设计和统一大众传播，用完美的视觉一体化设计，将信息与认识个性化、明晰化、有序化，把各种形式传播媒体上的形象统一，创造能储存与传播的统一的企业理念与视觉形象，这样才能集中与强化企业形象，使信息传播更为迅速有效，给社会大众留下强烈的印象与影响力。

对楼盘识别的各种要素，从楼盘理念到视觉要素予以标准化，采同一的规范设计，对外传播均采同一的模式，并坚持长期一贯的运用，不轻易进行变动。

要达成同一性，实现 VIS 设计的标准化导向，必须采用简化、统一、系列、组合、通用等手法对企业形象进行综合的整形。

简化：对设计内容进行提炼，使楼盘系统在满足推广需要前提下尽可能条理清晰，层次简明，优化系统结构。如 VIS 中，构成元素的组合结构必须化繁为简，有利于标准的施行。

统一：为了使信息传递具有一致性和便于社会大众接受，应该把和楼盘或企业形象不统一的因素加以调整。楼盘名称、LOGO 应尽可能地统一，给人以唯一的视听印象。

系列：对设计对象组合要素的参数、形式、尺寸、结构进行合理的安排与规划。如对楼盘的广告、包装系统等进行系列化的处理，使其具有家族式的特征、鲜明的识别感。

组合：将设计基本要素组合成通用较强的单元，如在 VI 基础系统中将标志、标准字或象征图形等组合成不同的形式单元，可灵活运用于不同的应用系统，也可以规定一些禁止组合规范，以保证传播的同一性。

通用：即指设计上必须具有良好的适合性。如标志不会因缩小、放大产生视觉上的偏差，线条之间的比例必须适度，如果太密缩小后就会并为一片，要保证大到户外广告，小到名片均有良好的识别效果。

同一性原则的运用能使社会大众对特定的楼盘形象有一个统一完整的认识，

不会因为企业形象的识别要素的不统一而产生识别上的障碍，增强了形象的传播力。

3. 美学原则

虽然视觉符号的主要功能是识别，但这种识别毕竟是通过视觉传达完成的。也就是说，识别的功能是通过人的情感的功能实现的。从这个意义上讲，视觉符号是一种视觉艺术，而接受者进行识别的过程同时也是审美的过程。

4. 差异化原则

楼盘形象为了能获得社会大众的认同，必须是个性化的、与众不同的，因此差异性的原则十分重要。

楼盘 VIS 要具有个性化、与众不同必须要创新。创新就是要塑造独特的企业、楼盘文化和个性鲜明的企业、楼盘形象。为此，楼盘 VI 设计必须有创新，发掘企业、楼盘独特的文化观念，设计不同凡响的视觉标志。

6.1.3 楼盘 VIS 设计的标准

楼盘 VIS 设计标准主要有：

① 可记忆性。容易识别和回忆。

② 具有描述性、说明性和联想性。

③ 可适应性。灵活可更新。

6.2 楼盘（小区）形象包装策略

钢筋水泥浇铸的城市里，到处是千篇一律的楼盘；疲软的市场、激烈的竞争，使得楼盘的形象包装，不再是沉睡着的印刷精美的文字，而是兵不血刃的营销实践利器。楼盘为什么要包装？"包装"这个词义如何解释？前些年，一提到包装指的是产品的包装；后来到歌星的包装，又到今天的企业包装。大家可以经常听到这样一句话："包装上市"。楼盘作为特殊产品，实际上更需要包装，这也是房地产竞争日趋激烈与成熟化的高度发展的体现，更是一个竞争手段的重要体现。从某种角度来说，形象包装是楼盘销售的利器，这是被许多楼盘所验证的，具有可操作性和实践性。如果形象包装做得比较好，楼盘就等于在无声地自己吆喝自己，能够成为一个销售的翅膀。包装得好，会使楼盘的品质发生重大的变化，能不断提升楼盘的价值，使楼盘处于一种高尚的状态。其实，许多内地的房地产公司是在不自觉中做了许多工作，但是没有进行系统化和整体化，而整个楼盘的个性色彩不突出、不显著，使各个包装的子系统都是松散的，凌乱的，这就需要对整个楼盘的包装进行整合化，使其能够在一个包装主题下发挥各自的功能和作用。

6.2.1　楼盘主题概念设计

房地产项目主题概念策划是赋予房地产项目的灵魂。一个成功的主题，要有鲜明、独特的创新意识和统一的中心思想，以它统率整个房地产项目策划的创意、构想、方案、形象等各要素，并使各个要素有机地组合成一个完整的主题概念。

1. 什么是项目的主题概念

对于主题概念的理解，我们有如下描述：

主题概念是一条主线。如果将组成项目产品特色的各要素比喻成一颗颗的珍珠，那么项目的主题概念就像是一条丝线，它把这些闪亮的珍珠串起来，成为一条璀璨的项链。

主题概念是一个统领全局的制高点和中心。它把构成社区的种种要素，如区位、环境、建筑、配套、管理和服务、社区文化统领于它的旗下，构成一个完整的系统，后期项目的营销推广、物业管理、社区文化建设等行为均必须围绕这一中心进行。

主题概念是一种包装。在推广中，项目的社区构成、功能规划、建筑园林风格、市场形象均通过主题概念得到合理的、深入人心的阐述和解释。主题概念是一种生活方式。对于发展商来说，主题概念是项目想要给业主营造的，并是业主今后入住后享受的一种生活方式。

从以上对主题概念的理解，我们将其归纳为：主题概念是指房地产企业在市场调研和预测的基础上，将产品或服务的特点加以提炼，创造出某一具有核心价值理念的概念，通过这一概念向目标顾客传播产品或服务所包含的功能取向、价值理念、文化内涵、时尚观念、科技知识等，从而激发目标顾客的心理共鸣，最终促使其购买的一种理念。

2. 房地产项目主题概念策划的作用

主题策划是项目开发理念的抽象概括，成功的主题策划能对整个房地产项目的开发起到纲举目张的作用。其主要表现如下：

（1）综合性

体现项目的综合设计创意，使产品在文化内涵上满足人们精神多元化的需求，在品质功能上满足人们物质享受的需求。

（2）统一性

项目主题策划能统率、贯穿整个项目系统工程的各个环节，使项目的各个要素围绕着既定的中心思想展开，有明确的主题概念。

（3）独特性

这是该项目具有的独特竞争力，以区别于其他项目而展现出来的独有个性魅力。这种独有的个性、独特性，无论在内容、功能上，还是在形式上，都独具一格，难以模仿。

（4）认同感

主题概念策划要被市场认同才有意义，项目在推广时只有针对特定层次的客户，才能体现出项目具体的优势，才有可操作性。项目有了认同感才会赢得市场的青睐。

（5）附加值

策划作为概念资源，有了具体的内容支撑着就有载体，这就产生了附加值。主题概念提升了房地产产品的价值，实际上就是使其附加值增大了，使项目的价值与价格超出市场同类产品。

3. 主题概念设计的基本要求

（1）主题概念设计应以消费者需求为中心

有的楼盘主题概念直接指明其顾客对象。这是因为任何产品都有其既定的目标顾客，主题概念设计应能反映消费者需求，引导其消费，让人们明确知道其消费群体，从而提升楼盘的信息传递效果。例如"天河北侨林苑　融入广州　做'新广州人'""利兹城市公寓，新资识分子生活"这样的主题概念，一眼便能找到其顾客消费群体。

（2）主题概念设计应反映楼盘文化和特点

主题概念的设计应以楼盘特征、定位以及其文化作为设计的源泉，让消费者通过主题概念的识别认清楼盘的独特品质、风格和文化。例如：东方银座：成就新一代商务贵族；元嘉国际公寓：精英文化，精质生活。这样的主题概念能根据楼盘特点设计，找到独有的消费人群。

（3）主题概念设计应具有个性化，需求差异化

目前市场流行的消费习惯已经从理性消费阶段的强调均一化、普遍化与功能性，向强调个性化、多样化、差异化以及更富有人性化的感性方向发展。因此，在对楼盘主题概念的设计中，应注重个性化和差异化，做到独特而人性。

奥林匹克花园：运动就在家门；珠江帝景：感受江畔艺术之都传世之美；天骏花园，我创造，我享受；星河湾，心情盛开的地方等。

（4）理念创新

房地产项目销售成功与创新理念紧密相关。在房地产市场上，各种新思想、新观念、新概念层出不穷，策划就是要深刻领会这些理念的精髓，把握其实质，并灵活运用到具体的项目实践中去。运用新理念，要优化组合，引导市场策划的新潮流。

6.2.2　现场销售形象包装

楼盘都是通过销售而卖出去的，其中现场销售占很大的成分，所以，对现场

销售的形象要求应特别规范，以保持应有的形象。

1. 销售人员的形象包装

销售人员的个人形象蕴涵着公司的企业文化，折射出企业的形象，在某种程度上也代表着楼盘的形象。它能够拉近与顾客的距离，减少顾客的疑虑，提高亲和力，进而促使顾客产生购买行为，达成交易。因此，销售人员应有整洁的仪表、亲和力较强的仪容；有主动积极、面带微笑、亲切诚恳的态度；有进退有序的规范的礼仪；有流利的口才、收放自如的交谈能力等。

（1）仪表和装束

1）女性

① 公司有统一制服时必须穿工服上班

② 服装：女性服装以职业化为准，大方得体，不穿奇装异服，不得穿拖鞋。

③ 装饰：女员工要化淡妆，不得浓妆艳抹，不得留长指甲、涂色油。忌用过多香水或使用刺激性气味强的香水，头发不染夸张颜色。佩戴首饰不要多多益善，首饰选配得当，不戴炫耀饰品。

2）男性

① 服装：男性必须穿西装打领带，夏天穿浅色衬衣配深色西裤，皮鞋保持光亮。

② 头发：头发要常修剪，发脚长度以保持不盖耳部和不触衣领为度，不得留胡须。

（2）名片递、接方式

名片的递接也是非常有讲究的，下面就来讲述一下有关名片的递接：

当客户主动给你递名片时，你要面带微笑双手去接，并说谢谢！将接过的名片在短时间内注视一下名片上的公司名称和客户姓名及职务，时间不宜过长。男士看完后将放在上衣口袋，女士如果衣服没有口袋的将名片放在随身携带的笔记本或资料夹里，千万不能掉在地上，切记不要拿着客户的名片在手里捏来捏去。

在递名片的过程中，先检查随身是否配带名片夹。不要想到了再去办公室或去销售前台去拿，你要主动地给客户递名片，并面带微笑地说您好！双手拿着名片两角。正面朝上，字体要正面对着客户，这样便于让客户在第一时间内认识你。千万不能将字体弄反。可使用"先生或小姐（女士），我姓×，请多指教，不知有什么可以为您效劳"等礼貌用语。

（3）微笑

销售人员首要具备的条件是一副亲善的笑容及一份对工作客户的热诚。诚挚热情是打破客户之间障碍的唯一良方，礼貌亲切的笑容散发出的化学作用，会使销售员如有如天赋神力，使客户做出认购决定。即使客户不能成功认购，相信也会给他们留下信任及难忘的印象，为下次认购铺垫了管线。笑容能给工作带来方便、给家庭带来幸福、给生意带来兴隆。你对别人皱的眉头越深，别人回报你的眉头也就越深，但如果你给对方一个微笑的话，你将得到 10 倍的利润。在一个恰当的时间、恰当的场合，一个简单的微笑可以制造奇迹。微笑绝不会使人失望。要想获得特别的"微笑知识"的话，有几条简单的规则：当你不想笑的时候也笑，把烦恼留给自己，让别人相信你是快乐的；和别人分享你乐观的思想，微笑是会蔓延的。当你笑的时候，人们会认为你感觉很好，就会快乐；用你整个脸微笑，一个成功的微笑是包括整个脸让人看起来很高兴，微笑布满整个脸，可以点燃别人的自信心，可以引起别人的信赖；把眉头舒展开来，微笑时眉头是舒展的，如紧皱着眉头笑是苦笑，要从心里笑，看上去一脸开朗的、快乐的微笑；运用你的幽默感，幽默感不是指那种低格调的笑话，或是寻别人开心的恶作剧，而是指那些好的真正有趣的故事，当玩笑开在你身上的时候你只要跟着笑，对别人微笑，但永远不要冷笑。大声地笑出来，如果说微笑是具有魅力的，那么发自内心的大笑就具有超级魅力，大笑是会传染的。笑容，是向对方传达爱意的捷径；笑，具有传染性。所以，你的笑会引发对方的笑或是快感。你的笑容越纯真、美丽，对方的快感也越大；笑，可以轻易除去二人之间厚重的墙壁，使双方门扉大开；笑容是建立信赖的第一步，它会成为心灵之友；没有笑的地方，必无工作成果可言；笑容可除去悲伤、不安，也能打破僵局；将多种笑容拥为己有，就能洞悉对方的心理状态；笑容会消除自己的自卑感，且能补己不足；笑容会增加健康、增进活力。

（4）语言的使用

人交往的目的，就是沟通思想、情感，明确交往的主题，达到自己的意愿。通过语言的交谈，使双方思想趋于接近、感情融洽、排除误会和干扰，实现各自的意愿。在与客户进行交谈时要注意以下三个原则：语调要和缓，表达要热情，语气要充满信心。

与客户谈话的目的是为了感染客户、打动客户。销售人员通过语言表达向客户传递一系列有关自身、产品、公司的信息，让客户感觉到销售人员对自己、对产品、对公司的信心。对于生意人来说，有一句俗话：不怕货卖不出去，就怕话说不到家。可见表达能力之重要。所以，销售人员要不断提高自己的表达能力。加强自己的表达能力，须注意以下几点：声音洪亮：销售代表一定要注意自己的声音大小，切不可声音太小，让人听不清楚；避免口头禅：每个地方都有方言，每种方言都有自己的口头禅，语言表达时应尽力避免这种口头禅；避免语速过慢：表达时要掌握好语速，语速过快，别人听不清楚；语速过慢，就会给别人充分的准备时间；避免发音出错：例如，在南方有许多销售代表对"十"和"四"两个读音区分不清楚，这会酿成大错。

（5）礼貌与规矩

礼貌和规矩反映出一个人的修养，销售员也不例外，应从五个方面多加注意，以形成良好的交往习惯：① 你是否善于聆听他人的发言。优秀的销售人员首先是耐心的听众，善于从他人的言谈中捕获有价值的信息，根据客户的要求随时调整自己的策略。打断他人的发言是一种不礼貌的行为，容易引起他人的反感和不满，应尽量避免。专注聆听是重要的，其表现是要尽量保持与对方目光的接触。当别人滔滔不绝时，而你却游目四顾，试想，对方的心境如何呢？这不仅是一种粗鲁无礼，更会使人感觉你不尊重他且缺乏诚意。对方在投入地讲话时，你要做出相应的表情和简单的应答以强调你真正在听。你可以加上微笑、惋惜和点头、摇头等各种体态语言让对方感应。在聆听的同时，你还要注意对方的神态、表情、姿势以及声调、语气的变化，尽量让自己听懂这类非语言符号传递的信息，以便比较准确地了解对方的话外之意。② 你是否在言谈中经常流露出对自己的雇主、公司、朋友或熟人有不尊敬或不满意的态度。表面上看起来，跟别人谈到这些问题会显得坦诚相待，但实际上别人会对这种言行很不屑，会认为你不忠诚，不可信赖，这将直接影响到你的销售业绩。③ 你是否具有幽默感，谈话风趣。在与客户交谈时，可以适当地开一些玩笑，但要注意把握好分寸，不宜过头。适度的玩笑和幽默，其本意绝非取笑他人的无知、错误和动作，而是怀有好意的感情交流。在销售中，有效地运用幽默，可以给你带来灵感，使销售工作更顺利。但是，若玩笑过分、低级，则适得其反，会让人认为庸俗。④ 你是否对公司和产品充满信心。与客户交谈时，特别是介绍自己的公司和产品时，要尽量做到放松和自信，让客户感觉到你对自己公司和产品充满信心。如果此时表现得紧张，缺少自信，则很难让客户下定决心购买你的产品。⑤ 你最好在客户面前不吸烟。在客户面前尽量不吸烟，因为抽烟会分散注意力，影响交谈的效果。另外，烟是有害的，在不抽烟的客户面前抽烟也是不礼貌的。

目前，很多销售部的销售人员以女性居多，而且长得一个比一个漂亮，但就是知识与技巧太差，回答不了顾客所提出的问题。许多房地产公司的销售人员对以上的要求没有做过系统的培训，都是拿来就用，仓促上阵。

应该怎样培训，培训内容有哪些？

作为培训，应该包括三个方面的内容：忠诚度培训、专业知识培训、销售技巧培训。忠诚度培训的内容：公司背景介绍，公司在公众中目标的形象；公司的理念及精神；公司的目标，包括项目推广目标和公司发展目标，确立员工对公司的信心；讲解公司的规章制度，以确立个人的行为准则及制定销售人员的收入目标。

专业知识的培训内容：房地产基本知识；楼盘的详细情况，包括规模、定位、设施、价格、买卖条件；楼盘周边环境及公共设施，交通条件；该区域的城市发展规划，以及宏观及微观经济因素对楼盘的影响；房地产有关法规；物业管理课程，包括物业管理服务内容、管理规则、公共契约等；有关客户的问题汇编。

销售技巧培训的内容：应按洽谈技巧，如何以问题套答案，询问客户的需求、经济状况、期望等，掌握客户心理；电话技巧；推销技巧；语言技巧；身体语言技巧；客户心理分析；展销会会场气氛把握技巧，销售员依次序接待客户，与客户交谈的礼貌用语，多家、少家及下雨天应该怎么做；外出拜访客户的技巧。在初步培训结束后，要进行参观或观摩实习，使学到的知识能够完全掌握住。

2. 售楼部的现场包装

售楼处从字面意思解释就是销售楼盘的场所，售楼处作为楼盘形象展示的主要场所，不仅是接待、洽谈业务的地方，还是现场广告宣传的主要工具，通常也是实际的交易地点。因此，作为直接影响客户第一视觉效果的售楼处设计，一定要形象突出，体现楼盘特色，同时能激发客户的良好心理感受，增强购买欲望。

（1）售楼部的位置选择

售楼部要么设在楼盘顶层厅堂内，要么建在户外。户外售楼处又有两种，一种是紧靠楼盘厅堂搭建，与厅堂内部连为一体，空间上更为宽敞；另一种是在主要道路旁建造的独立接待中心，一般不会离楼盘很远。

现在广州很多楼盘的售楼部设在小区会所里面，这样一方面让客人看到实实在在的配套设施，一方面让客人感觉到发展商的诚意与务实。

香港的一些楼盘比较特别的地方就是售楼处不设在楼盘工地，而是设在闹市这种人流车流都比较集中的地方。香港的楼盘工地基本上是封闭式的。因为一来港人不喜欢很远到楼盘所在地看楼，也不愿走进安全系数较低的施工现场；二来还可以保证施工建造不受外界干扰。售楼处和样品房设在市中心的一些大商场之内，这里人来车往，并且商场内气氛热烈，容易吸引客户前来参观。客户在现场看过说明及介绍资料后，便可坐上看楼专车直接到楼盘工地。看楼车载客户充分了解周边环境与楼盘状况，客户还可以到附近专门搭建的观景台观望环境。同时，如果在市中心的售楼部同时设有样板房的，为了解决顾客无法看到现场实景的问题，香港的发展商在样品房的窗户上贴上一些在现场通过此窗能看见的实景，以加强客人的现场感，提高客人的购买欲。现在广州的一些近郊楼盘，都会在市区旺地设立长期的展厅或售楼部。这样做，有助于消除客人的地域偏见，直接把售楼部建在客人的家门口。就像南海市黄岐的名雅花园，虽然与广州的荔湾区仅仅是一江之隔，但是，在大部分人的心中，只要听见是出了广州，就是太远了。为了消除人们的地域偏见，名雅花园在荔湾区市民很喜欢去的老字号酒家门前设置售楼部，并结合它们提出了"中山九路上的名雅花园"的口号（中山八路是广州最西的一条主干道，从那再往西就是南海黄岐了）。此举一出，就吸引了大量的广州老城区市民到那儿购房置业。

（2）售楼处目标客户定位细分

时尚设计认为设计之初，应先分析核心的目标客户，精确锁定才更有冲击力，利用从众心理和集体无意识主义的原则，依托核心客户带动重要客户和边缘客户，将三类目标客户的交集范围再压缩，挖出核心客户的不与其他目标客户相冲突的核心价值观，以点带面地进行精准锁定，而不是大而全的妥协与折中，以此再进行清晰有力的售楼处设计。依据发展商的核心目标客户定位进行有效投资。售楼处设计的风格大体可以设计成以下两种。

① 符号性建筑，引起视觉冲击：因而建筑形式与包装尤为重要，是能给客户留下深刻印象的记忆点。

② 符合项目的定位，迎合目标客户的品位，体现项目的核心优势。

（3）售楼部的功能分区

售楼处作为房地产产品销售的前沿阵地，直接影响着买家的购买行为，销售操作中的任何干扰都可能导致交易划分失败，所以售楼处应该设置不同的区域，避免干扰与混乱。根据楼盘特色可以为售楼处设置以下功能区域：

① 接待区。接待区是置业顾问等候、接待客户、客户临时休息和摆放楼盘资料的场所，同时接待区也是营销中心的"门户"。

② 洽谈区。洽谈区是置业顾问向客户详细介绍本案情况和购房程序的区域，是接待客户和派送资料的场所。洽谈区要求面积较大，不必封闭，最好做成开放式布局。

③ 签约区。签约区则要求安静，干扰少，所以签约区可以隔成一间间独立的小房间。

④ 办公室。办公室是为现场办公的公司领导、财务人员以及现场办按揭的人员而设置的，放在售楼处的二楼较合适。

⑤ 沙盘区。沙盘区一般设置在进门的区域，容易带给客户深刻的第一印象。

⑥ 户型模型展示区。户型模型展示区应临近洽谈区，分功能不分区域，方便售楼人员为客户随时解说。在户型模型展示区的周边，可以布置一些展板，根据不同的阶段分别展示购房流程图（图6-6）、银行按揭流程图（图6-7）等。

⑦ 音像休闲区。通常楼盘大多以现代浪漫高尚为楼盘主力点，这就是有必要设置一处场所，有着浪漫的音乐、温馨的气氛和柔和的灯光，让客户充分感受这种浪漫的家居生活。并可在此区域放置一大屏幕彩电与触摸显示屏，大屏幕彩电主要播放本房地产项目的基本情况，在展厅内播放高质量录像带。触摸显示屏应提供方便快捷的资料查询，包括当地情况，以及开发商、合作商背景基本情况等，使客户对该项目有更深入的了解和认识。

售楼处的功能分区（图6-8），要考虑与销售的空间动线相配合。空间动线主要是否流畅，是否具有层次感，是否有利于对客户的引导，是否能保证公共区域的开放性和私密区域的隐秘性等。

一次付清：

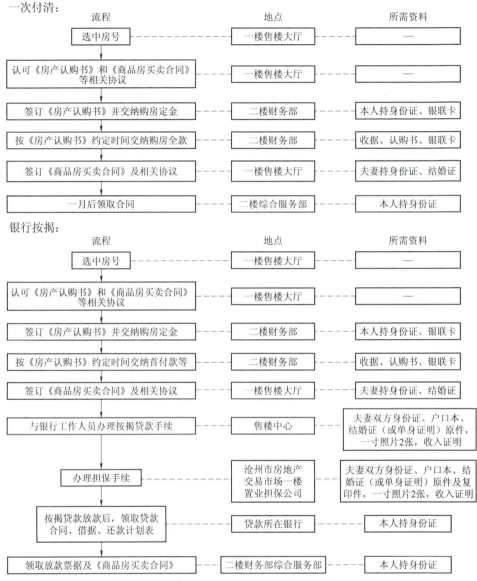

银行按揭：

图 6-6　购房流程图

注：银行按揭贷款累计需准备资料：夫妻双方身份证、户口本、结婚证（或单身证明2份）原件及复印件、一寸照片2张，收入证明2份。

3. 样板房形象包装

（1）样板房的示范作用

如果说售楼部是楼盘的"门"，那么，样板房便是楼盘的"面"，不顾"门面"，何以成事。样板房，其基本的包装要求是：普通住宅的样板房以经济实用为主、间隔合理为准，高档住宅的样板房则要体现出居家的品位。

样板房的设置是十分必要的，它可以将购房欲望提高到极限，给感官以强烈刺激，比模型、说明性展板、透视图的效果要好得多。样板房可以给予买家直观明确具体的认识，现在的人们已习惯于买楼时参观样板房，好像天经地义从来就应该有的。

早期的经典代表是长江实业的海柏花园和恒基的新港城，当时两个楼盘同时开售，为竞争顾客，两大开发商分别聘请著名设计师高文安和萧鸿生设计装修样板房，以吸引参观顾客。自此样板房的作用开始显现，地位也日渐提高。

样板房在于向每个意向客户展示一个未来的梦中家园，装修到位的样板房对客户有极大的暗示和诱导作用，能刺激顾客的购买欲望。

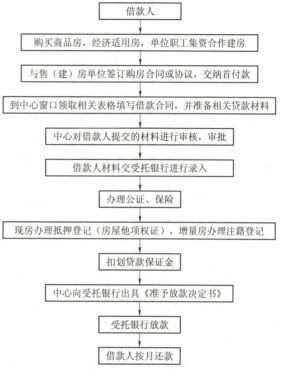

图 6-7　银行按揭流程图

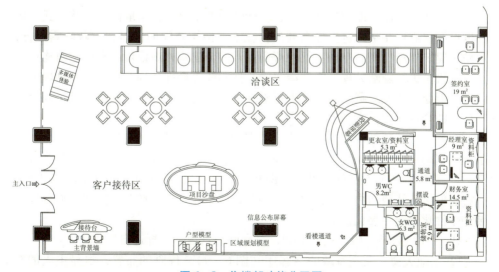

图 6-8　售楼部功能分区图

（2）样板房的包装要点

1）样板房应给人一种真正"家"的感觉

样板房不是简单的展示单位，而要营造一个真实的居家环境。各个房间布置、摆设、各局部的细节处理，都应给人一种马上就能舒舒服服住下来的感觉。万科的样板房就包装得十分细致周到，厨房里冰箱、厨具、水果、蔬菜等一应俱全。这样，消费者一边考察参观，一边又不知不觉把自己融入居家的角色，很容易产生认同。

2）户外独立样板房

户外独立的样板房，一方面可以避开施工的影响，保证施工建造不受外界干扰；另一方面又可以尽量弥补样板房局部细节如朝向、通风采光等的缺陷。

3）包装切合主题

如万科俊园各处以墙色、艺术画、雕像、吊灯、壁灯、雕栏等，营造艺术品位，突出楼宇的古典欧式风格，体现万科品牌和俊园的高雅气派。从外到内，大到厅堂，小到每一个建筑布局，都力图包装出高雅非凡的效果。

4）迎合客户需求的样板房设计

一位欲购买两居室的消费者曾花了很多时间专门看楼后苦笑着说："房子好是好，就是不太适合我。"据说客厅的地板用了进口大理石，天花板考究地制作出不同光带的层次，就连洗手间也采用了酒店式包装，洗手盆和坐厕采用的都是最新设计，可以说是豪华装修。但该楼盘的户型分明定位于工薪一族，如此包装是否能达到理想的效果？其实精明的房地产开发商会根据不同的消费层次、不同的消费需求开发出多样化、针对性强的楼盘，那么样板房也应该与其配套，两者在设计主旨上是统一的。

（3）明星楼盘样板房的参考案例

1）保利花园

为了使室内使用面积达到极限，设计师动够了脑筋，采取隐蔽、暗藏式外墙管槽设计，避免在室内过多穿孔开凿；在增加使用空间的同时，隐蔽外露部分，不破坏建筑外观，而且空调主机隐蔽安置，结合建筑外观设计，利用建筑构造将空调高机位进行隐蔽处理。空调冷水管、控制线等全部预埋。这样，能预埋的就预埋，能隐藏的就隐藏，自然节省了不少空间。另外，住宅的跃层设计，亦增加了住宅的合理面积，实用率高，提高了经济效益。

在各幢楼的顶部两层进行复式跃层设计以进一步增强住宅的亲和力，上、下层分配明确，使室内功能分布更合理。此外，在装修设计上，利用室内分为公共活动区（图6-9）、秘密空间区（图6-10）。硬装修部分，比如墙壁、天棚，只将它们刷得清清白白，不作过多的装饰，留给业主更多的写意空间，充分展示装饰个性化及业主品位。

① 卧室（图6-10）色调柔和，采光好、景观好、舒适自然。

② 落地大窗，明亮宽敞的会客厅（图6-9），优雅的布置，尽显主人的尊荣地位。

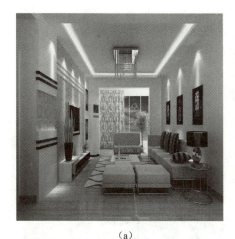 

（a）　　　　　　　　　　　　　　（b）

图 6－9　保利花园·公共活动区（会客厅、饭厅）

③ 隐式厨具，厨具上下设橱柜，充分利用空间，使厨房显得宽敞和整洁。

④ 卫生间（图 6－11）功能齐全，洗漱、沐浴、如厕、洗衣等活动空间分开，没有缩手缩脚的压抑感。

图 6－10　保利花园·秘密空间区（卧室）　　　图 6－11　保利花园·卫生间

2）翠湖山庄

翠湖山庄经典复式楼王位于高层豪宅的第一、第二层，面向万象翠园，它不像顶层复式或高层中间的复式那样高高在上，但别墅的感觉却特别强。上百平方米的露台私家花园与 4 万多平方米的中庭园林相映叠翠，蔚为壮观。

该复式楼王开创了底层复式设计的先河，欧陆内饰设计与江南古典家私配伍，延展了横向空间，为不可多得的杰作。

① 400多平方米的豪华复式，娱乐间开家庭派对绰绰有余（图6-12）。

② 复式的客厅，够高，空间够大，豪气十足（图6-13）。

③ 房外有露台花园，推拉落地窗一拉开，满眼翠色扑入房间。

④ 主人房有小憩间和花园阳台，使主人感觉舒服。

图6-12　翠湖山庄·豪华复式

图6-13　翠湖山庄·豪华客厅

▶ 本章小结

　　房地产项目形象包装策划包含有楼盘VIS设计和楼盘（小区）形象包装两个方面的内容，本章从楼盘名称标识等的设计入手，分析了楼盘的VIS设计要领。对楼盘（小区）的形象包装主要从楼盘品牌形象包装、售楼部和样板间的形象包装三个方面进行了介绍。

▶ 关键概念

　　VIS　　楼盘主题概念　　楼盘形象包装

▶ 思考题

　　1. 楼盘VIS设计的主要内容有哪些？

　　2. 对楼盘销售人员的培训包括哪些方面？

▶ 案例分析

案例一：

　　"首付2万，拥有自己的家" "买房送车" "月供仅需777元，年回报率10%" "最高价×××元 VS 最低价×××元"……2008年7月，万科城市高尔夫、丰泰城率先推出"最低价3 500元/平方米"的促销信息。万科城市高尔夫近期又打出最高价4 974元/平方米，中惠沁林山庄目前正在推广的"水立方"，明确打出不分楼层，最低 3 380 元/平方米，最高 3 980 元/平方米。

随着楼市的理性回归，铺天盖地的房地产广告越来越多是直白务实型的。这些广告语因其内容简单易懂，也被人称为"傻瓜"式用语。有人士透露，创作一个楼市平面广告的公式是：占画面 50% 以上的楼盘效果图＋美丽的风光背景＋一句口气很大的主标题＋一个 LOGO 放在明显位置下＋煽动性的文学性语言。然而，近期楼市中一味追求概念和意境的广告好像越来越少，取而代之的是越来越多直白、务实的广告内容，"3 480 元/平方米，重温 2005 年""炒金买股风险大，通胀怎么办？三万多不如买套××公寓，地板价、送精装、坐收租。"

思考讨论：

1. "傻瓜式"广告语的流行反映了消费者的哪些需要和动机？

2. 你怎样看待这种广告？

案例二：

请分析以下房地产开发企业的 VIS 设计。说说你认为的好的 VIS 设计，并说明理由。

  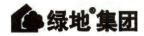

第七章

房地产销售策略

▶ **学习目标**

通过本章的学习，了解房地产销售人员素质和能力的基本要求；熟练掌握购房者心理和房产销售策略；掌握现场销售的基本程序与技巧。

▶ **知识点**

1. 掌握购房者心理和房地产销售策略；
2. 掌握现场销售程序与技巧。

▶ **技能要求**

1. 具备接待客户的能力；
2. 具备介绍产品、销售洽谈的能力；
3. 具备基本的销售素质和能力。

开篇案例

一位置业顾问的客户带着一位朋友来买房，此前该客户来过多次，意向性高。该客户对着沙盘向旁边的朋友介绍自己房子的位置，并对楼盘的各方面做了一番介绍，想听听朋友对楼盘的看法。这本来是很正常的事情，这时常常有置业顾问只顾及这位客户的心理，拼命催其订购，不厌其烦地讲解该楼盘、房子的好处。因为该置业顾问认为这个客户基本上买定了，不用太操心。

常常出现以下情况，该客户的朋友只是在旁边轻轻地说了一句，该楼盘不怎么好，或者叫朋友等会儿再买，于是客户就放弃了购房的念头。

这时"黄灯"就出现了，这个"黄灯"就是该客户的朋友。可是置业顾问有时就喜欢"闯黄灯"，不理客户朋友的话，而是一味地去向客户解说什么什么好处。结果是客户此时已经听不进去，而是听从了朋友的建议。

为什么会出现这种现象呢？首先，客户叫来一起看房的朋友一定是客户心中的"参谋将军"。朋友一句话的分量是很重的，否则客户也不会一起看房，另外，如果朋友对此有反对意见，那么客户也会碍于情面而顺从朋友的意思。

所以在客户朋友这盏"黄灯"亮起的时候，千万别去硬闯。而是要想办法拉拢客户的这位朋友，使之改变立场，使"黄灯"变为"绿灯"。这样就会事半而功倍。

销售流程分为售前服务、售中服务、售后服务三个阶段。因地产业产品的异质性，楼盘具有不可移动、每一个产品都因其地理位置、周边环境不同而具有唯一性，因此，在房地产业的销售过程中，客户到访、售楼接待是其最重要的组成部分。大多数客户只有产生参观现场的冲动后，才能形成购买欲望，在经过多次到访、考察后才能产生购买决定。因此可以说，买楼是一项复杂的系统工程，售楼员只有在这一工程中充当专业的解说员、优秀的推销专家、客户的购买决策伙伴后，才能赢得客户最后的购买。

7.1　销售人员的素质和能力

开发商通过房地产策划方案的实施，来吸引消费者选择购买，整个营销过程和营销质量的高低，在很大程度上取决于销售人员的素质和能力。

7.1.1　销售人员的素质

房地产销售人员的素质主要包括以下几个方面：

1. 礼仪修养

（1）个人形象

销售人员的个人形象蕴涵着公司的企业文化，折射出企业的形象，在某种程度上也代表了楼盘的形象。它能够拉近与顾客的距离，减少顾客的疑虑，提高亲和力，进而促使顾客产生购买行为，达成交易。因此，销售人员应有整洁的仪表、亲和力较强的仪容；有主动积极、面带微笑、亲切诚恳的态度；有进退有序的规范的礼仪；有流利的口才、收放自如的交谈能力等。

（2）电话礼仪

在通信高度发达的今天，电话常常是销售人员与顾客交谈的主要沟通手段之一，电话礼仪也是销售人员应具备的素质之一。通过电话给客户留下良好的印象，有利于销售工作的开展。因此，接听电话要采用正确的接听方式和礼貌用语。如接听电话时，一般先主动问候"这里是某某花园或公寓，您好"，而后开始交谈；在与顾客交谈时，声音一定要自然、亲切、柔和，让顾客感到愉快并愿意进一步取得联系，并设法取得企业想要的信息。

（3）接待顾客时的礼仪

良好的仪容和着装，诚恳的微笑能给客户较好的第一印象。因此，接待顾客时应注意和客户目光的交流，这样既能了解客户心理活动，又符合国际惯例；同时，还应注意引领客户看房时及客户离开时的礼仪。如顾客进门时，销售人员应立即上前，热情接待，主动招呼，以提醒他人注意。

2. 知识结构

房地产营销人员应有较强的求知欲和广博的知识。丰富的房地产知识是营销人员做好房地产销售的重要条件。一个好的房地产营销人员不仅应是熟悉本行业的行家，而且要熟悉当地社会的风土民情，具有广泛的社会知识。销售人员的专业知识主要包括以下内容：

（1）房地产企业相关知识信息

房产销售人员应熟悉房地产开发企业或房地产销售代理企业的历史及其在同行中的地位；房地产企业发展历程、企业文化；房地产企业已开发的产品、品牌、社会知名度等。了解本企业的优势，可以增强销售人员的信心。

（2）房地产开发有关知识信息

它主要包括房地产的地点、交通、位置、环境、总建筑面积、占地面积、容积率、建筑物覆盖率、绿化率；房地产产品的结构、功能、用途、价格、得房率及物业管理等知识；竞争楼盘的有关情况、本楼盘的卖点，以及与其他竞争对手的产品优劣比较。销售人员只有对产品的认识多于顾客，才能解答客户对产品的使用、功能等方面提出的各种问题，才能增长销售人员成功推销房地产产品的信心，增加成功地说服客户作出购买决定的机会。

（3）顾客有关的知识信息

顾客有关的知识信息包括：购房者的购买动机、购买心理和购买习惯；谁是购买决策人，影响购买决策者的人有谁，在购买者家庭中扮演什么角色和地位，其家庭收入情况如何。此外，还包括其支出模式，以及购买的方式、条件、时间、偏好等有关信息情况。掌握了上述知识信息，可帮助销售人员做好销售工作。

（4）房地产产业和市场行情有关知识信息

为了更有效地工作，销售人员必须掌握产业和市场内的当前商情和顾客活动的趋势，目前顾客情况如何？怎样才能增加购买量？潜在用户在哪里？潜在的销售量有多大？以及国家有关房地产政策法规等规定，房地产企业占有的市场信息有多少，对市场变化发展的趋势预测准确性如何等。

（5）房地产销售有关法律法规等知识信息

房地产营销人员应了解民法、合同法、商标法、广告法、税法、反不正当竞争法、消费者权益法、城市房地产管理办法、房地产销售管理办法等知识。

3. 敬业精神

销售人员是房地产企业与顾客间沟通联系的桥梁，是企业文化、社区文化和楼盘主题概念传播的窗口，并肩负着不断开拓新顾客维系老顾客的重任。因此，销售人员应热爱本职工作，具有企业的使命感和迫切完成销售任务的责任心，具有坚忍不拔的进取精神与扎实的工作作风，具有一股勇于进取、积极向上的敬业精神，才能扎扎实实地做好销售工作。但是，销售人员工作往往困难重重、环境艰苦，有时甚至遭受顾客的"白眼"，所以，销售人员更应该积极发掘销售机会，掌握好适当的销售时机，尽可能促成顾客购买。

4. 心理素质

房地产销售人员应具备自知、自信、自尊、自爱、乐观开朗、坚忍奋进的心理素质，了解自己的职业，了解客户，了解企业，才能够开展好销售工作。乐观、豁达、愈挫愈勇的性格和良好的心理素质，是优秀的销售人员必备的基本素质之一。

5. 职业道德

职业道德是指从事一定职业劳动的人们，在特定的工作和劳动中以其内心信念和特殊社会手段来维系的，以善恶进行评价的心理意识、行为原则和行为规范的总和。房地产销售人员除掌握必要的专业知识和其他知识外，还应该具备良好的职业道德素质，这是房地产销售成功的要件。

6. 身体素质

销售人员在销售旺季每天要接触大量的人员，客户离开后还要对当天的客户各种信息和有关资料进行归类整理、统计和分析，这些信息对企业非常珍贵。因此，必须有好的身体素质，才能精力充沛，充满信心地应对繁忙的工作。

7.1.2　销售人员的能力

房地产销售人员的能力主要包括以下几种：

1. 创造能力

销售人员需要有较好的创造力和坚强的信念，对行业、企业和市场了解的越深就越有创意。任何时候，销售人员都不能使对方受到强制的感觉。因为，与销售人员相对的客户，本来就有一种抗拒感。再加上受强制的感觉，销售人员就很难与顾客进行有效的沟通交流。因为有人说，杰出的推销员，给客户的是期待而不是强制。

2. 判断及察言观色能力

由于房地产市场环境和顾客凸显的个性日益复杂化，而且受到许多因素的制约，这就要求销售人员在销售过程中，要具有极大灵活性，要有敏锐的观察能力，因人而异地选取推销方式，并随时观察顾客对推销陈述和推销方式的反应，揣摩其购买心理的变化过程，有针对性地改进推销方法，提高推销的成功率。

3. 自我驱动能力

推销，简单地说就是将产品卖给顾客。它是一项专业性较强的工作，很多人之所以无法成为出类拔萃的推销员，主要原因是无法战胜自己。要成为一个成功的推销员，首先要做到不服输，这并不意味着跟别人较量，它更应该跟自己较量，战胜自己，确立绝不言败的个性及精神。

4. 人际沟通的能力

销售人员必须有沟通能力，能在很短时间内缩短与客户之间的距离，找到谈话的共同点，同时让客户接受自己，让顾客愿意将自己的想法意见说出来，彼此形成良好的合作关系，就离成功近了一步。

5. 从业技术能力

销售人员应熟悉房地产市场交易法规、程序，具有策划和组织小型促销活动的能力，具有一定的文案写作能力，具有丰富的房地产市场知识并能灵活运用的能力，能为消费者提供满意的方案，能针对不同类型的消费者从不同的角度做不同的介绍，对房地产市场信息能作出正确的分析和判断，如此才能为客户提供优质的服务。

6. 说服顾客的能力

销售人员要能熟练地运用各种推销技巧，成功地说服顾客。同时要熟知推销工作的一般程序，了解顾客的购买动机和购买行为，善于展示和介绍产品，善于接近顾客，善于排除顾客的异议甚至达成交易。

此外，销售人员还应树立双赢理念，做好置业顾问。由于销售人员代表企业利益，同时也要为顾客着想，重视顾客利益。

7.2　房产现场销售实施工作程序

房产现场销售接待服务流程如图 7-1 所示。

房地产现场销售设计环节较多，从顾客电话预约或者顾客进入售楼中心开始，其间涉及迎接客户、介绍产品、购买洽谈、带看样板间、客户追踪、成交收定、签订合同、销售变更、销售投诉处理等多个环节，如图 7-1 所示。

流程一：接听电话

房地产企业在报刊、电台、电视台广告播出以后，往往就有许多消费者立刻打电话询问，了解房地产产品销售的大概情况；也有客户先打电话询问几家房地产公司，再决定到哪家房地产公司的现场去。

电话接听的关键就是一定要说服消费者到销售现场来，须注意的要点；

① 语调须亲切，吐字须清晰易懂。

② 语速平缓，简洁而不冗长。

③ 事先准备好介绍的顺序，抓住重点，有条不紊，简洁地叙述。

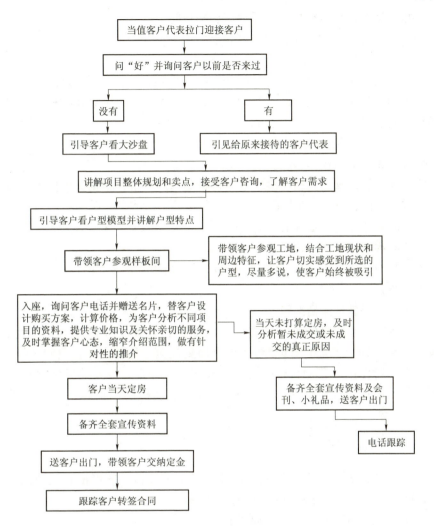

图 7-1 现场销售接待服务流程图

1. 接听电话礼仪

（1）处理接听电话——接听电话礼仪

办公台上应预备好纸和笔。

基本要求：

接听电话态度必须和蔼，语音亲切。一般主动问候"您好！"，而后开始交谈。

通常客户在电话中会问及价格、地点、面积、户型、银行按揭等方面的问题，销售人员要扬长避短，在回答中将产品巧妙地融入。

在与客户交谈中，要设法取得想要的信息，如客户姓名、地址、联系电话、能接受的价格、面积、户型及对产品的要求等。

直接约请客户来售楼中心观看现房、样板间。

马上将所有资讯记录在客户来电表上。

（2）注意事项

要控制接听电话的时间，一般而言，接听电话以2～3分钟为宜；电话接听适应由被动接听转为主动介绍、主动询问；应将客户来电信息及时整理归纳，与现场经理及现场人员充分沟通交流。

（3）来电统一说辞

例如：先主动问候："您好！"。

客户问：你们这边价格多少？答：价格是一房一价，根据具体位置、楼层不同，价格也不同，11万/套起售。

客户问：楼盘在什么地方？答：本楼盘在××××××××××

客户问：有什么样的户型？

答：我们这边有32～84平方米的户型，不知您需要多大的户型？（有的可以做简单介绍）

客户问：楼盘具体情况？

答：我们是精装修的单身公寓，里面配置比较齐全（热水器、卫生洁具、地板、全套家具、床、电磁炉等），可以做到提包入住的，并且我们今年10月份就可以交付使用。我们售楼处资料比较齐全，并且有专人进行介绍，如果您有时间，欢迎您来售楼处现场看一下。（注意：明确的邀请客户，不得超过两次）

流程二：迎接客户

1. 基本动作

① 客户进门，每一个看见的人都要主动上前迎接，并彬彬有礼地说："您好！请问是看房吗？"提醒其他销售人员注意。

② 销售人员应立即上前，热情接待。

③ 帮助客人收拾雨具、放置衣帽等。

④ 通过随口招呼，区别客户真伪，了解所来的区域和接受的媒体。

2. 注意事项

① 销售人员应仪表端正，态度亲切。

② 询问客户是否为第一次看房，如以前来过，便由第一次接待的销售人员上前接待；反之则继续接待。

③ 接待客户一般一次只接待一人，最多不要超过两个人。

④ 若不是真正的客户，也应该注意现场整洁和个人仪表仪容，以随时给客户良好印象。

⑤ 不管客户是否当场决定购买，都要送客到营销中心门口。

流程三：介绍产品

1. 基本动作

① 了解客户的个人资讯。

② 自然而又有重点地介绍产品（着重产品功能、楼盘配套、地段优势、远景规划、装饰建材等的说明）。

2. 注意事项

① 侧重强调楼盘的整体优势。

② 将自己的热忱和诚恳推销给客户，努力与其建立相互信任的关系。

③ 通过交谈正确把握客户的真实需求，并据此迅速制定应对策略。

④ 当客户超过一个人时，注意区分其中的决策者，把握他们之间的相互关系。介绍房地产产品的过程中随机应变，一面引导消费者，一面配合消费者，关键是针对消费者的需求，真诚地做好参谋，提供给消费者合适的房地产商品。

流程四：购买洽谈

1. 基本动作

① 倒茶寒暄，引导客户在销售桌前入座。

② 在客户未主动表示时，应该立刻主动地选择一户做试探型介绍。

③ 根据客户喜欢的户型，在肯定的基础上，做更详尽的说明。

④ 针对客户的疑惑点，进行相关解释，帮助其逐一克服购买障碍。

⑤ 在客户有 70% 的认可度的基础上，设法说服他下定金购买。

⑥ 适时制造现场气氛，强化购买欲望。

2. 注意事项

① 入座时，注意将客户安置在一个视野愉悦便于控制的范围内。

② 个人的销售资料和销售工具应准备齐全，随时应对客户的需要。

③ 了解客户的真正需求。

④ 注意与现场同事的交流与配合，让现场经理知道客户在看哪一户。

⑤ 注意判断客户的诚意、购买能力和成交概率。

⑥ 现场气氛营造应该自然亲切，掌握火候。

⑦ 对产品的解释不应该有夸大虚构的成分。

⑧ 不是职权范围内的承诺应呈报现场经理。

流程五：带看现场，样板间

1. 基本动作

① 结合工地现状和周边特征，边走边介绍。

② 结合户型图、规划图、让客户真实感觉自己所选的户别。

③ 结合样板间的实景效果将公共区域的装饰装修特点一一向客户解说。

2. 注意事项

① 带看工地路线应事先规划好，注意沿线的整洁和安全。

② 嘱咐客户戴好安全帽及其他随身所带物品。

流程六：暂未成交

1. 基本动作

① 将销售资料和海报备齐一份给客户，让其仔细考虑或代为传播。

② 再次告诉客户联系方式和联系电话，承诺为其作义务购房咨询。

③ 对有意的客户再次约定看房时间。

2. 注意事项

① 暂未成交或未成交的客户依旧是客户，销售人员应该态度亲切，始终如一。

② 及时分析未成交或暂未成交的原因，记录在案。

③ 针对未成交或暂未成交的原因，报告现场的经理，视具体情况，采取相应补救措施。

流程七：填写客户资料表

1. 基本动作

① 无论成交与否，每接待一位客户后，应立刻填写客户资料表。

② 填写重点为客人的联系方式和个人资讯、客户对产品的要求条件和成交或未成交的真正原因。

③ 根据成交的可能性，将其分为 A（希望）、B（有希望）、C（一般）、D（希望渺茫）四个等级认真填写，以便以后跟踪客户。

2. 注意事项

① 客户资料应认真填写，越详尽越好。

② 客户资料表是销售人员的聚宝盆，应妥善保管。

③ 客户等级应视具体情况，进行阶段性调整。

④ 每天或每周，应有现场经理定时召开工作会议，根据客户资料表检讨销售情况，并采取相应的措施。

流程八：客户追踪

1. 基本动作

① 根据客户等级与之联系，并随时向现场经理汇报。

② 对于很有希望、有希望等级的客户，销售人员应列为重点对象，保持密切联系，调动一切可能，努力说服。

③ 将每一次追踪情况详细记录在案，便于以后分析判断。

④ 无论最后成功与否，都要婉转要求客户帮忙介绍客户。

2. 注意事项

① 追踪客户要注意切入话题的选择，勿给客户造成销售不畅、死硬推销的印象。

② 追踪客户要注意时间间隔，一般以 2～3 天为宜。

流程九：成交收定

1. 基本动作

① 客户决定购买并下定金时，及时告诉现场经理。

② 恭喜客户。

③ 视具体情况，收取客户大定金（人民币一万元整），并告诉客户对买卖双方行为的约束。

④ 详尽解释订单填写的各项条款和内容。

⑤ 收取定金，请客户、经办销售人员、现场经理三方签名确认。

⑥ 填写完订单，将订单连同定金交送现场经理备案。

⑦ 将订单第一联（订户联）交客户收执，并告诉客户于补足或签约时将订单带来。

⑧ 确定定金补足日或签约日。

⑨ 再次恭喜客户。

⑩ 送客至营销中心大门外。

2. 注意事项

① 与现场经理和其他销售人员密切配合，制造并维持现场气氛。

② 折扣或其他附加条件，应呈报现场经理同意备案。

③ 订单填写完后，再仔细检查户别、面积、总价、定金等是否正确。

流程十：定金补足

1. 基本动作

① 定金栏内填写实收补足金额。

② 将约定补足日及应补足金额栏划掉。

③ 再次确定签约日期，将签约日期和签约金填于订单上。

④ 若重新开订单，大定金单依据小定金单的内容来写。

⑤ 详细告诉客户签约的各种注意事项和所需带齐的各类证件。

⑥ 恭喜客户，送至营销中心门口。

2. 注意事项

① 在约定补足日前，再次与客户联系，确定日期并做好准备。

② 填写好后，再次检查户别、面积、总价、定金等是否正确。

③ 将详尽的情况向现场经理汇报备案。

流程十一：换户

1. 基本动作

① 订购房屋栏内，填写换户后的户别、面积、总价。

② 应补金额及签约金，若有变化，以换户后的户别为主。

③ 于空白处注明哪一户换至哪一户。

④ 其他内容同原订单。

2. 注意事项

填写完后，再次检查户别、面积、总价、定金、签约日等是否正确。

将原订单收回。

流程十二：签订合约

1. 基本动作

首先感谢客户选择了我们的房屋。

验对身份证原件，审核其购房资格。

出示商品房预售示范合同文本，逐条解释合同的主要条款：

① 转让当事人的姓名或名称，住所；

② 房地产的坐落、面积、四周范围；

③ 土地所有权性质；

④ 土地使用权获得方式和使用期限；

⑤ 房地产规划使用性质；

⑥ 房屋的平面布局、结构、构筑质量、装饰标准以及附属设施、配套设施等状况；

⑦ 房地产转让的价格、支付方式和期限；

⑧ 房地产支付日期；

⑨ 违约责任；

⑩ 争议的解决方式。

与客户商讨并确定所有内容，在职权范围内作适当让步。

签约成交，并按合同规定收取第一期房款，同时相应抵扣已付定金。

将订单收回交现场经理备案。

帮助客户办理登记备案和银行贷款事宜。

登记备案且办好银行贷款后，合同的一份应交给客户。

恭喜客户，送客至大门外。

2. 注意事项

① 示范合同文本应事先准备好。

② 事先分析签约时可能发生的问题，向现场经理报告研究解决办法。

③ 签约时，如客户有问题无法说服，汇报现场经理或更高一级主管。

④ 签合同最好由购房户主自己填写具体条款，并一定要其本人亲自签名盖章。

⑤ 由他人代理签约的，户主给予代理人的委托书最好经过公证。

⑥ 解释合同条款时，在感情上应侧重于客户的立场，让其有认同感。

⑦ 签约后的合同，应迅速交房地产交易机构审核，并报房地产登记机构备案。

⑧ 牢记：登记备案后买卖才算成交。

⑨ 签约后的客户，应始终与其保持接触，帮助解决各种问题并让其介绍客户。

⑩ 若客户的问题无法解决而不能完成签约时，让客户先请回，另约请时间，以时间换取双方的折让。

⑪ 及时检讨签约的情况，若有问题，应采取相应的应对措施。

流程十三：退户

基本动作：

① 分析退户原因，明确是否可以退户。

② 报现场经理或更高一级主管确认，认定退户。

③ 结清相关款项。

④ 将作废合同收回，交公司留存备案。

7.3 房地产销售策略

7.3.1 顾客购房心理与房产销售策略

顾客的消费行为是其心理活动的外在表现，即顾客的行为是受其内在心理活动的支配和制约的。

销售人员经常与顾客打交道，顾客不同，其偏好自然不同，则购买行为也不同，其心理活动也具有不同的特点。销售人员只要"对症下药"，就可以节约交易成本。下面介绍一些常见的顾客购房心理类型与房产销售对策，以供参考。

1. 按性格差异划分类型

（1）理智稳健型顾客

① 心理活动特征：考虑问题冷静稳健，不容易被销售人员的言辞所打动，对于项目的疑点，他们一定会详细了解，不会半点含糊。

② 销售对策：在销售过程中加强对房屋本质、开发商及房屋独特优点的介绍，而且说辞必须有理有据，从而获得顾客的理解和信任。

（2）小心谨慎型顾客

① 心理活动特征：这类人由于做事过分小心，无论大事小事，哪怕是一块玻璃，一个开关都在顾虑之内，常常因为一个无关大局的小事而影响最终决定。

② 销售对策：销售人员应该在销售过程中通过几个细节的介绍尽快取得对方的初步信任，加强其对产品的信心。当其考虑问题远离主题时，应该随时创造机会将其导入正题。在其交纳定金后，更应该让其赶快签约，以坚定其选择。

（3）沉默寡言型顾客

① 心理活动特征：这种人往往做事谨慎，考虑问题常常有自己的一套，并

不轻易相信别人的话，外表严肃，反应冷漠。

②销售对策：在介绍产品的特点以外，应通过亲切的态度缩短双方的距离。通过多种话题，以求尽快发现其感兴趣的话题，从而了解其真正需求。如表现厌烦时，可以考虑让其独自参观，并不时留意，在其需要时进行介绍。

（4）感情冲动型顾客

①心理活动特征：这种人天生容易激动，容易受到外界的怂恿和刺激，一旦激动起来，则很快就能作出决定。

②销售对策：从一开始就不断强调产品的特色和实惠，促使其快速决定。当顾客不想购买时，更应该应对得体，以免其过激的言辞影响到其他顾客。

（5）优柔寡断型顾客

①心理活动特征：内心犹豫不决，不敢做决定，可能是第一次购房，所以经验不足，害怕上当受骗。

②销售对策：销售人员必须态度坚决而自信，通过信而有证的公司业绩、产品品质、服务保证来赢取顾客信赖，并在适当的时机帮助其做决定。

（6）敏感型顾客

①心理活动特征：这种人比较敏感，听风便是雨，事事容易往坏处想，任何小事都容易刺激到他，其实也是表现了其心里没底，需要帮助。

②销售对策：开始时必须言行谨慎，多听少说，仪态庄重严肃，在取得信任后以有力的事实说服对方，不要做过多的描述。

2. 按年龄划分的客户类型

（1）年老客户

①心理活动特征：这种类型的客户包括老年人、寡妇、独夫等，他们的共同的特点便是孤独。他们往往会寻求朋友及家人的意见，来决定是否购买商品。对于推销员，他们的态度疑信参半，因此，在作购买的决定时他们比一般人还要谨慎。

②销售对策：进行商品说明时，言辞必须清晰、确实，态度诚恳而亲切，同时要表现出消除他的孤独。向这类客户推销商品，最重要的地方在于你必须让他相信你的为人，这样一来，不但容易成交，而且你们还能做好朋友。

（2）年轻夫妇与单身贵族

①心理活动特征：这类客户注重生活的品质与个性，对新鲜事物往往容易接受。

②销售对策：对于这类客户，你必须表现自己的热诚，进行商品说明时，可刺激他们的购买欲望。同时在交谈中不妨谈谈彼此的生活背景、未来、感情等问题，这种亲切的交谈方式很容易促使他们产生购买的冲动。然而，你必须以考虑这类顾客的心理负担为原则。

总之，只要对商品具有信心，再稍受刺激，他们自然会购买。

（3）中年客户

① 心理活动特征：这种类型的顾客既拥有家庭，也有安定的职业，他们希望能拥有更好的生活，注重自己的未来，努力想使自己活得更加自由自在。

② 销售对策：最重要的是和他们做朋友，让他们能信赖你。你必须对其家人表示关怀之意，而对其本身，则予以推崇与肯定，同时说明商品与其美好的未来有着密不可分的关联，这样一来，他们在高兴之余，生意自然成交了。中年家庭是消费市场的领先者，如果你拙于言辞，那么还是尽量避免浮夸不实的说法，认真而诚恳地与顾客交谈，这才是最好的办法。

7.3.2　房产销售中的策略运用

1. 探询性策略

当房屋销售人员对购房顾客的需求情况并不了解，无法确定诉求的重点时往往采用这一策略。这时，销售人员可以先用多种话题探询一下顾客，在吸引其注意的同时，掌握他的兴趣所在以及属于哪种类型的消费者等。在准确了解顾客的反应后，就可以采取相对应的房产营销措施，比如强调房产的实际效用、内在质量、价格优势、交通方便、保值增值等。只要引导购房顾客说话、表达他的意愿，房产买卖就成功了一半。因此，房产销售人员往往花较多的时间、精力放在探寻顾客上。

2. 针对性策略

针对性策略的运用是建立在原有的调查、经验基础上，或通过探询性策略已了解顾客的需求，方可采取针对性策略。销售人员针对顾客的实际情况，有目的、有步骤地宣传、展示和介绍商品，使顾客产生购买欲望。比方顾客追求教育配套，就可以多谈周围的学校、教师素质，以打动对方，形成交易。

运用针对性策略，销售人员一定要始终体现出诚意，当顾客感到销售人员真的是在为其出谋划策而不是推销房产时，交易也就成功了。

3. 诱导性策略

诱导性策略指销售人员运用能激起顾客某种需求的说服方法，诱导顾客进行购买的推销策略。

有时顾客在和销售人员的交谈中，一些潜在的需求一下变得很强烈，甚至产生了一些从未考虑过的需求，最后自觉地加入到购买行列中。诱导性策略是一种"创造性营销"，要求销售人员运用高超的营销艺术与技巧，去诱发顾客产生某方面需求，并激发这种需求，然后再不失时机地推出房产产品，来满足这种需求。

▶ **本章小结**

通过本章学习，了解房地产销售人员的要具备的基本素质和能力，能够学会现场销售的基本程序，重点学会有关销售策略的运用。

▶ **关键概念**

退户　　换户　　探询性策略　　诱导性策略　　针对性策略

▶ **实训项目**

在实训室或校外实训基地，就某一楼盘进行现场（模拟）的沙盘讲解或销售接待服务。

▶ **思考题**

1. 销售人员应具备哪些素质和能力？
2. 简述房地产销售的程序。
3. 谈谈你对房地产销售策略的运用（举例一两个）。

附表

换房申请审批表

记录编号：

认购人全称： 原认购日期： 年 月 日

	放弃单位资料	申请更换单位资料
项目/楼栋/房号		
成交价格		
建筑面积		
成交单价		

换房申请说明

认购人（全体）：

日期： 年 月 日

商品房交付使用通知书

尊敬的 　　　　　　先生/女士：

　　您所购买的××花园×期×座××号商品房已经竣工验收合格，具备了交付使用条件。根据贵我双方签订的《商品房买卖合同》，请您携带以下资料，于本《商品房交付使用通知书》发出之日起十五日内前往××办理相关手续：

1.

2.

3.

　　另提示您注意，依照有关法律规定：买受人接到出卖人的交付使用通知，无正当理由拒绝接收或未按本通知书规定时间前来办理相关手续的，房屋毁损、灭失的风险及相关管理费用自本《商品房交付使用通知书》发出后第十六日起由买受人承担。

　　特此通知。

××市××房地产有限公司

××××年×月×日

住宅使用说明书

填发日期：　　　　年　　　月

住宅项目	名　　称	[点击添加文本] 项目 [---------] 期			
	地　　址	深圳市 [---------] 区 [---------] 路 [---------] 号			
	邮　　编	[---------]			
开发单位	名　　称	深圳市万科房地产有限公司			
	地　　址	深圳市罗湖区爱国路 1001 号俊园五楼			
	电　　话	0755 – 25568039	邮　　编		518003
设计单位	[单位名称]	[---------] 阁 [---------] 居 [---------] 苑、[---------] 号楼			
		地　址: [---------]			
		电　话	[---------]	邮编	[---------]
施工单位	[单位名称]	[---------] 阁 [---------] 居 [---------] 苑、[---------] 号楼			
		地　　址: [---------]			
		电　话	[---------]	邮　编	[---------]
监理单位	[单位名称]	[---------] 阁 [---------] 居 [---------] 苑、[---------] 号楼			
		地　　　址: [---------]			
		电　话	[---------]	邮　编	[---------]
项目/住宅部位	使用说明和注意事项				
项目概况	1. 项目基本信息：万科 [---------] 项目 [---------] 期包括 [---------] 阁、[---------] 阁（or [---------] 居 [---------] 苑、 [---------] 号楼），共 [---------] 户。 2. 项目现有公共设施：会所、商业、泳池、球场、学校、幼儿园等。 3. 物业管理处：位于 [---------]，联系电话: [---------]。				
建筑设计说明	1. 建筑形式：万科 [---------] 项目 [---------] 期由 [---------] 栋高层（小高层）、[---------] 栋多层、[---------] 栋 TOWNHOUSE、[---------] 栋独立别墅组成。 2. 层高：高层（小高层、多层）标准层层高为 [---------] 米（须扣除楼板厚度方为室内净高）；因户型变化，非标准层以及 TOWNHOUSE、独立别墅的层高会有所不同，范围在 [---------] ～ [---------] 米之间。				

续表

项目/住宅部位	使用说明和注意事项
建筑设计说明	3. 地下室（车库）：高层地下室平时用途为停车库、设备房和管理用房，战时用途为人防隐蔽区域；TOWNHOUSE、独立别墅地下室（半地下室）用途为［--------］。 4. 设备用房：电梯机房、发电机房、配电房、水箱间、水泵房以及其他公共设施用房只允许物业管理处专职工作人员进入，请客户避免擅自进入，否则可能发生意外。 5. 电梯：分为生活梯和消防梯，发生火警时，生活梯自动回到底层停止运行，此时消防梯只供消防员使用，客户切勿再用电梯，而应通过消防楼梯防火通道迅速疏散到就近的室外、避难层或屋面，等待消防员救援。
结构设计说明	1. 本建筑物上部结构采用［--------］结构类型，基础采用［--------］（型式）。 2. 墙体材料：外墙采用［--------］，内墙采用［--------］。 3. 按国家现行规定，本建筑物抗震设防烈度为 7 度，抗震设防类别为［--------］类，设计地震分震分组为［--------］组。其中框架的抗震等级为［--------］级，剪力墙的抗震等级为［--------］级。 4. 按国家工程建设标准强制性条文规定，建筑物的合理使用年限为 50 年。
建筑、结构安全	1. 本建筑主体结构（包括框架梁、柱、楼板及承重墙体等）的任何损伤都可能引起严重的结构安全问题。 2. 所有改变使用功能的项目（包括拆除或改变隔墙及分户墙，在墙体、梁、柱及楼板上开凿孔洞，改变进户门及影响外墙立面的门、窗，顶层及屋顶平台装修等）都可能危及客户自身及他人利益或安全。 3. 屋内的墙面、天棚抹灰层和地面找平层如果用锤子敲打或用冲击钻钻孔，会引起这些部位及附近区域的抹灰层及表面装饰层出现空鼓脱落问题。 4. 为避免楼板荷载超过设计规定，客户在装修时应避免采用石材等重质材料作为地面装饰材料。 因此，客户装修前，需将装修方案报给物业管理处审核通过后方可实施，否则可能危及自身和他人的利益或安全，客户将对因此产生的后果负责。
防水工程	1. 已装修的厨房、卫生间、阳台地面与墙面，所有穿过楼板的下水管洞周边，以及屋面、露台和外墙面等部位，均采取了防水措施。客户在装修时应采取保护措施，不应随意打凿开孔，以免破坏防水系统导致渗漏水情况发生，对自身和他人造成损失。如确有需要，客户应事前经过物业管理处同意后方可施工，并请专业防水技术人员补做防水处理，同时对处理的部位承担保修责任。

项目/住宅部位	使用说明和注意事项
防水工程	2. 交房标准为毛坯房的，客户装修时须在厨房、卫生间自行加做柔性防水层，并确保防水工程质量合格。 3. 厨房、卫生间地面采用结构降板和排水管道板上明敷的设计意图是方便客户自由布置洁具，避免因修改管道而打凿楼板。管道修改完成后，厨卫间与室内地面之间的高差需要客户自行填充，客户需要控制填充的材料，不应填充水泥砂浆或混凝土等容重较大的材料，因为厨卫间楼板的承重荷载是按照填充轻质材料设计的，管道安装完毕后，建议客户按如下方法施工：填充 1∶8 的陶粒混凝土——加做一层 40 mm 厚细石砼板——做 1.5 mm 厚 JS 防水涂膜（周边墙根部位从建筑完成面上翻 250 mm 高）——20 mm 砂浆保护层——面层铺贴材料，客户亦可咨询其他专业人士确定防水方案。
白蚁预防工程	1. 本项目在建设过程中已按政府之要求对建筑物地基、基础、楼面墙基、电梯井、管道井、电缆沟、管沟、变形缝、木门、木门框和其他木构件等处做了喷药预防白蚁处理。 2. 该措施仅对上述部位之白蚁预防起到作用，并不能完全消除白蚁之来源。为此，请客户装修时根据自身实际情况咨询专业公司，对装修所用木料和其他相关部位进行必要的预防白蚁处理。
门、门窗和外墙预留洞	1. 客户请勿改变进户门及外墙窗户设计风格、式样和开启方向（涉及消防防火分区），如需安装防护设施或防盗门，应采用物业管理处确定的统一式样和材料，且安装时保证建筑外观不受破坏。 2. 所有门、窗和未使用的空调、热水器等外墙预留洞在遇台风、暴雨时应关严和严密封堵，以防大风吹坏门窗扇坠落伤人，或渗水对室内造成损坏。 3. 客户请勿自行随意剔凿外墙门窗洞口周边，以免出现渗漏情况。 4. 铝合金天窗、凸窗与外墙交接处采取了特别防水措施（如设置不锈钢止水钢板，可能有部分外露），客户在装修和使用时请勿取出和破坏，以防渗漏。 5. 住在较高层数的客户，在擦擦门窗时请小心站位，以免坠楼导致伤亡。 6. 客户因特殊情况打不开门锁具时，请与物业管理处联系或请专业人员开锁，切勿试图攀窗或攀越阳台由相邻单元进入。

项目/住宅部位	使用说明和注意事项
阳台	1. 客户不应在阳台安装如铝合金窗等各类形式的封闭构件，或在屋面、露台搭建有顶盖的雨棚、花架等构筑物，以免影响建筑外观整体效果并触犯有关违章搭建的政府条例。 2. 客户在装修与居住使用过程中，应避免在阳台集中堆放超过设计荷载（≤250 kg/m²）的重物，并不应在阳台外端堆置过高或易被大风刮走的物件，以免坠物伤人。 3. 在任何情况下，客户均不应破坏、拆除已安装的阳台栏杆、栏板等构件，或大力撞击、挤压阳台钢化玻璃挡板，以保证使用安全。
上、下水	1. 为保证客户及其他客户住宅上下水正常使用功能，客户在装修与居住使用过程中，请勿擅自拆除、改变或破坏已安装、埋设之上下水管道及其坡度与走向；如确有需要，客户对上下水管道发生任何改动前，请事先征得物业管理处同意。 2. 客户应根据上下水管道的安装或预留现状选购卫生洁具，请特别注意座厕下水口离墙的间距以免无法对准楼板预留口。 3. 务请注意避免水泥、砂石、碎砖、木块、纸张、生活与装修垃圾、不易分解之硬物以及其他大块物体等进入下水管道，以免阻塞而造成排水不畅。 4. 请勿将雨水、污水管道混接。
供配电	1. 住宅每户设配电箱，设计用电负荷［--------］千瓦，分［--------］回路供电，各回路具体供电部位详见配电箱内标识。 2. 客户如需改变原埋设的电线管走向，请敷设符合国家标准的 PVC 电线管，且保证电线接口绝缘良好。 3. 客户应根据各开关、插座的设计容量选用与之匹配的用电设备，以确保使用安全。 4. 配电箱内漏电开关跳开后，请首先检查是否有不安全用电隐患，确认无误后，再合开关。 5. 国家工程建设标准强制性条文规定：客户在装修时应从户表以后设立临时施工用电系统，临时施工供电开关箱中应装设漏电保护器（漏电开关动作电流小于 30 MA，动作时间小于 0.1 秒），进入开关箱的电源线不得用插销连接；安装、维修或拆除临时施工用电系统，应由电工完成（请事先向物业管理出申报）。

项目/住宅部位	使用说明和注意事项
通信	对每套住宅开发商均已提供了电话、有线电视、网络线插座接口和居家智能报警系统以及保安对讲系统，分别为： 1. 电话：每户预留两对电话线（可申请两个号码），客厅、主卧室及主卫生间均设有电话插座接口。 2. 电视：客厅、主卧室设有有线电视插座接口。 3. 网络：书房设有网络线插座接口。 4. 居家报警和保安对讲系统：住宅内已安装有居家智能报警系统以及保安对讲系统，均与物业管理处控制中心连通，必要时客户可直接呼叫中心求助。 客户切勿自行拆除、变更、增加或破坏上述布线与设施，如确有变更或增加配置需要，请提前与以下相关单位联系： 1. 有关电话事宜：[---------] 公司，联系电话：[---------]； 2. 有关电视事宜：[---------] 公司，联系电话：[---------]； 3. 有关网络事宜：[---------] 公司，联系电话：[---------]； 4. 有关居家报警和保安对讲事宜：万科 [---------] 物业管理处，联系电话：[---------]。
燃气	1. 按有关规定，燃气管道除室外埋地干管外均必须明装，客户在装修与使用过程中，请勿将室内外明装燃气管道、报警器和计量表遮盖或封闭。 2. 为确保使用安全，客户切勿自行拆卸、变动燃气管道及附件，如确有需要，请提前向燃气公司申请，并由燃气公司负责施工，联系电话：[---------]。 3. 为确保使用安全，请客户购买符合国家标准并经相关质检部门认可的热水器，注意匹配热水器排气预留孔尺寸，并由专业人员安装就位。平时使用时，请注意保持浴室适当通风，以免发生缺氧或有害气体中毒事件。
消防	1. 各单元门厅、楼道内安装有消防管道、设施，在任何情况下，客户均不应损坏或自行改动，按消防规定，门厅、楼道等消防通道内严禁堆放杂物。 2. 若无火警，客户不应动用任何消防管道、设施。 3. 公共区域所设的防火门用于分隔不同防火区域，某区域发生火警时，防火门可保护相邻区域免受火灾；因此，按规定须常闭的防火门，请勿置于敞开状态，只需保证启闭自如即可。
其他事项	
公共环境	客户在装修过程中，应尽可能避免损坏、污染住户大堂、电梯厅、公共走道墙面、地面及天棚、电梯（含轿箱、门套等）、外墙涂料等。

住宅质量保证书

填发日期：　　　　　年　　月

一、工程质量验收

本建筑工程已按国务院《建设工程质量管理条例》和《××市建设工程质量管理条例》之规定进行了竣工验收，质量合格，并在深圳市建设局进行了备案。

二、保修和期限

本建筑工程及附属设施发生质量问题时按附表所列范围和期限进行保修，在保修期内，由开发商负责安排相关施工单位完成保修工作。

附表所列项目超过保修期限后，开发商将不再承担保修责任，客户可委托物业管理处进行有偿维修服务，或自行安排处理。

三、保修配合、监督与投诉

客户应对保修工作予以配合，每项保修（维修）工作完成后，请客户配合验收并在相关表格上签字确认。

如客户发现开发商及相关单位任何工作人员对保修工作推诿、拖拉、敷衍、不负责任、或为难用户者，请即拨打客户服务热线电话 0755－××××××××投诉，开发商欢迎监督指导。

四、开发商免责条款：

1. 具体项目已超过保修期限，或房地产买卖合同已约定不保修。

2. 因客户未遵守《住宅使用说明书》约定，使用不当或擅自改动结构、设备位置，或装修不当造成的质量问题。

3. 因客户自身原因延误保修造成的损失扩大部分。

4. 不可抗力因素引起的质量问题。

开发商	×××房地产有限公司	电　　话	0755－××××××××
地　　址		邮　　编	××××××
项目名称	［---------］项目［---------］期	工程质量 等级	优良
竣工验收 时间	［------］年［----］月［----］日	交付使用 时间	［------］年［--］月［--］日 合同约定之交付日期
保修受理 部门	×××房地产有限公司保修管理办公室		
联系电话	0755-［---------］ （早9：00～晚6：00）	答复时限	3天内［-------］

续表

保 修 项 目	保修期限	保修期限起算日期
基础设施工程、房屋建筑的地基基础工程和主体结构工程	50 年	竣工验收合格之日
屋面防水工程、有防水要求的卫生间、房间和外墙面的防渗漏	5 年	竣工验收合格之日
白蚁预防工程	15 年	竣工验收合格之日
管道渗漏	2 年	合同约定之交付日期
墙面、顶棚抹灰层及装饰面层脱落	2 年	合同约定之交付日期
墙面裂缝，楼地面空鼓开裂、大面积起砂，面砖松动	2 年	合同约定之交付日期
电气管线、给排水管道	2 年	合同约定之交付日期
门窗开启不灵、翘裂、五金配件	1 年	合同约定之交付日期
卫生洁具	1 年	合同约定之交付日期
灯具（不含灯泡等易耗件）、电器开关	6 个月	合同约定之交付日期
管道堵塞	2 个月	合同约定之交付日期
其他项目		

第八章

房地产客户关系管理

▶ 学习目标

通过本章的学习，学生能把握新经济时代的商务规律，树立"客户资源已经成为最宝贵财富"的管理思想，系统掌握客户关系管理的基本理论、房地产开发企业如何实施客户关系管理的方法和手段，并具备一定的处理客户投诉、提升客户忠诚度的技巧与能力。

▶ 知识点

1. 客户关系管理的基本含义；
2. 房地产开发企业如何实施客户关系管理的方法和手段；
3. 如何正确地处理客户投诉；
4. 如何提升客户的忠诚度。

▶ 技能要求

1. 处理客户投诉的能力；
2. 安抚客户不满的技巧；
3. 客户忠诚度管理的能力。

开篇案例

这是 2003 年 8 月 29 日万科一个外派员工的妻子安雅加贴在王石 ONLINE 上的帖子"城市的冷漠，万科的无情"：半夜被痛醒上吐下泻时，送我去医院的是年幼的儿子和老人。因为，伴侣被万科派驻到了另一个城市。就是不希望这样的异地分居，为了能在一起，10 年前曾经放弃了很多。可是在要开始自认为平稳的日子时，伴侣又开始了这样的行程：派驻异地。更多的责任要有一人承担，孩子、老人……如果对方在异地发生变化，如对情感和家庭的变异导致现有家庭破裂，万科是否应有一定的经济赔偿或是否有这样的保险机会。企业漠视情感，将员工更多地当成机器，我不知道这是公司的无情，还是城市的无情？

王石于2003年8月30日的回帖"市场无情，万科有情"：

看完帖子，作为万科的董事长深表歉意！万科作为一家跨地域经营的企业，外派或分公司之间的职员交流调换是不可避免的，所以在新职员参加万科的志愿表格上有一条：同意或不接受外派的选择回答。万科并不排斥不接受外派的职员，只是注明其提拔培训的机会小于接受外派的职员。对于外派的中层（已婚、有家小的特点），万科的人力资源政策有明确规定：（1）鼓励配偶一起到外派的城市，并协助找工作；（2）对于暂时没有工作的给以经济补贴；（3）对调动的经理给以搬家安置费……对于不愿意随先生/女士外调的家属，万科尊重家属的意见，尽可能作出双方合适的安排。

万科人力资源部门会就你提的问题反思检讨。

再次表示歉意！

作为万科董事长的王石，每天要处理的事情很多，但却能够在第一时间写一封短信去安抚自己员工的家属，说明万科在倡导企业发展的同时能用平等、理解、信任、宽容的心去尊重员工。数据显示，2002年万科全集团整体职员满意度为72分，比2001年提高了6.6分。

2002年年底，万科委托盖洛普调查公司对万科所在城市的42 000多户客户进行了一次满意度调查。从调查结果看，万科成功地将员工满意度转化成客户满意度——老业主的整体满意度为78%，忠诚度为56%；新业主的整体满意度为77%，忠诚度为50%。有63%的客户愿意再次购买二次产品，有75%的业主愿意叫他的亲朋好友来购买万科的房子。

（资料来源：万科天津副总经理、北京万科物业总经理——矫佩民教授提供）

在中国房地产行业，万科是高举领跑者大旗的标杆企业，万科已经是中国知名的品牌，但是，支撑万科品牌背后的力量是什么呢？万科自己的表述是："技术创新、部件品质和服务以人为本。"房地产企业有没有核心竞争力？万科的实践证明房地产企业是有其核心竞争力的，这种竞争力主要体现在产品创新、产业化程度以及企业文化等上面，我们如何来看待品牌背后的东西？上海毕越企业（品牌）咨询公司总经理乔远生先生[①]曾经提出过"房地产品牌的背后是客户关系"的观点，他认为："品牌和客户关系是同一张纸牌的正反面，正面写着品牌，而背面写着客户关系。"一个好的房地产品牌，其后面一定是有庞大的客户关系在支撑着，如果品牌后面没有客户关系支撑的话，那么这个品牌就是建立在

---

① 乔远生先生1992年加盟深圳万科企业股份有限公司，服务于旗下的合资广告公司六年。

沙滩上的大厦，它很快就会倒掉。

8.1   什么是客户关系管理

客户关系管理（Customer Relationship Management，CRM）是一个不断加强与顾客交流，不断了解顾客需求，并不断对产品及服务进行改进和提高以满足顾客的需求的连续的过程。其内涵是企业利用信息技术和互联网技术实现对客户的整合营销，是以客户为核心的企业营销的技术实现和管理实现。客户关系管理注重的是与客户的交流，企业的经营是以客户为中心，而不是传统的以产品或以市场为中心。为方便与客户的沟通，客户关系管理可以为客户提供多种交流的渠道。

对客户关系管理应用的重视来源于企业对客户长期管理的观念，这种观念认为客户是企业最重要的资产并且企业的信息支持系统必须在给客户以信息自主权的要求下发展。成功的客户自主权将产生竞争优势并提高客户忠诚度最终提高公司的利润率。客户关系管理的方法在注重 4P 关键要素的同时，反映出在营销体系中各种交叉功能的组合，其重点在于赢得客户。这样，营销重点从客户需求进一步转移到客户保持上并且保证企业把适当的时间、资金和管理资源直接集中在这两个关键任务上。

西方工业界不断用各种工具和方法进行产业升级：流程、财务、IT 和人力资源，目前进展到最核心的堡垒——营销，而 CRM 就是工业发达国家对以客户为中心的营销的整体解决方案。同时，CRM 在近年的迅速流行应归功于 IT 技术的进步特别是互联网技术的进步，如果没有以互联网为核心的技术进步的推动，CRM 的实施会遇到特别大的阻力，可以说，互联网是 CRM 的加速器，具体的应用包括：数据挖掘、数据仓库、基于浏览器的个性化服务系统等，这些技术随着 CRM 的应用而飞速发展。

CRM 概念引入中国已有数年，其字面意思是客户关系管理，但其深层的内涵却有许多的解释。以下摘录国外研究 CRM 的几位专家对 CRM 的不同定义，通过这些定义让我们对 CRM 有一个初步的认识。

最早提出该概念的 Gartner Group 认为：所谓的客户关系管理，就是为企业提供全方位的管理视角；赋予企业更完善的客户交流能力，最大化客户的收益率。

① CRM 是一项营商策略，透过选择和管理客户达至最大的长期价值。CRM 需要用以客户为中心的营商哲学和文化来支持有效的市场推广、营销和服务过程。企业只要具备了合适的领导、策略和文化，应用 CRM 可促成具有效益的客户关系管理。

② CRM 是关于发展和推广营商策略和支持科技以填补企业在获取、增长和

保留客户方面目前和潜在表现的缺口。它可为企业做什么？CRM 改善资产回报，在此，资产是指客户和潜在客户基础。

③ CRM 是信息行业用语，指有助于企业有组织性地管理客户关系的方法、软件以至互联网设施。譬如说，企业建造一个客户数据库充分描述关系。因此管理层、营业员、服务供应人员甚至客户均可获得信息，提供合乎客户需要的产品和服务，提醒客户服务要求并可获知客户选购了其他产品。

④ CRM 是一种基于 Internet 的应用系统。它通过对企业业务流程的重组来整合用户信息资源，以更有效的方法来管理客户关系，在企业内部实现信息和资源的共享，从而降低企业运营成本，为客户提供更经济、快捷、周到的产品和服务，保持和吸引更多的客户，以求最终达到企业利润最大化的目的。

⑤ CRM 是 Customer Relationship Management（客户关系管理）的缩写，它是一项综合的 IT 技术，也是一种新的运作模式，它源于"以客户为中心"的新型商业模式，是一种旨在改善企业与客户关系的新型管理机制，是一项企业经营战略，企业据此赢得客户，并且留住客户，让客户满意。通过技术手段增强客户关系，并进而创造价值，最终提高利润增长的上限和底线，是客户关系管理的焦点问题。当然 CRM 系统是否能够真正发挥其应用的功效，还取决于企业是否真正理解了"以客户为中心"的 CRM 理念，这一理念是否贯彻到了企业的业务流程中，是否真正提高了用户满意度等。

⑥ 客户关系管理（CRM）：是企业为提高核心竞争力，达到竞争制胜，快速成长的目的，树立以客户为中心的发展战略，并在此基础上展开的包括判断、选择、争取、发展和保持客户所需的全部商业过程；是企业以客户关系为重点，通过开展系统化的客户研究，通过优化企业组织体系和业务流程，提高客户满意度和忠诚度，提高企业效率和利润水平的工作实践；也是企业在不断改进与客户关系的全部业务流程，最终实现电子化、自动化运营目标的过程中，所创造并使用的先进的信息技术、软硬件和优化管理方法、解决方案的总和。

⑦ CRM 是 Customer Relationship Management 的简写，即客户关系管理。CRM 的主要含义就是通过对客户详细资料的深入分析，来提高客户满意程度，从而提高企业的竞争力的一种手段。客户关系是指围绕客户生命周期发生、发展的信息归集。客户关系管理的核心是客户价值管理，通过"一对一"营销原则，满足不同价值客户的个性化需求，提高客户忠诚度和保有率，实现客户价值持续贡献，从而全面提升企业盈利能力。

8.2　房地产开发企业如何实施客户关系管理

目前大多数房地产开发企业树立了为客户服务的理念，有些成立了专门的客户服务机构和客户俱乐部，会员达到一定规模。比如，北京的万通、深圳万科建立了客户关系中心，万科的万客会会员达到3.5万人，客户服务的内容也不断丰富和深化，从简单的提供楼盘咨询到围绕企业文化开展艺术、邻里亲情等活动。但是也存在不少问题，比如在一对一营销上显得薄弱，往往注重客户服务的投入很少考虑其收益；没有把CRM的目标定位在高效地留住客户和吸引客户上。这离真正的客户关系管理还有很大的一段距离。房地产开发企业实施CRM要把握其核心内容，通过多种途径开展客户服务。

客户关系管理的核心是"以客户为中心"，视客户为企业的一项资产，以优质的服务吸引和留住客户。对于房地产开发企业，从客户的角度出发，关键在于充分运用客户的生命周期理论，对客户进行研究，尽量延长客户的生命周期，并争取更多的客户。

8.2.1　留住客户

房地产的消费具有生命周期，客户有可能会重复购买，而且相对于获取新的客户而言，保持客户的成本要比吸引新客户低得多，因此房地产开发企业要通过满足和超过客户需求来留住他们。可以从以下几方面入手。

1. 提供个性化服务

要想留住客户，必须为客户提供迅捷、满意的服务，这就要求房地产开发企业掌握专业知识、熟悉市场和了解客户需求。研究分析成交客户资料成为获取成功的有效途径。通过对成交客户资料的研究，分析客户的行为特点，确定客户的服务级别，可为特殊的客户提供个性化服务。比如，对于来自国外的客户，由于文化、生活习惯的差异，导致居住偏好有很大的区别，通过研究成交资料，可以了解他们的居住及生活偏好，并运用在销售过程中，以帮助他们及时、准确地找到满意的物业，从而提高客户的满意度。

2. 正确处理投诉

对投诉的正确处理可以将因失误或错误导致的客户失望转化为新的机会，让客户感受到企业做的不是"一锤子"买卖，而是有长远、可靠保障的。企业在处理客户投诉时，良好的处理态度、及时的行动是非常重要的，能够获得客户的信任和良好口碑宣传。即使不是由于企业的过错造成的问题，企业也应该向客户说明情况，及时消除误会，如果企业能帮助客户解决面临的困难，就更好了。在解决过程中，即使牺牲企业的一些眼前利益，从长远来看也是值得的。

3. 与客户积极沟通

在信息时代，与客户沟通的方式多种多样，既可以是访问、联谊等面对面形式，也可以是电话、网站、E-mail、杂志、手机短信等方式。

客户关系管理要针对客户的特点，寻找合适的几种或多种方式，才能恰到好处，促成交易。需要强调的是，过于频繁的沟通可能使客户对信息变得麻木，甚至造成反感。

4. 提供关联服务

恰到好处的关联服务可以巩固企业的品牌。比如一个开发与管理商住两用物业的房地产企业，在流感传染季节，一位顾客托大厦管理人员去药房买一盒感冒药。这位管理人员经请示主管经理后，不但代买了感冒药，而且买来了预防感冒的空气净化剂，免费在顾客租赁的办公室内喷洒，使这位顾客既及时服了感冒药，又免去了将感冒传染给同事的担忧。这些小细节体现了企业对客户的关怀，比喊口号、做广告更深入人心，对塑造企业品牌非常有力。

5. 与重点客户建立长久的合作关系

房地产开发企业要积累与客户交往的信息，挑选出最有价值的客户，为他们提供特殊的关照服务。比如，在交流中采用客户偏爱的沟通方式，给予购房特惠、投资咨询、交易快捷通道等，争取客户的信任，与他们建立长期的合作关系。

8.2.2　争取更多的客户

房地产开发企业除了留住客户外，还需要积极争取更多的客户，可以从下列几方面入手。

1. 鼓励客户推荐

可以通过折扣返点，减免一定时期的管理费，推荐积分等形式鼓励已买房客户介绍朋友购买。

2. 给新客户附加服务

比如有奖销售、限时优惠，吸收新客户加入客户会享受各种会员服务等。另外，考虑到业主缺少经验或者工作繁忙，给他们提供一些装修和购置家具等方面的建议，会提高业主的满意度；如果是外籍客户，在交易的同时，为他们提供一些生活细节上的帮助，比如介绍他们购物、餐饮娱乐的场所、交电话费的方式、旅游信息等，也是相当受欢迎的。附加服务体现了企业对客户的关怀，对完善企业形象很有好处，能够从侧面促进企业业务的发展。

8.3　正确处理客户投诉

现代市场经营观念认为，企业营销活动应以市场为中心，通过不断满足客户的需要来达到获取利润的目的。所以，如何处理客户投诉，直接关系到能否更好地满足客户的需要，影响到企业利润的实现。

处理客户投诉是客户管理的重要内容。出现客户投诉并不可怕，而且可以说它是不可避免的，问题的关键在于，如何正确看待和处理客户的投诉。正确处理客户投诉，对保持现有的客户关系能起到促进作用，甚至可以将客户投诉转变为企业的收益。

近年来，房地产的客户投诉现象有愈演愈烈的趋势，成为全社会共同关心的热点问题之一。政府头疼、媒体爆炒、消费者来劲……一时间企业疲于招架，那么客户为什么要投诉呢？最根本的原因是：客户没有得到预期的服务，即实际情况与客户期望的差距。即使我们的产品和服务已达到良好水平，但只要与客户的期望有距离，投诉就有可能产生。在使用服务过程中，有人歧视或小看他们，没有人聆听他们的申诉，没有人愿意承担错误及责任。因为某人的失职令他们蒙受金钱或时间的损失，他们的问题或需求得不到解决，也没有人向他们解释清楚，而客户认为我们应该义不容辞地去解决一切。

8.3.1 影响客户投诉数量的主要因素

1. 房屋的品质和服务质量

在通信行业工作的张先生，于2006年9月在北京某处花165万元购买了一套复式精装住宅，可入住了没几天，张先生发现房屋出现多处质量问题，比如：屋内窗户关不严，关上后缝隙非常大；厨房抽油烟机不吸烟也不抽烟，而是往下吹风；卧室门关不上；等等。

2. 客户的期望值

目前，全国各地的房地产行业的投诉率很高，长期居于全国各行业的前三位。为什么投诉率这么高呢？往往跟购房者的期望值有着密切的关系。

在全国各地，很多房子都是期房，购房者在交房款的时候，房子本身还没有建起来。而很多人往往是因为看到了房地产商的宣传材料，或者是看到了他们开发的效果图，最终形成了对于一个未知产品的期望值。然而这个期望值带有浓厚的想象色彩，一旦购房者发现自己的期望值和现实中的房子不相符合的时候，就必然会产生上当受骗的感觉。房子不像别的一般商品，对很多人来说价值高昂，投诉率居高不下就是必然的事了。

也就是说，如果消费者在购买阶段对房屋品质有比较高的预期（这种情况也可能受卖方宣传和承诺的误导），则在入住之后出现投诉的概率就会比较大；反之，投诉的概率就会比较小。

3. 客户自身原因

在现实生活中，总会遇到这样的客户：过度利用客户自身的权利，总以为自己是"上帝"，稍微的不满意就"大呼小叫"。

有的客户属于"抓狂型"，稍微的不满意，或者没有搞清楚原因就投诉。而有的客户属于"无聊骚扰型"，没事找事。

8.3.2 正确看待客户投诉问题

美国商人马歇尔·费尔德认为："那些购买我产品的人是我的支持者；那些夸奖我的人使我高兴；那些向我埋怨的人是我的老师，他们纠正我的错误，让我天天进步；只有那些一走了之的人是伤我最深的人，他们不愿给我一丝机会。"投诉对客户来说也是有成本的，客户不辞辛苦向商家投诉，反映了客户对商家的信任和厚爱，希望商家做得更好，商家的成功对老客户来说也会为之感到骄傲和自豪。客户通常不和企业来往，直到有了不愉快的消费经历，当企业采取补救措施后，得到客户的谅解，客户才有可能进一步发展与企业的关系。

客户投诉并不是坏事，一定要站在客户的立场上非常耐心、专心地倾听一个大喊大叫的人的意见；确认到底是公司的哪些服务或者做法会使你的客户大为恼火，这样你就可以设法改变它们，改进公司的形象，找出其中那些惹人生气的地方。

1. 客户投诉的收益价值

在知识经济社会，知识的更新、技术的更新、产品的更新越来越快，40%的技术发明与创造，都是来自客户的意见和建议。从客户投诉中挖掘出"商机"，寻找市场新的"买点"。变"废"为"宝"，从中挖掘出金子，客户投诉是一种不可多得的"资源"。

客户对房屋的品质和服务的感知，也影响房地产产品的重新改进。没有经过测试和更改就推出的产品或服务是房地产开发商损失人力、财力资本的隐患，在房屋推出前，企业开发人员都应该确保与客户积极联系，根据客户提供的反馈和意见进行改进和调试，以增强房地产产品的适应性、迎合客户的需要以及市场的接受力。有些房地产开发商还专门建立了试用性住房，采集客户建议，对房屋进行改进。

2. 不投诉并非客户满意

已投诉的客户是露出水面的"冰山"，它只是很小一部分；而准备投诉和未投诉的客户才是"冰山"的主体；只有矛盾被激化的时候，不满的客户才上升，浮出水面变成准备投诉的客户，如图 8–1 所示。

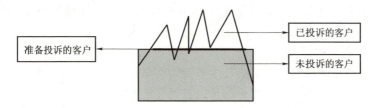

图 8–1　已投诉、准备投诉、未投诉的客户

8.3.3　有效处理客户投诉的过程

在处理客人的投诉时怎么才能做到快速而又让客人满意？根据以往经验，总体的来说可把处理投诉过程概括为五点，即"听、记、析、报、答"。

1. 听

当任何一个客人的对企业进行投诉，不管鸡毛蒜皮的小事件，还是较棘手的复杂事件，工作在第一线的我们都要保持镇定、冷静、认真倾听客人的意见，要表现出对对方高度的礼貌、尊重。这是客人发泄气愤的过程，不应也不能反对客人意见，这样客人才能慢慢平静下来，为我们的辩释提供前提条件。

2. 记

在听的过程中，要认真做好记录。尤其是客人投诉的要点，讲到的一些细节，要记录清楚，并适时复述，以缓和客人情绪。这不仅是快速处理投诉的依据，也为我们以后服务工作的改进作铺垫。

3. 析

根据所闻所写，及时弄清事情来龙去脉，然后才能作出正确的判断，拟定解决方案，与有关部门取得联系，一起处理。

4. 报

对发生的事情，作出的决定或是难以处理的问题，及时上报主管领导，征求意见。不要遗漏、隐瞒材料，尤其是涉及个人自身利益的材料，更不应该有情不报。

5. 答

征求了领导的意见之后，要把答案及时反馈给客人，如果暂无法解决的，应向客人致歉，并说明原委，请求客人谅解，不能无把握、无根据地向客人保证。

8.3.4　安抚顾客不满的技巧

1. 认真倾听

以诚恳、专注的态度来听取顾客对产品、服务的意见，听取他们的不满和牢骚。倾听顾客不满过程中要看着顾客，使其感到企业对他们的意见非常重视；必要时工作人员还应在倾听时拿笔记下顾客所说的重点。这些虽不能彻底安抚顾客，却可以平息顾客的怒火，防止事态进一步扩大。

2. 真心真意为顾客

中先地产江南枫庭分店的店长牛圣锋始终坚持用真心真意的态度服务于来店内的每位客户，分店主要的客户群是以普通住宅和商业地产以及写字楼为主，从2006年开店以来的三年中，扎根于重庆南坪区域，以"服务广大市民，坚持诚信"为江南枫庭分店的服务理念，三年中，与许多老客户建立了良好的合作关系，这对于即将开始的新一轮发展将会产生巨大的作用。继续树立阳光的服务态度，加强店员的综合素质，以期能够有一个良好的开始。

从对店长牛圣锋的交谈中了解到，坚持一贯对客户负责，售后服务必须跟上，在这个基础上加强老客户的联系，才能够真正做到用心对待客户的服务理念。当然这也跟诚信对待每一个客户是企业文化的一部分是分不开的。目前，江南枫庭店坚持稳定客户关系，继续推荐优秀房源，筛选出最适宜客户需求的房源，站在客户的角度去考虑。

对于未来，牛圣锋也有自己的憧憬，希望能够继续以更好的姿态服务于广大客户。

3. 顾客并不总是"对"的

谁会真正相信我们客户永远是正确的？我见过许多客户连自己想要什么都不清楚。当然，我们在处理顾客的"恶意不满"时要做到有理有据，既不恃强凌弱，也不软弱可欺。

4. 选择处理不满的最佳时机

在什么时候处理顾客的不满意才能起到最佳效果呢？处理过快，顾客正在生气，难以进行良好沟通；过慢，事态扩大，造成顾客流失。

5. 随机应变，变"坏"为"好"

一般随机应变有以下几个特点：

① 突发性。所谓突发性是指问题的提出或出现有突然发生的性质，任何人无法预先做好准备。

② 快速性。快速性是指回答问题的人要立即回答，立即作出反应，不容许慢慢思考后再去回答，再去反映。如果慢慢思考后再去回答，再反应，那就不能算作随机应变了。

③ 机智性。所谓机智性就是随机应变的内容要求机智和巧妙，幽默又有趣。

6. 提供更多的附加值

"未来竞争的关键，不在于工厂能生产什么产品，而在于产品提供多少附加价值。"正如美国营销学家里斯特所说，在产品趋于同质化的今天，服务因素已取代产品质量和价格而成为竞争制胜的新焦点。

什么是产品的附加值呢？日本的产品设计家平岛廉久认为：商品提供给消费者的价值有两种：一种是硬性商品价值，是指商品实际能提供给消费者的功能，如房屋可以居住、遮挡风雨；另一种是软性商品价值，则是指能满足消费者感性需求的某种文化，像高档住宅给人一种高贵感等。

8.4　客户忠诚管理

忠诚，是一个有着悠久历史的人文概念。现在的房地产开发商比历史上任何一个时期都更需要"忠诚"的加盟。成功的房地产企业，也无一不在灵活地应用着忠诚的各项原理。

开发新客户对企业营销非常重要，但在产品供大于求，竞争激烈的市场上，新市场的开拓毕竟有限，成本也很高。于是，保持老客户的忠诚成为企业营销的一大重点。那么什么是客户忠诚呢？

8.4.1　客户忠诚的含义与类型

1. 客户忠诚的含义

客户忠诚是指客户对某企业的产品或服务有一种长久的忠心，并且一再指向性地重复购买。

2. 客户忠诚的类型

从研究的角度出发，可以把客户忠诚分为行为忠诚、意识忠诚和情感忠诚。但是，对企业来说，他们关心的是行为忠诚。如果只有意识忠诚或情感忠诚，却没有实际的行动，对于企业来说就没有直接意义（因为企业能够从中获得多少收益是不能肯定的），而只有行为忠诚才能够给企业带来实实在在的利益。

鉴于这个原因，本章所介绍的忠诚都是指客户的行为忠诚。对于客户的行为忠诚，又可以划分为以下几种类型。

（1）垄断忠诚

垄断忠诚就是指客户别无选择，该类企业通常为垄断经营。比如因为政府规定只能有一个供应商，客户就只能有一种选择。这种客户通常是低依恋、高重复的购买者，因为他们没有其他的选择。

（2）惰性忠诚

惰性忠诚就是指客户由于惰性而不愿意去寻找其他供应商。这些客户是低依恋、高重复的购买者，他们对公司并不满意，如果其他公司能够让他们得到更多的实惠，这些客户便很容易被人挖走。拥有惰性忠诚的公司应该通过产品和服务的差异化来改变客户对公司的印象。

（3）价格忠诚

价格忠诚是指客户忠诚于提供最低价格的产品供应商。这些低依恋、低重复购买的客户是不能发展成为忠诚客户的。

（4）激励忠诚

激励忠诚是指当企业有促销活动时，客户们都会来此购买；当活动结束时，客户们就会转向其他有奖或是有更多奖励的公司。特点：低依恋、高重复购买。

（5）超值忠诚

超值忠诚是指客户对企业有很深的感情，非常愿意购买企业的产品，自觉地为企业做正面宣传，对企业的满意度很高，此类客户对企业最有价值。这些客户是高依恋、高重复地购买。

8.4.2　从客户满意到客户忠诚管理

管理学大师彼得·德鲁克曾说过，商业的唯一目的就是创造消费者。在今天这样一个产品丰富、收入提高的时代，顾客无疑具有重要的发言权，谁了解顾客，谁拥有顾客，谁留住顾客，谁就是最大的赢家。当前，随着生产技术不断改进，产品种类琳琅满目，服务方式推陈出新，客户期望越来越高，生产竞争异常激烈，要想在竞争中获得一席之地就必须要与客户建立良好的关系，要有自己的忠诚客户。

客户满意和客户忠诚之间的关系既复杂又微妙。客户满意是推动客户忠诚的最重要因素。一般来说，客户满意度越高，客户的忠诚度就会越高；反之亦然，但又不尽然。

1. 忠诚比满意更有价值

客户满意是一种心理的满足，是客户在消费后所表露出的态度，客户忠诚是一种持续交易的行为。只有产生了购买行为，企业才能获取利润，正如一本书叫《客户满意一钱不值，客户忠诚至尊无价》的书所言："客户满意一钱不值，因为满意的客户仍然购买其他企业的产品。对交易过程中的每个环节都十分满意的客户也会因为一个更好的价格更换供应商，而有时尽管客户对你的产品和服务不是绝对满意，你却能一直锁定这个客户。"

2. 忠诚是满意的提升

1987年施乐公司在进行客户满意度的评估中得出进一步的结论，即不仅客户满意与再购买意愿相关，而且完全满意的客户的再购率是满意客户的6倍。

一般来讲，只有当客户对企业的产品或服务满意，才会长期、重复地购买。

3. 培养客户忠诚度

要做到客户满意度达到最大化，从而提高客户的忠诚度，最终保留客户，应该从下面几个方面入手。

（1）要从思想上认识到客户忠诚的重要性

"客户就是上帝"，这不是一句空话，而是关系着一个企业的兴衰存亡。许多房地产商平时口口声声称顾客是自己的衣食父母，但在建房、质量保证、售后服务等环节却很难看出其真正认识到顾客至上的意识。

（2）通过关系营销培育忠诚顾客

房地产企业培育顾客可以借助于关系营销。所谓关系营销是指识别、建立、维护和巩固企业与顾客关系的活动，并通过企业努力，履行自己的承诺，使双方目标得以实现，达到"双赢"的效果。树立"客户至上"的意识，通过与客户建立起一种长久的、稳固的合作信任、互惠互利的关系，使各方利益得到满足，顾客才能成为企业的忠诚顾客，企业在竞争日益激烈的市场环境下才能生存，才能获得持续的发展。

（3）要更加注重顾客差异化

顾客的满意需求是个性化的，房地产企业要有意识地接触顾客，发现他们的需求，结合企业实际提供满足顾客个性需求的有价值的产品和服务。除了要关注其今后的购买情况和需求动向外，还可以采取特殊的营销服务，培育忠诚顾客。对于企业的重要顾客，进而要把他们培育成为企业的忠诚顾客。由于从产品和服务上达到满意，他们有可能向周围的人群大力宣传，是企业产生努力追求的"口碑效应"，从而成为新顾客的介绍者。由此产生顾客生顾客的现象，使企业的顾客群不断扩大。

总之，客户忠诚度的培育不是一朝一夕就能做到的，企业即使做了很多这方面的工作也不一定有立竿见影的效果。但企业必须坚持不懈地把它做下去，因为离开了客户的忠诚的企业将不堪一击。

8.4.3   房地产商提高客户忠诚度的措施

罗马不是一天建成的，客户也需要通过不断购买你的房地产产品和服务来培养对你公司的忠诚度。提高客户忠诚度是房地产企业增加营收最具成本效益的方式。根据专家分析，只需提高5%的客户忠诚度，地产商赢利就可增长超过50%。

以下就是房地产开发商提高客户忠诚度的一些措施：

1. 想方设法，努力实现客户的完全满意

经过研究摸索，企业首先必须要努力实现优质的产品、优质的服务、合理的价格，并不断提高客户的利益。其次，企业还应当重视来自客户的反馈意见，不断满足他们的需求。最后，应当注意的是，忠诚应该是企业与客户之间双向、互动的，不能单方面追求客户对企业的忠诚，而忽视了企业对客户的忠诚。

2. 通过奖励措施，为忠诚客户提供特殊利益

▶ *阅读材料*

万客会，全称"万科地产会员俱乐部"，国外流行把俱乐部叫会员制组织，是一种内部封闭的轻松的没有责任的无须消耗财力就可以共享资源的组织，万客会特指为万科地产会员发起的组织，会员包括万科地产客户和非万科地产客户单关注万科的潜在客户层。

万客会在深圳、上海、北京、沈阳、天津、成都、武汉、南京、南昌、长春等城市设有分会。天津万客会成立于1999年4月，发展有会员2 000余名，是联结万科业主和社会各界与天津万科的纽带和桥梁。

"天津万客会"会员享有下列权益：

＊ 可以收到万科地产最新推出的楼盘资料。

＊ 可以被优先安排参观天津万科地产的销售示范单位。

＊ 可以参加由本会组织的对万科地产现有物业的浏览和参观活动。

＊ 可以由本会特别安排参观万科集团在内地的优良房产及物业。

＊ 可以自由选择参加本会举办的恳谈会及各类会员活动。

＊ 可以将您的意见和建议进行愉快投诉和细致反映。

＊ 可以享用本会精选商家所提供的购物折扣和优惠价格。

＊ 可以通过本会了解购买房产的基本常识，本会尽力帮您解答有关房地产

方面的咨询和疑惑。

＊可以免费定期收到由万客会编印的资讯丰富、设计精美的《万客会》会刊。

普通会员的购房优惠：

＊可以通过参加天津万客会推出的积分活动，根据天津万客会积分活动的具体规定获得相应的奖励。

而万客会推出的会员优惠、积分条款中规定：资深会员可以折价购房，或选择安排六个月分期付款，仍然享受一次性付款方式的优惠；会员推荐一个万科地产开发的物业，可以免交六个月的物业管理费，或为其累积一分……

3. 采取多种有效措施，切实提高客户的转移成本

（1）加强与客户的结构性联系

经验表明，客户购买一家企业的产品越多，对这家企业的依赖就越大，客户流失的可能性就越小。

（2）提高客户服务的独特性与不可替代性

个性化的产品或服务是客户关系发展到一定程度时客户的必然要求，一个企业如果不能满足这种要求，将始终无法成为客户心目中最好的企业，也就无法成为客户的唯一、持久的选择。

（3）设法增加客户的转移成本

一般来讲，如果客户在更换品牌或企业时感到转移成本太高，或客户原来所获得的利益会因为更换品牌或企业而损失，或者将面临新的风险和负担，就可以加强客户的忠诚。

（4）增加客户对企业的信任感与情感交流

联邦快递的创始人弗莱德·史密斯有一句名言："想称霸市场，首先要让客户的心跟着你走，然后才能让客户的腰包跟着你走。"

①企业要与客户积极沟通，密切交往；

②企业要学会雪中送炭，并能够超越客户的期待。

▶ 本章小结

通过对本章的学习，学生能把握客户中心时代、服务经济时代和知识经济时代的特点，树立"客户资源已经成为最宝贵财富"的管理思想，系统掌握客户关系管理的一般知识，并理解和掌握房地产开发企业如何实施客户关系管理的方法和手段、如何正确处理客户的投诉以及帮助企业提升客户的忠诚度。

▶ 关键概念

客户关系管理　　客户投诉　　客户满意度　　客户忠诚度

▶ **思考题**

结合某房地产企业的实际，制订出提高客户忠诚度的方案。

▶ **实训项目**

寻找并叙述身边楼盘物业管理方面感人的小故事，最好是自己的亲身经历。

▶ **案例分析**

碧　桂　园

项目简介

碧桂园诞生于 1992 年，总部在中国广东省佛山市顺德区，已经营造了十多个超大规模综合社区。目前已发展成为拥有 10 多万业主住户、4 万多员工、属下机构涉及房地产开发各个环节的大型综合房地产企业。项目遍布于珠三角及国内其他省市，开创性地建立了碧桂园"星级酒店连锁体系""全国领先的教育连锁体系"和以大型主题公园和高尔夫球会为内容的"休闲娱乐配套体系"。

产品创新

1999 年，当市场上大部分还是毛坯房产品发售的时候，广州碧桂园首推全现楼带豪华装修的花园洋房，社区配套、园林绿化同期交付，3 000 套洋房别墅在一个月内被抢购一空……

2000 年，华南碧桂园开始尝试别墅带装修发售。2 年内，华南碧桂园社区入住户数近 3 000 户，入住人口逾万，成为华南板块的超大型楼盘。

2002 年，凤凰城对洋房和别墅产品进行了细致分类，制订不同的豪华装修标准。装修设计考虑实用性及性价比，也突出个性。

2004 年 5 月 1 日，凤凰城推出 300 套单位只针对外籍人士的租赁小区凤凰岛。凤凰岛的建筑、装修、园林等全部根据外籍人士的居住和生活习惯设计。

2005 年，凤凰城更将私家花园的园林园艺也制订出交楼标准，根据产品和地形地貌的变化规律，设计出近千款产品。凤凰城开盘当年，用 8 个月的时间就夺得广州地区销售冠军，全国地区销售第二。

2004 年 10 月开盘的碧桂园假日半岛，是首个进行大规模"全现楼"销售的楼盘。不仅免除了消费者漫长的收楼等待时期，更制订出不同系列的家私电器套餐，实现广大消费者梦寐以求的"收楼即入住"的愿望，被消费者誉为"完美交楼"的标准。

运营创新

从最初配套先行的"五星级学校＋会所"模式领跑中国房地产市场，到今天"五星级酒店＋高尔夫＋主题公园"等城市化运作的跨越性探索，碧桂园建造了一座又一座人居新城市。

1992 年，作为碧桂园开卷力作的顺德碧桂园，率先进行了配套先行、教育先行的大胆尝试。导入"教育"产业，与北京景山学校成功合办广东碧桂园学校，以教育启动房地产，以学校为依托，并组建五星级会所、俱乐部等社区配套场所，开创了教育地产的先河。

1994 年，碧桂园把五星级服务引入社区经营和物业管理。

2002 年凤凰城的"别墅城市"概念，使中国房地产开发从单体楼到综合小区提升至城市层面，它突破了传统上小区的概念，超前规划、建设和配套。凤凰城更大胆地对碧桂园原有配套模式作出"跨越性新探索"，将社区文化向外辐射，小区商业向外拓展。广州首家以白金五星级标准建造的凤凰城酒店，以及陆续投入运作的凤凰城学校、荔枝文化村等，是对碧桂园五星级模式最好的创新与提升。

2005 年，碧桂园假日半岛将五星级酒店、故乡里主题公园、36 洞国际标准高尔夫球场、商业广场、大型滨水公园、8 000 亩天然湖泊及绵延的王子山脉有机结合，集休闲、旅游、度假、居住多种功能于一体，形成全新的"4 + 3"度假式居住模式。

营销创新

1999 年春节，广州碧桂园大年初一就开始推盘，并首家开通拥有 50 台大巴的"免费睇楼车（粤语，翻译为：免费看楼车）"队。

2002 年，凤凰城凭借"白领也可以住别墅"这一营销理念，掀起了别墅抢购的风潮。2005 年国庆，"梦想岛国，山水之城"假日半岛，凭借创新的配套模式、创新的交楼标准、创新的生活模式，以及"平过自己起屋（粤语，翻译为：便宜过自己建造房子）"的营销理念，吸引了来自广州、深圳、东莞、清远、香港等地客户，7 天时间，看楼人数逾 10 万人，首期 800 套别墅、洋房基本售罄。假日半岛打出"平过自己起屋"的旗号，首期全现楼超低价发售。

坚守诚信，追求完美——碧桂园品牌的核心。

物美价廉是竞争法宝

碧桂园的成功，合理的价格定位功不可没。价廉物美，是碧桂人追求的最高境界的诚信。

碧桂园合理定价的价格策略不是简单的减法，一方面通过不断丰富附加值来提升产品的居住价值，另一方面通过在建设过程中规模化、系统化、标准化的探索与实践，最大限度地让利于消费者，回报于社会，让更多人实现五星级的居住梦想。

规模速度彰显竞争优势

碧桂园长期以来坚持规模开发模式创造的奇迹。这种"一条龙式"的房地产开发模式，从前期策划、规划设计、园林绿化、户型配置到售前售后服务，每一环节都配备快速反应的精英团队，以专业精神和严格的质量监控，执著追求卓越的品质，成功地获得了"高品质"与"高速度"的双赢。

五星级服务是品牌的 DNA

人性化的星级"服务"也是碧桂园品牌最为独特的基因，是碧桂园品牌最大的魅力所在。对于消费者来讲，一个五星级的家，不仅应包括五星级的硬件设施，还应包括五星级的服务。而五星级的服务就是不管在何时何地，不管客人是哪种类型，只要是合理的需求，就应尽可能地满足。

碧桂园的五星级服务首先体现在根据社会和人居发展的趋势，前瞻性地满足客户需求。从配套先行，入住即能享受会所、学校、医院等高尚社区服务，到免费看楼车、节假日开售等营销举措，无一不是从客户角度出发，在客户还没有想到的时候，就已经解决了客户的深层次需求。

不管何种类型的客户，均能在碧桂园找到适合自己的生活天空。碧桂园的产品从洋房到连体别墅、独立别墅乃至超豪别墅，配套设施从免费阅览室、免费钓鱼场到 36 洞高尔夫球场，从儿童游乐场到夕阳红老年人活动中心……多元化的产品、个性化的装修、丰富多样的娱乐设施，照顾到了不同年龄、不同消费层次、不同兴趣爱好的客户。

五星级服务，还包括将生活中的小事也做到极致，做到完美。服务不能仅仅停留在保安的敬礼致意、服务人员的微笑上，更主要的是体现在急客人所急、想客人所想，认真对待客人的合理要求，将每一个客人的要求或抱怨转换为满意的微笑和赞赏。近年来碧桂园营销系统的每一个环节都在执行"AA"标准，AA 即"Any time to anyone"，是公司要求不管何时何地对任何人都要提供高水平的五星级服务。AA 标准细致严格地规定了售前、售中、售后每一个环节，向客人提供服务的标准。公司还采用"神秘顾客""检查团"等多种方式来检查 AA 标准的贯彻执行情况，并制定了严格的奖惩制度。

坚守诚信与超越利润的核心价值观

据统计，碧桂园已售出的物业中有相当大部分是通过业主的口碑创下骄人的业绩。碧桂园公司负责人曾提到："我们要切记，我们的公司要为社会负责，要做一家有良心的公司，我们的公司有自己独特的企业文化，这一点尤为重要。我们一定要坚持这样的理念：诚信，为社会服务。只有在这个大前提之下，才去追求集团的利益，提高集团的发展速度和效率，并保证产品的质量和安全。"碧桂园认为，对社会的回报，才是碧桂园最大的成功，正是这种超越利润的核心价值观，使碧桂园在不断变化和激烈的市场竞争中始终保持持续稳定的成长。

专业发展，连锁经营——碧桂园品牌延展

经过不断探索与实践，碧桂园率先成功构建了便捷的、多功能的"碧桂园家园模式"，并形成了碧桂园独特的规模化"五星级配套连锁体系"：

星级酒店连锁体系创造性地将五星级标准酒店引入社区，为五星级的家园注

入"五星级"含金量。

碧桂园开创了教育品牌连锁体系——从广东碧桂园学校、华南碧桂园学校、到凤凰城学校、碧桂花城学校。

碧桂园高尔夫连锁体系将高尚休闲运动项目"高尔夫"融入现代社区生活，提升了社区的居住价值，更改善了区域的居住、投资环境。

碧桂园集团开创性地创建了大型品牌主题公园体系：汇集传统文化、自然田园野趣、精彩缤纷游乐项目的增城荔枝文化村、碧桂园农庄，再现祖辈生活情景的主题公园"故乡里"，使碧桂园成为国内最具特色的高尚山水休闲社区。

碧桂园的超级配套体系并不是楼盘的附属品，碧桂园集团在坐拥品牌与产品两大优势之余，配套体系的整合进一步将碧桂园的优势明朗化，同时也提高了碧桂园的市场影响力。

案例思考：

1. 碧桂园从哪些方面提高了总顾客价值？
2. 碧桂园提供了哪些差别化服务，能否结合案例进行阐述？

第九章

房地产项目选址规划

▶ 学习目标

通过本章的学习，熟悉建筑选址规划的基本方法；熟悉建筑小区选址规划基本方法；掌握住宅户型设计的方法；掌握售楼处的选址与装修规划。

▶ 知识点

1. 建筑选址的基本要求。
2. 建筑小区选址规划基本方法。
3. 住宅户型设计的方法和要求。
4. 售楼处的选址规划和装修的方法。

▶ 技能要求

1. 形成对房地产建筑选址规划的初步认识。
2. 能够进行简单的针对某一小区或者某一住宅户型进行选址分析与规划。

开篇案例

北京奥运会项目选址的影响因素

北京奥运场馆及相关设施总体布局为"一个中心和四个区域"。一个中心即奥林匹克公园，四个区域即东部社区、西部社区、大学区和北部风景旅游区。北京奥运会中心区规划区域南侧是城市中心区，北侧是洼里森林公园，西侧为科技文教区及风景名胜区，东侧为亚运村及国家奥林匹克体育中心。北京奥运会项目的选址工作是综合考虑了多方面因素才最终确定下来的，如区域协调发展、城市空间发展格局、城市环境及景观特色营造、城市综合交通、旧城及文化保护、成本及赛后经营等。区域协调发展因素的考虑在北京奥运会选址问题上，有的专家还提出，必须把奥运会选址放在更大的区域层面去分析研究，认为奥运会选址不仅要跳出北京城区，还应放在京津唐之间的三角地带，或北京至天津之间，这样北京的发展，就可以同天津、河北的城市发展结合起来，实现更大范围的基础设施共享，并充分利用奥运会的契机，促进区域经济的整体发展。

城市空间发展格局因素的考虑

城市大事件的项目选址会对城市空间发展格局产生直接的影响作用。通过研究认为奥运会影响了北京空间格局，形成了"疏解中心大团，重构空间格局，鼓励和引导中心区的产业、人口和其他城市职能向新城、新的产业带转移"的发展导向。

城市综合交通因素的考虑

城市综合交通因素是奥运会项目选址必须考虑的，能否保持城市交通的高效运转是所有奥运会主办城市成功与否的重要标志。北京奥运会大多数的比赛场馆规划在四环路和五环路两侧，少量的在城市中心区和郊区；主要依靠两条城市快速环路及其联络通道，再辅以机场高速、京石高速等主要道路。通过在这些主要道路上设置奥运交通专用通道，构成联系各个场馆的环状的快速交通线路，从而保证了从奥林匹克公园到各个场馆均有两条以上道路快速抵达。

旧城及文化保护因素的考虑

北京是历史文化名城、世界级的文化名城，因而在奥运项目的选址上加强了对旧城及文化保护因素的考虑。北京奥运会场馆选址要避开文物古迹集中的旧城区，因此选择在北四环至北五环之间地面上文物建筑较少的地区。而且，在具体场馆的规划和位置选择上，也充分考虑了文化和古迹的保护，一些场馆规划选址的位置由于有地面文物而修改规划，进行避让。例如，"水立方"和"鸟巢"原本规划在一条线上，但是为了保护北顶娘娘庙及其遗址，最后将"水立方"往北移了100米。奥运村升旗广场东面的古庙，原来是北京农民祭天求雨、供奉龙王的"龙王庙"。奥运村规划保留了完整的古庙，将其巧妙地融入现代建筑中，修葺一新，作为奥运村办公场所。北京大学校内的奥运乒乓球馆为了避让200多年历史的清代治贝子园和7棵古松，进行了多次修改。

（资料来源：万旭东. 北京奥运会项目选址及规划管理的启示［J］. 北京规划建设，2009，02）

9.1　我国古代建筑选址文化概述

9.1.1　我国古代建筑选址的原则

1. 整体系统原则

整体系统论，作为一门完整的科学，是在20世纪产生的；作为一种朴素的方法，中国的先哲很早就开始运用了。其理论思想是把环境作为一个整体系统，这个系统以人为中心，包括天地万物。环境中的每一个整体系统都是相互联系、相互制约、相互依存、相互对立、相互转化的要素。

2. 因地制宜原则

因地制宜，即根据环境的客观性，采取适宜的生活方式。中国地域辽阔，气候差异很大，土质也不一样，建筑形式亦不同，西北干旱少雨，人们就采取穴居式窑洞居住。窑洞多朝南，施工简易，不占土地，节省材料，防火防寒，冬暖夏凉。西南潮湿多雨，虫兽很多，人们就采取栏式竹楼居住。《旧唐书·南蛮传》记载："山有毒草，虿蝮蛇，人并楼居，登梯而上，号为干栏。"楼下空着或养家畜，楼上住人。竹楼空气流通，凉爽防潮，大多修建在依山傍水之处，此外，草原的牧民采用蒙古包（图9-1）为住宅，便于随水草而迁徙。贵州山区和大理人民用山石砌房，华中平原人民以土建房，这些建筑形式都是根据当时当地的具体条件而创立的。

图9-1　蒙古包

3. 依山傍水原则

依山傍水是最基本的原则之一，山体是大地的骨架，水域是万物生机之源泉，没有水，人就不能生存。考古发现的原始部落几乎都在河边，这与当时的狩猎、捕捞、采摘果实相适应。

依山的形势有两类，一类是"土包屋"（图9-2），即三面群山环绕，中间空旷，南面敞开，房屋隐于万树丛中，湖南岳阳县渭洞乡张谷英村就处于这样的地形。五百里幕阜山余脉绵延至此，在东北西三方突起三座大峰，如三大花瓣拥成一朵莲花。明代宣德年间，张谷英来这里定居，五百年来发展六百多户，三千多人的村落。

图 9 - 2　土包屋

依山的另一种形式是"屋包山"，即成片的房屋覆盖着山坡，从山脚一起到山腰。长江中上游沿岸的码头小镇都是这样，背枕山坡，拾级而上，气宇轩昂。有近百年历史的武汉大学建筑在青翠的珞珈山麓，设计师充分考虑到特定的风水环境，依山建房，学生宿舍贴着山坡，像环曲的城墙，有个城门形的出入口。山顶平台上以中孔城门洞为轴线，图书馆居中，教学楼分别立于两侧。主从有序，严谨对称。学校得天然之势，有城堡之壮，显示了高等学府的宏大气派。

六朝古都南京，濒临长江、四周是山，有虎踞龙盘之势。其四边有秦淮入江、沿江多山矶，从西南往东北有石头山、马鞍山、幕府山；东有钟山；西有富贵山；南有白鹭和长命洲形成夹江。明代高启有诗赞曰："钟山如龙独西上，欲破巨浪乘长风。江山相雄不相让，形胜争夸天下壮。"

4. 观形察势原则

清代的《阳宅十书》指出："人之居处宜以大地山河为主，其来脉气势最大，关系人祸福最为切要。"古人选址重视山形地势，把小环境放入大环境考察。

5. 地质检验原则

古人选址对地质很讲究，甚至是挑剔，认为地质决定人的体质，现代科学也证明这是科学的。地质对人的影响至少有以下四个方面：

第一，土壤中含有元素锌、钼、硒、氟等。在光合作用下放射到空气中，直接影响人的健康。明代王同轨在《耳谈》云："衡之常宁来阳立锡。"其地人语予云："凡锡产处不宜生殖，故人必贫而迁徙。"比《耳谈》早一千多年的《山海经》也记载了不少地质与身体的关系，特别是由特定地质生长出的植物，对人体的体形、体质、生育都有影响。

第二，潮湿或臭烂的地质，会导致关节炎、风湿性心脏病、皮肤病等。潮湿腐败之地是细菌的天然培养基地，是产生各种疾病的根源，因此，不宜建宅。

第三，地球磁场的影响。地球是一个被磁场包围的星球，人感觉不到它的存在，但它时刻对人发生着作用。强烈的磁场可以治病，也可以伤人，甚至引起头晕、嗜睡或神经衰弱。中国先民很早就认识了地磁，《管子 地数》云："上有磁石者，下有铜金。"战国时有了司南，宋代已普遍使用指南针，皆科学运用地磁之举。

第四，有害波的影响。如果在住宅地面3米以下有地下河流，或者有双层交叉的河流，或者有坑洞，或者有复杂的地质结构，都可能放射出长振波或污染辐射线或粒子流，导致人头痛、眩晕、内分泌失调等。

6. 水质分析原则

怎样辨别水质呢？《管子地贞》认为：土质决定水质，从水的颜色判断水的质量，水白而甘，水黄而糗，水黑而苦。风水经典《博山篇》主张"寻龙认气，认气尝水。其色碧，其味甘，其气香，主上贵。其色白，其味清，其气温，主中贵，不足论"。《堪舆漫兴》论水之善恶云："清涟甘美味非常，此谓嘉泉龙脉长。春不盈兮秋不涸，于此最好觅佳藏。""浆之气味惟怕腥，有如热汤又沸腾，混浊赤红皆不吉。"

不同地域的水分中含有不同的微量元素及化合物质，有些可以致病，有些可以治病。浙江省泰顺承天象鼻山下有一眼山泉，泉水终年不断，热气腾腾，当地人生了病就到泉水中浸泡，比吃药还见效。后经检验发现泉水中含有大量的放射性元素氡。《山海经 西山经》记载，石脆山旁有灌水，"其中有流赭，以涂牛马无病"。

云南腾冲县有一个"扯雀泉"（图9-3），泉水清澈见底，但无生物，鸭子和飞禽一到泉边就会死掉。经科学家调查发现，泉水中含有大量的氰化酸、氯化氢，这是杀害生物的剧毒物质。《三国演义》中描写蜀国士兵深入荒蛮之地，误饮毒泉，伤亡惨重，可能与这种毒泉有关。在这样的水源附近，是不宜修建村庄的。

7. 坐北朝南原则

中国位于地球北半球，欧亚大陆东部，大部分陆地位于北回归线（北纬23°26）以北，一年四季的阳光都由南方射入。朝南的房屋（图9-4）便于采取阳光。阳光对人的好处很多：一是可以取暖，冬季时南房比北房的温度高1℃~2℃；二是参与人体维生素D合成，小儿常晒太阳可预防佝偻病；三是阳光中的紫外

图 9 - 3　扯雀泉

图 9 - 4　坐南朝北房

线具有杀菌作用；四是可以增强人体免疫功能。

　　坐北朝南，不仅是为了采光，还为了避北风。中国的地势决定了其气候为季风型。冬天有西伯利亚的寒流，夏天有太平洋的凉风，一年四季风向变幻不定。

8. 适中居中原则

　　适中，就是恰到好处，不偏不倚，不大不小，不高不低，尽可能优化，接近至善至美。《管氏地理指蒙》论穴云："欲其高而不危，欲其低而不没，欲其显而不彰扬暴露，欲其静而不幽因哑噎，欲其奇而不怪，欲其巧而不劣。"比如我国的故宫（图9－5）。

图9－5　故宫的整体布局

适中的另一层意思是居中，中国历代的都城为什么不选择在广州、上海、昆明、哈尔滨？因为地点太偏。《太平御览》卷有记载："王者受命创始建国，立都必居中土，所以控天下之和，据阴阳之正，均统四方，以制万国者。"洛阳之所以成为九朝古都，原因在于它位居天下之中，级差地租价就是根据居中的程度而定。银行和商场只有在闹市中心才能获得更大效益。

适中的原则还要求突出中心，布局整齐，附加设施紧紧围绕轴心。在典型的风水景观中，都有一条中轴线，中轴线与地球的经线平行，向南北延伸。中轴线的北端最好是横行的山脉，形成丁字形组合，南端最好有宽敞的明堂（平原）中轴线的东西两边有建筑物簇拥，还有弯曲的河流。明清时期的帝陵，清代的园林就是按照这个原则修建的。

9. 顺乘生气原则

古人认为，气是万物的本源，太极即气，一气积而生两仪，一生三而五行具，土得之于气，水得之于气，人得之于气，气感而应，万物莫不得于气。

10. 改造原则

人们认识世界的目的在于改造世界为自己服务，《周易》有象曰："已日乃孚，革而信之。文明以说，大亨以正，革而当，其悔乃亡。天地革而四时成，汤武革命，顺乎天面应乎人。革之时义大矣。"革就是改造，人们只有改造环境，才能创造优化的生存条件。

四川都江堰（图9-6）就是改造的成功范例。岷江泛滥，淹没良田和民宅，李冰父子就是用修筑江堰的方法驯服了岷江，岷江就造福于人类了。

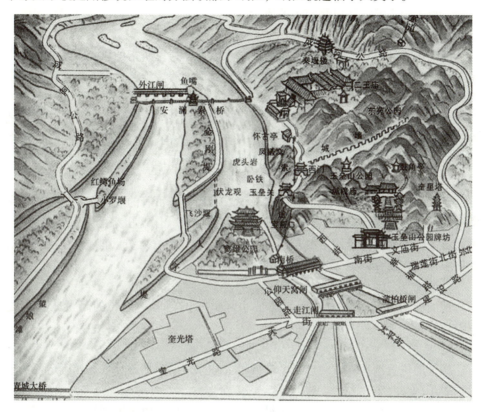

图9-6 都江堰图

9.1.2 我国古代建筑选址的内涵

1. 观天

古人十分注重太阳月亮星宿对人类的影响，主要表现在采光、立向、选日方面。元运年月日时四季，都是由天星循环所形成的，所以天体的运动对人的影响作用是毋庸置疑的。所谓堪舆，堪天道也，舆地道也。有天才有地，有地才有水有万物。观察天，了解天，天光上临，地德下载，在天成象，在地成形。

2. 辨质

即风（空气）、水、地（土）的质，对人的作用。

这里所指的风为人呼吸的空气，水为人吃的水，源头水，土为种庄稼的土、穴位中的土。因为空气、水、土，是人类赖以生存的最基本的物质，如果风

（空气）质不好、水质不好、土质不好则会造成生物不好，引人发病，致人生灾。

古人主要根据望气、闻气等方法测定空气质量，品水养鱼等方法以测定水的质量，捏土尝土等方法以测定土的质量。

3. 察形

地的形貌情意对人的作用，包括风、水、地。这里所指的风，既是空气，也是空间。水，是由水积累而成的沟渠溪流，江河湖海。地，是由土积累而成的山冈岭脉。

人类在繁衍生息，治国安民，行军打仗的过程中，发现观察天象，勘察地貌，了解地形，分辨地质非常的重要，关系到人类的存亡兴衰，国家的长治久安，打仗的成功失败，于是就形成了风水学的原始理论——地理。

4. 乘气

风水学认为风、水、地三者中有一种看不到、摸不着的气存在，这种气不是空气的气，而是由天地山川空间流通、会聚、孕育、体现出来的一种只能意会，不能言表，不能用罗盘测量的东西。气有吉气凶气中气之分。能意会得这种气，能接收生气，摒弃凶气，才可以达到最高境界。

5. 测方

地的磁场方位对人的作用，这是非常重要的内容。主要的测量工具就是罗盘。

6. 定位

房子的位置选择和方向选择，掌握了上述原理后，那就可以选择确定阴阳宅的位置了。

选好房子的位置后，选择建造最合适的方向，以接收承纳四周山水空间的生气，谓之立向。

古代官衙的建筑，都是坐北朝南，子山午向。可见古人是很注重方向选择的。

7. 施工

中国风水学把在建造阴阳宅中的设计施工，视作跟随阴阳宅建造整个过程的必须掌握的方法。如阳宅建造的方向、采光、大小尺寸、高低、颜色、房间、灶、床、门、家具等的内局选择安排，还有井、门楼、路、桥、厕、出水口等的外局设计与安排等。

古人知道，任何地方都不可能是十全十美的，有些不好的环境是可以人工改变的。所谓目力之巧，工力之具。

从古代村落中的后龙山，水口山，大量种植和严厉保护树林，就可以知道古人是很重视生态环境建设的。还有如用改河、建桥、筑路、挖塘、围墙、建塔等很多方法来改变风水地，以获得良好的人居环境。

9.2　现代建筑选址规划

9.2.1　现代建筑选址的基本要求

1. 风宜柔和

最理想的居住环境应有柔和的轻风徐徐吹来。

2. 阳光充足

建筑选址最讲究阳光空气（图9－7），所以选择房屋，不但要空气清爽，而且还要阳光充足。

图9－7　阳光充足

3. 地势宜平

具体说来，建筑选址要从五个方面进行考虑：一是地块的形状选择，二是地势的高低选择，三是周边的环境选择，四是周边的地气环境，五是地块过去的用途选择。

（1）地块的形状选择

地块的形状有多种多样，千差万别，一般来说，不外乎是长方形、正方形、梯形、三角形、不规则形状等。正方形和长方形一般来说比较理想，梯形如果位置恰当，也是不错的，三角形（图9－8）、不规则形状尽量避免。

（2）地势的高矮选择

地势应平坦，如果一边高一边低，地势不平的话，一般来说，低一边开主门，坐向要以高为坐。

图9-8　三角形地块

（3）周边的环境

周边有一些特殊的环境，比如山脉、河流、湖泊、公路、铁路、高压线、垃圾场、医院、殡仪馆、烟囱，公路、垃圾场附近最好不要选，铁路、烟囱要慎重选择。如果经过规划后，园区大门不得不面向这些事物，这样的地块最好不要选。至于河流、湖泊、绿地、公园（图9-9）树林等，则较为理想。

图9-9　理想选择的公园

（4）地气的好坏

地气是有区别的，一种是地气，一种是因为建筑的结构所造成的气。

（5）地块过去的用途

过去这个地块是一座学校、幼儿园、市场、普通住宅、普通工厂、田地、荒地、苗圃等都可大胆选用，如果做医院、太平间、砖场、墓地等要慎选。如果过去这个地块出现过火灾也要慎选。

9.2.2　现代建筑选址的注意事项

1. 选址要远离交通要塞

高架桥（图9-10）或者天桥都属于交通要塞，在这些地方选址建房，经常会饱受噪声及长期的震动，易造成神经衰弱。

图9-10　高架桥

2. 在大树边上不能建房

建房不宜靠近大树或者电杆，高压电塔更不合适。因为树荫会阻拦空气和阳光进入，而电杆或者高压电塔本身磁场极强，会干扰住宅正常的磁场，造成不良影响。

3. 前后大路直冲不宜建房（图9-11）

有的住宅大路正对着一条笔直的大路，过往车辆扬起的灰尘和排放的尾气严重影响家居的环境质量，而且对面迎面而来的车辆，也有一种不安全感。

4. 两头高中间低的地形下不宜建房

前后或者左右高起而中间凹下之地（图9-12）不利于空气的对流。

5. "反弓"（图9-13）向内射的地方不宜建房

住宅门前的道路或河流切不可以与弓形向外弯出，车辆来不及拐弯时会直冲住宅；水势凶猛时，也往往在河道的拐弯处形成水患。

图 9 – 11　马路直冲

图 9 – 12　凹地

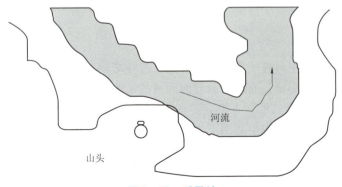

图 9 – 13　反弓地

6. 枯树较多的地方不宜建房（图 9 – 14）

树木枯荣取决于一个地方的水文、土壤和气候条件，树木枯竭就表明"地气"发生了变化，在不清楚原因以前，不宜建房。

图 9 – 14　枯木

7. 附近有高大的烟囱不宜建房

从环境卫生来说，因为从烟囱（图 9 – 15）喷出的烟尘和大量废气，足以损害健康，加之从烟囱里冒出的火星，极有可能导致火灾的发生。尤其是烟囱密集区更不宜建造房屋。

图 9 – 15　烟囱

9.3 现代小区楼盘的选址规划

9.3.1 小区选址规划的内容

这是房地产选址规划的核心内容，包括：园区主门及副门的确立，园区大门的设计，园区地势的规划，园区景观规划，以及园区建筑色彩的规划等。

1. 小区主门及副门的确立

一个房地产园区不管多大，一般情况下要有一个主门，而且要有一到几个副门，从消防角度也有这个要求。园区主门的确立要考虑以下几大方面：一是周边的道路情况，二是地块的形状，三是地块地势的情况，四是预选主门对面的建筑情况。

主门所面对的道路宽窄要适中。不是越宽越好，一般为二三级马路比较好，如果太窄，会给业主带来很多的不方便，从建筑选址的角度来看，也会造成气流不畅、堵塞。

从地块的形状来看，如果正方形、长方形就无所谓了，如果是梯形的话最好选梯形的短边开主门，因为选短边就属于前窄后宽。如从地势的状况来选择，在地势低的地方，地势不平的园区要选择地势低的地方开主门。

主门面对公墓、垃圾场、公厕等是很不理想的，所以在设计主门的时候要尽量回避这种现象，如果必须面对，一定要回避，选择其他的方向开主门。

2. 园区大门的设计

大门（图9-16）的设计包括门的大小、门的形状等。门的大小要适中，这和我们人的比例平衡的道理差不多。门的角度一般情况下应该和围墙、围栏相一致。

3. 地势的建筑选址规划

地势规划的一般原则是园区的地势最好和周围的地势相一致，不高不低，和周围的道路相一致。

4. 园区景观的规划

这里面包括假山、水景、塔楼、雕塑、长廊、碑林、运动场等（图9-17）。如果一个园区搞一两个假山则非常理想，一进园区会有一种生机感，但不能离建筑太近，假山之石要力求平滑。

9.3.2 理想的小区选址环境

1. 满足健康居住的要求

小区应该选择适宜健康居住的地区，对小区的工程地质，水文地质和环境状况应该有比较全面的了解。远离污染源，避免和有效控制水污染、大气污染、噪

图 9 – 16　小区大门

图 9 – 17　动静结合的小区景观

声、电磁辐射等。

2. 交通便利、道路宽敞

力求选择公共交通便利的小区安家，附近 300 米左右应该有公交车站、地铁、轻轨等交通工具。喜欢自驾车的朋友也会因为距离单位近而省下一笔油费。

3. 消费方便、配套设施齐全

住宅小区附近最好有超市、幼儿园、学校、医院、邮局、银行、电影院、娱乐中心等配套设施（图9-18）。

图9-18　小区配套商业街

4. 小区有防灾和抗灾能力（图9-19）

小区应该设置必要的设施，满足消防、救援、抗灾、避灾的要求。

图9-19　小区消防设施

5. 规划布局应该符合居民交往的需求

合理布置交往的空间场地，设计安全、舒适的步行空间和无障碍设施（图9-20），以满足老人、儿童的室外活动需求。

图 9 - 20　小区无障碍通道

9.3.3　选择理想小区的几大要诀

1. 房子要方正

做人要方正，长相也要方正。屋相如人相，屋也一样，一定要方方正正，不要三尖八角，人与屋是有感应的。方正的房子给人一种稳定安全的感觉，而不方正的房子给人一种不安全的感觉。

2. 周边环境好

购买房子，周边的环境也相当重要。买房的时候要考虑是否有：四面有楼、天桥、招牌下压、强光反射、过近马路、桥或马路成反弓、楼宇右方有动土或者走廊过长。

3. 厕所与厨房位置要得当

古书有云：水火不留十字线。意思是说在房屋的正前、正后、正左、正右位置及宅的中心点不宜有厨房及厕所。而现代建筑中，厨、厕都是固定的，所以购买时一定要观察清楚，不要在十字线上。

4. 房子不要直冲

大门直冲阳台、窗户，前后门相对冲，前后窗户相对，阳台与窗户对冲，这些都是不好的。

5. 大小要适中

买房子不是越大越好，要根据居住的人口多少而决定大小，太大或太小都不好。最理想的居住面积，是每人平均占有 25 平方米左右的实用面积最好。

6. 颜色要明亮

9.4　房屋户型设计规划

户型定位是否准确、户型设计是否科学合理是事关项目成败极为关键的因素。世界上没有最好的户型，只有最适合某一特定项目所满足的某一类别消费者的户型。而要让户型能恰到好处地满足目标消费者的需求与潜在需求，不仅需要研究这一部分消费者的生活背景、消费心理、消费特征，而且需要充分考量项目所处的地理特征、景观环境、人文环境、项目的规划布局、小区内环境营造等一系列因素，让户型定位切合项目整体定位。为了保证住宅具有良好的天然采光和通风条件，从理论上讲，住宅的进深不宜过大，户型大小与产品形态有着很大的关联，从目前的市场实况看，由于生活习惯、居住观念的不同，以及生活区域存在东西南北方向的不同，消费者对户型面积的要求存在巨大差异。

9.4.1　好户型的设计标准

一个常规的户型要具备6大功能空间：客厅、餐厅、卫生间、主卧、储藏室、学习区。好的户型最好能同时满足以下三条动线：家务动线（如买菜后从入门到厨房的距离，通常所谓的"干湿分区"）；家里人动线（如各房间到卫生间的距离）；访客匠心独运的户型设计动线（客厅与主卧的距离，强调公共区域与私人区域互不干扰，也就是通常所谓的"动静分区"）。户型好的住宅采光口与地面比例不应小于1:7，在整个户型平面设计时，小户型、中户型至少应有一个，大户型至少有两个居住空间向南偏东35°至南偏西35°。

1. 起居室

起居室（客厅）两个基本原则是：第一，起居室的独立性；第二，起居室的空间效率。现在，有的户型中的起居室也仍然保留着过去"过厅"的角色；有的户型设计了独立的起居室和交通空间分离，相对增加了户型面积。有专家认为目前总面积为130～140平方米的户型里设计30平方米比较合适，从趋势上看，厅的面积下调，主卧室面积从15～18平方米调至25平方米。其中的原因是：客户年轻化，很少在家度过，回家时卧室是常用的空间，需要组合柜、电视，看书的位置，厅内一部分功能转移到卧室中。

现代社区设置会所改变了交友一定要在家的概念。这也说明了整个社会文明程度提高，人的隐私权要求进一步增加。

2. 厨房

根据建设部的住宅性能指标体系，3A级住宅要求厨房面积不小于8平方米，净宽不小于2.1米，厨具的可操作面净长不小于3米；2A级面积不小于6平方米，净宽不小于1.8米，厨具的可操作面净长不小于2.7米，1A级则分别是5平方米、1.8平方米和2.4米。低层、多层住宅的厨房应有直接采光，中高层、高层住宅的厨房有可开向公共走廊的窗户。厨房应设排烟烟道，厨房的净宽度单排布置设备的，不应小于 1.5 米，双排布置设备的，不应小于 2.1 米。厨房宜配服务阳台，并设污洗池。（在一些 90 平方米之内的经济户型中，因受各种条件限制，可以考虑暗卫，但厨房必须为明厨）

3. 卫生间

应满足三个基本功能，即洗面化妆、沐浴和便溺，而且最好能有分离，可以避免冲突，其使用面积不小于 4 平方米。从卫生间的位置来说，单卫的户型应该注意和各个卧室尤其是主卧的联系。双卫或多卫时，公共卫生间应设在公共使用方便的位置，但入口不宜对着入户门和起居室。从面积角度来看，带浴缸的卫生间净宽度不应小于 1.6 米，淋浴的净宽度不应小于 1.2 米。

4. 卧室

一般来说，主卧室的面宽不应小于 3.6 米，面积在 14～17 平方米，次卧室的面宽不应小于 3 米，面积在 10～13 平方米。其次，应注意卧室的私密性，和起居室之间最好有空间过渡，直接朝向起居室开门也应避免对视。卧室与卫生间之间不应该设计错层。

9.4.2 几种住宅户型布局要注意

以下几种类型的住宅则是要注意的：

① 厕所的门若与厨房的门连在一起，则厕所的门应牢记时常关闭，免得受污浊之气涤荡。

② 大门与阳台如成一线，也需要用屏风或玄关隔开，因为前后通透，可以一眼看透大门与阳台，房屋的私密性不好。

③ 住宅内部尽量不要有太多尖角，现代许多高层住宅客厅呈菱形，往往会有尖角出现，令客厅失去和谐统一。

④ 房子里的窗户不宜太多，也不宜太少。

⑤ 大门不能正对厕门，试想人一进门就见到厕所，则住宅的功能何在？另外，睡房门与厕所门也不能正对，卧室与卧室门也不能正对。

⑥ 大门正对电梯或楼梯非常不好，本来住宅是聚气养生之所，如今与电梯、楼梯直对，私密性就不好了。补救之法则是在进门处用屏风或玄关隔开。

⑦ 卧室、客厅或饭厅中，如有横梁切记不可压住床位和坐位，并且天花顶宜高不宜低。

⑧ 室内的东西不要摆放太多。装饰物不是越多越好，过多不但杂乱无章，还会导致压力过大，适当为宜。

⑨ 室内的镜子不能正对着门，包括大门、卧室门、厕所门、厨房门。也不能正对着夫妻床和小孩床。

9.5   售楼处选址规划

售楼处（图9-21）方位与坐向是否合适，对售房至关重要，直接关系到发展商利益。整个小区的装饰布局好，售楼处的方位与坐向又好，这为销售畅旺打下了良好的基础。当然，销售好坏还有很多因素，如楼盘质素、价格、销售策略、入市进机把握等。如两者能密配合、互相推动，不仅能快速销售，还能使价格上个台阶。相反，如两者均不好，要销售出去比登天还难。这是问题的一个方面。另一个方面，如楼盘品质一般，整个从发展商的角度看，最重要的就看售楼处了。所以，售楼处的好坏关系颇大，开发商不得不察。

图9-21   兰亭别院售楼中心

那么，如何确定售楼处的方位与坐向呢？具体包括三方面：

1. 选好位置

选择在整个项目中比较醒目的好位置。并且售楼处可以专门建造，也可在现有楼房的合适方位的首层安排，这要根据楼盘的实际情况。

2. 看交通

选择售楼处的方位，还应看交通、人流、位置等。

3. 定好方向

如果不是专门建造售楼处，而是将建房屋的首层作售楼处，也应尽量选择好的向阳的朝向。

 **本章小结**

　　本章阐述了房地产项目选址的含义和基本内容，重点是建筑选址规划的基本方法；建筑小区选址规划基本方法；住宅户型设计的方法以及售楼处的选址与装修规划。

关键概念

　　选址规划　　户型设计　　售楼部设计

思考题

　　1. 建筑选址的基本要求是什么？
　　2. 何为户型结构好的房子？

实训项目

　　寻找身边的一个房屋结构，根据本章所学内容对其进行选址的分析。

案例分析

　　案例：

　　"临河而居，尽享天然美景"陈文夫妇就是被这句广告语吸引着，买下了一栋坐落在湖边的别墅。荡漾的湖水就在房子数米外的堤下，一小段湖堤紧紧接着自家的花园，两年前种上的柳树已抽枝发芽，在温暖的春风中显得婀娜多姿……一切显得那么的有情调。陈文对自己的家非常满意。

　　但是偏偏有朋友对陈文泼了冷水："最近你是否常常觉得关节酸痛？是否有点无精打采的？"陈文点点头说是的，不过这很正常，以前自己也有过类似的症状，大概是工作太累的缘故。朋友却毫无喜气地说："不对，这是因为你家房临水而建不好。"陈文笑："怎么可能!"

　　解析：

　　近年来水景房、景观房被视为高档住宅，购房者对此类房子也是极力追捧。但是将家安置在水边这样的居住环境合理吗？依山傍水是住宅选址最基本的原则之一，山体是大地的骨架，水域是万物生机的源泉。在古代，门前有水，省得跑远路去担水，主要是生活方便。在古人看来生活方便就是有福气。而后越来越多的人意识到水能起到聚气的作用，"气界水则止"，更不要说水可以让人亲近自然，让生活更有情调了。

　　但是，建房要综合考虑，不能对负面因素置之不理。水的特性是流动的，在风的作用下总是不断地冲刷着陆地。楼房挨着水，房子的地基不可能不受这股冲击力的影响。有人可能会觉得这样的解释有点牵强吧，数米之外，小水波而已，哪会有这么大的力量？殊不知滴水穿石，持续不停的作用力不容忽视。此外，即使地基比较结实，河底下也有河床挡着，可毕竟水会渗透，地基天天被泡着，一旦地基被泡酥了，房子还能傲然挺立吗？

赶上夏天雨季，河湖的水也随之相应涨高。这势必会让住在旁边住宅里的人精神紧张，成天盯牢河水盼它别涨得太高，别把家给淹了。要知道富丽堂皇的住宅一旦进了水，损失可就大了。

除此之外，潮湿地质会导致关节炎、风湿病、皮肤病等。河湖水干净还好，如果不干净或者没有保护好，潮湿腐败的水就成了细菌蚊虫的天然培养基地，这将是产生各种疾病的根源。

分析讨论：以上案例可以给我们带来什么启示？

附　录

附录1　中华人民共和国城市
房地产管理法

（1994年7月5日第八届全国人民代表大会常务委员会第八次会议通过）

第一章　总　　则

第一条　为了加强对城市房地产的管理，维护房地产市场秩序，保障房地产权利人的合法权益，促进房地产业的健康发展，制定本法。

第二条　在中华人民共和国城市规划区国有土地（以下简称国有土地）范围内取得房地产开发用地的土地使用权，从事房地产开发、房地产交易，实施房地产管理，应当遵守本法。

本法所称房屋，是指土地上的房屋等建筑物及构筑物。本法所称房地产开发，是指在依据本法取得国有土地使用权的土地上进行基础设施、房屋建设的行为。

本法所称房地产交易，包括房地产转让、房地产抵押和房屋租赁。

第三条　国家依法实行国有土地有偿、有限期使用制度。但是，国家在本法规定的范围内划拨国有土地使用权的除外。

第四条　国家根据社会、经济发展水平，扶持发展居民住宅建设，逐步改善居民的居住条件。

第五条　房地产权利人应当遵守法律和行政法规，依法纳税。房地产权利人的合法权益受法律保护，任何单位和个人不得侵犯。

第六条　国务院建设行政主管部门、土地管理部门依照国务院规定的职权划分，各司其职，密切配合，管理全国房地产工作。

县级以上地方人民政府房产管理、土地管理部门的机构设置及其职权由省、自治区、直辖市人民政府确定。

第二章　房地产开发用地

第一节　土地使用权出让

第七条　土地使用权出让，是指国家将国有土地使用权（以下简称土地使用权）在一定年限内出让给土地使用者，由土地使用者向国家支付土地使用权出让金的行为。

第八条　城市规划区内的集体所有的土地，经依法征用转为国有土地后，该幅国有土地的使用权方可有偿出让。

第九条　土地使用权出让，必须符合土地利用总体规划、城市规划和年度建设用地计划。

第十条　县级以上地方人民政府出让土地使用权用于房地产开发的，须根据省级以上人民政府下达的控制指标拟订年度出让土地使用权总面积方案，按照国务院规定，报国务院或者省级人民政府批准。

第十一条　土地使用权出让，由市、县人民政府有计划、有步骤地进行。出让的每幅地块、用途、年限和其他条件，由市、县人民政府土地管理部门会同城市规划、建设、房产管理部门共同拟定方案，按照国务院规定，报经有批准权的人民政府批准后，由市、县人民政府土地管理部门实施。直辖市的县人民政府及其有关部门行使前款规定的权限，由直辖市人民政府规定。

第十二条　土地使用权出让，可以采取拍卖、招标或者双方协议的方式。商业、旅游、娱乐和豪华住宅用地，有条件的，必须采取拍卖、招标方式；没有条件，不能采取拍卖、招标方式的，可以采取双方协议的方式。采取双方协议方式出让土地使用权的出让金不得低于按国家规定所确定的最低价。

第十三条　土地使用权出让最高年限由国务院规定。

第十四条　土地使用权出让，应当签订书面出让合同。土地使用权出让合同由市、县人民政府土地管理部门与土地使用者签订。

第十五条　土地使用者必须按照出让合同约定，支付土地使用权出让金；未按照出让合同约定支付土地使用权出让金的，土地管理部门有权解除合同，并可以请求违约赔偿。

第十六条　土地使用者按照出让合同约定支付土地使用权出让金的，市、县人民政府土地管理部门必须按照出让合同约定，提供出让的土地；未按照出让合同约定提供出让的土地的，土地使用者有权解除合同，由土地管理部门返还土地使用权出让金，土地使用者并可以请求违约赔偿。

第十七条　土地使用者需要改变土地使用权出让合同约定的土地用途的，必须取得出让方和市、县人民政府城市规划行政主管部门的同意，签订土地使用权出让合同变更协议或者重新签订土地使用权出让合同，相应调整土地使用权出让金。

第十八条　土地使用权出让金应当全部上缴财政，列入预算，用于城市基础设施建设和土地开发。土地使用权出让金上缴和使用的具体办法由国务院规定。

第十九条　国家对土地使用者依法取得的土地使用权，在出让合同约定的使用年限届满前不收回；在特殊情况下，根据社会公共利益的需要，可以依照法律程序提前收回，并根据土地使用者使用土地的实际年限和开发土地的实际情况给予相应的补偿。

第二十条　土地使用权因土地灭失而终止。

第二十一条　土地使用权出让合同约定的使用年限届满，土地使用者需要继续使用土地的，应当至迟于届满前一年申请续期，除根据社会公共利益需要收回该幅土地的，应当予以批准。经批准准予续期的，应当重新签订土地使用权出让合同，依照规定支付土地使用权出让金。土地使用权出让合同约定的使用年限届满，土地使用者未申请续期或者虽申请续期但依照前款规定未获批准的，土地使用权由国家无偿收回。

第二节　土地使用权划拨

第二十二条　土地使用权划拨，是指县级以上人民政府依法批准，在土地使用者缴纳补偿、安置等费用后将该幅土地交付其使用，或者将土地使用权无偿交付给土地使用者使用的行为。依照本法规定以划拨方式取得土地使用权的，除法律、行政法规另有规定外，没有使用期限的限制。

第二十三条　下列建设用地的土地使用权，确属必需的，可以由县级以上人民政府依法批准划拨：

（一）国家机关用地和军事用地；

（二）城市基础设施用地和公益事业用地；

（三）国家重点扶持的能源、交通、水利等项目用地；

（四）法律、行政法规规定的其他用地。

第三章　房地产开发

第二十四条　房地产开发必须严格执行城市规划，按照经济效益、社会效益、环境效益相统一的原则，实行全面规划、合理布局、综合开发、配套建设。

第二十五条　以出让方式取得土地使用权进行房地产开发的，必须按照土地使用权出让合同约定的土地用途、动工开发期限开发土地。超过出让合同约定的动工开发日期满一年未动工开发的，可以征收相当于土地使用权出让金百分之二十以下的土地闲置费；满二年未动工开发的，可以无偿收回土地使用权；但是，因不可抗力或者政府、政府有关部门的行为或者动工开发必需的前期工作造成动工开发迟延的除外。

第二十六条　房地产开发项目的设计、施工，必须符合国家的有关标准和规范。房地产开发项目竣工，经验收合格后，方可交付使用。

第二十七条　依法取得的土地使用权，可以依照本法和有关法律、行政法规的规定，作价入股，合资、合作开发经营房地产。

第二十八条　国家采取税收等方面的优惠措施鼓励和扶持房地产开发企业开发建设居民住宅。

第二十九条　房地产开发企业是以营利为目的，从事房地产开发和经营的企业。设立房地产开发企业，应当具备下列条件：

（一）有自己的名称和组织机构；

（二）有固定的经营场所；

（三）有符合国务院规定的注册资本；

（四）有足够的专业技术人员；

（五）法律、行政法规规定的其他条件。

设立房地产开发企业，应当向工商行政管理部门申请设立登记。工商行政管理部门对符合本法规定条件的，应当予以登记，发给营业执照；对不符合本法规定条件的，不予登记。

设立有限责任公司、股份有限公司，从事房地产开发经营的，还应当执行公司法的有关规定。

房地产开发企业在领取营业执照后的一个月内，应当到登记机关所在地的县级以上地方人民政府规定的部门备案。

第三十条　房地产开发企业的注册资本与投资总额的比例应当符合国家有关规定。房地产开发企业分期开发房地产的，分期投资额应当与项目规模相适应，并按照土地使用权出让合同的约定，按期投入资金，用于项目建设。

第四章　房地产交易

第一节　一般规定

第三十一条　房地产转让、抵押时，房屋的所有权和该房屋占用范围内的土地使用权同时转让、抵押。

第三十二条　基准地价、标定地价和各类房屋的重置价格应当定期确定并公布。具体办法由国务院规定。

第三十三条　国家实行房地产价格评估制度。房地产价格评估，应当遵循公正、公平、公开的原则，按照国家规定的技术标准和评估程序，以基准地价、标定地价和各类房屋的重置价格为基础，参照当地的市场价格进行评估。

第三十四条　国家实行房地产成交价格申报制度。房地产权利人转让房地产，应当向县级以上地方人民政府规定的部门如实申报成交价，不得瞒报或者作不实的申报。

第三十五条　房地产转让、抵押，当事人应当依照本法第五章的规定办理权属登记。

第二节　房地产转让

第三十六条　房地产转让，是指房地产权利人通过买卖、赠与或者其他合法方式将其房地产转移给他人的行为。

第三十七条　下列房地产，不得转让：

（一）以出让方式取得土地使用权的，不符合本法第三十八条规定的条件的；

（二）司法机关和行政机关依法裁定、决定查封或者以其他形式限制房地产权利的；

（三）依法收回土地使用权的；

（四）共有房地产，未经其他共有人书面同意的；

（五）权属有争议的；

（六）未依法登记领取权属证书的；

（七）法律、行政法规规定禁止转让的其他情形。

第三十八条　以出让方式取得土地使用权的，转让房地产时，应当符合下列条件：

（一）按照出让合同约定已经支付全部土地使用权出让金，并取得土地使用权证书；

（二）按照出让合同约定进行投资开发，属于房屋建设工程的，完成开发投资总额的百分之二十五以上，属于成片开发土地的，形成工业用地或者其他建设用地条件。转让房地产时房屋已经建成的，还应当持有房屋所有权证书。

第三十九条　以划拨方式取得土地使用权的，转让房地产时，应当按照国务院规定，报有批准权的人民政府审批。有批准权的人民政府准予转让的，应当由受让方办理土地使用权出让手续，并依照国家有关规定缴纳土地使用权出让金。

以划拨方式取得土地使用权的，转让房地产报批时，有批准权的人民政府按照国务院规定决定可以不办理土地使用权出让手续的，转让方应当按照国务院规定将转让房地产所获收益中的土地收益上缴国家或者作其他处理。

第四十条　房地产转让，应当签订书面转让合同，合同中应当载明土地使用权取得的方式。

第四十一条　房地产转让时，土地使用权出让合同载明的权利、义务随之转移。

第四十二条　以出让方式取得土地使用权的，转让房地产后，其土地使用权的使用年限为原土地使用权出让合同约定的使用年限减去原土地使用者已经使用年限后的剩余年限。

第四十三条　以出让方式取得土地使用权的，转让房地产后，受让人改变原土地使用权出让合同约定的土地用途的，必须取得原出让方和市、县人民政府城市规划行政主管部门的同意，签订土地使用权出让合同变更协议或者重新签订土地使用权出让合同，相应调整土地使用权出让金。

第四十四条　商品房预售，应当符合下列条件：

（一）已交付全部土地使用权出让金，取得土地使用权证书；

（二）持有建设工程规划许可证；

（三）按提供预售的商品房计算，投入开发建设的资金达到工程建设总投资的百分之二十五以上，并已经确定施工进度和竣工交付日期；

（四）向县级以上人民政府房产管理部门办理预售登记，取得商品房预售许可证明。商品房预售人应当按照国家有关规定将预售合同报县级以上人民政府房产管理部门和土地管理部门登记备案。商品房预售所得款项，必须用于有关的工程建设。

第四十五条　商品房预售的，商品房预购人将购买的未竣工的预售商品房再行转让的问题，由国务院规定。

第三节　房地产抵押

第四十六条　房地产抵押，是指抵押人以其合法的房地产以不转移占有的方式向抵押权人提供债务履行担保的行为。债务人不履行债务时，抵押权人有权依法以抵押的房地产拍卖所得的价款优先受偿。

第四十七条　依法取得的房屋所有权连同该房屋占用范围内的土地使用权，可以设定抵押权。以出让方式取得的土地使用权，可以设定抵押权。

第四十八条　房地产抵押，应当凭土地使用权证书、房屋所有权证书办理。

第四十九条　房地产抵押，抵押人和抵押权人应当签订书面抵押合同。

第五十条　设定房地产抵押权的土地使用权是以划拨方式取得的，依法拍卖该房地产后，应当从拍卖所得的价款中缴纳相当于应缴纳的土地使用权出让金的款额后，抵押权人方可优先受偿。

第五十一条　房地产抵押合同签订后，土地上新增的房屋不属于抵押财产。需要拍卖该抵押的房地产时，可以依法将土地上新增的房屋与抵押财产一同拍卖，但对拍卖新增房屋所得，抵押权人无权优先受偿。

第四节 房 屋 租 赁

第五十二条 房屋租赁，是指房屋所有权人作为出租人将其房屋出租给承租人使用，由承租人向出租人支付租金的行为。

第五十三条 房屋租赁，出租人和承租人应当签订书面租赁合同，约定租赁期限、租赁用途、租赁价格、修缮责任等条款，以及双方的其他权利和义务，并向房产管理部门登记备案。

第五十四条 住宅用房的租赁，应当执行国家和房屋所在城市人民政府规定的租赁政策。租用房屋从事生产、经营活动的，由租赁双方协商议定租金和其他租赁条款。

第五十五条 以营利为目的，房屋所有权人将以划拨方式取得使用权的国有土地上建成的房屋出租的，应当将租金中所含土地收益上缴国家。具体办法由国务院规定。

第五节 中介服务机构

第五十六条 房地产中介服务机构包括房地产咨询机构、房地产价格评估机构、房地产经纪机构等。

第五十七条 房地产中介服务机构应当具备下列条件：
（一）有自己的名称和组织机构；
（二）有固定的服务场所；
（三）有必要的财产和经费；
（四）有足够数量的专业人员；
（五）法律、行政法规规定的其他条件。设立房地产中介服务机构，应当向工商行政管理部门申请设立登记，领取营业执照后，方可开业。

第五十八条 国家实行房地产价格评估人员资格认证制度。

第五章 房地产权属登记管理

第五十九条 国家实行土地使用权和房屋所有权登记发证制度。

第六十条 以出让或者划拨方式取得土地使用权，应当向县级以上地方人民政府土地管理部门申请登记，经县级以上地方人民政府土地管理部门核实，由同级人民政府颁发土地使用权证书。

在依法取得的房地产开发用地上建成房屋的，应当凭土地使用权证书向县级以上地方人民政府房产管理部门申请登记，由县级以上地方人民政府房产管理部门核实并颁发房屋所有权证书。

房地产转让或者变更时，应当向县级以上地方人民政府房产管理部门申请房产变更登记，并凭变更后的房屋所有权证书向同级人民政府土地管理部门申请土地使用权变更登记，经同级人民政府土地管理部门核实，由同级人民政府更换或者更改土地使用权证书。法律另有规定的，依照有关法律的规定办理。

第六十一条　房地产抵押时，应当向县级以上地方人民政府规定的部门办理抵押登记。因处分抵押房地产而取得土地使用权和房屋所有权的，应当依照本章规定办理过户登记。

第六十二条　经省、自治区、直辖市人民政府确定，县级以上地方人民政府由一个部门统一负责房产管理和土地管理工作的，可以制作、颁发统一的房地产权证书，依照本法第六十条的规定，将房屋的所有权和该房屋占用范围内的土地使用权的确认和变更，分别载入房地产权证书。

第六章　法　律　责　任

第六十三条　违反本法第十条、第十一条的规定，擅自批准出让或者擅自出让土地使用权用于房地产开发的，由上级机关或者所在单位给予有关责任人员行政处分。

第六十四条　违反本法第二十九条的规定，未取得营业执照擅自从事房地产开发业务的，由县级以上人民政府工商行政管理部门责令停止房地产开发业务活动，没收违法所得，可以并处罚款。

第六十五条　违反本法第三十八条第一款的规定转让土地使用权的，由县级以上人民政府土地管理部门没收违法所得，可以并处罚款。

第六十六条　违反本法第三十九条第一款的规定转让房地产的，由县级以上人民政府土地管理部门责令缴纳土地使用权出让金，没收违法所得，可以并处罚款。

第六十七条　违反本法第四十四条第一款的规定预售商品房的，由县级以上人民政府房产管理部门责令停止预售活动，没收违法所得，可以并处罚款。

第六十八条　违反本法第五十七条的规定，未取得营业执照擅自从事房地产中介服务业务的，由县级以上人民政府工商行政管理部门责令停止房地产中介服务业务活动，没收违法所得，可以并处罚款。

第六十九条　没有法律、法规的依据，向房地产开发企业收费的，上级机关应当责令退回所收取的钱款；情节严重的，由上级机关或者所在单位给予直接责任人员行政处分。

第七十条　房产管理部门、土地管理部门工作人员玩忽职守、滥用职权，构成犯罪的，依法追究刑事责任；不构成犯罪的，给予行政处分。

房产管理部门、土地管理部门工作人员利用职务上的便利，索取他人财物，或者非法收受他人财物为他人谋取利益，构成犯罪的，依照惩治贪污罪贿赂罪的补充规定追究刑事责任；不构成犯罪的，给予行政处分。

第七章　附　　则

第七十一条　在城市规划区外的国有土地范围内取得房地产开发用地的土地使用权，从事房地产开发、交易活动以及实施房地产管理，参照本法执行。

第七十二条　本法自 1995 年 1 月 1 日起施行。

附录 2 中华人民共和国土地管理法

(1986 年 6 月 25 日第六届全国人民代表大会常务委员会第十六次会议通过 根据 1988 年 12 月 29 日第七届全国人民代表大会常务委员会第五次会议《关于修改〈中华人民共和国土地管理法〉的决定》第一次修正 1998 年 8 月 29 日第九届全国人民代表大会常务委员会第四次会议修订 根据 2004 年 8 月 28 日第十届全国人民代表大会常务委员会第十一次会议《关于修改〈中华人民共和国土地管理法〉的决定》第二次修正)

第一章 总   则

第一条 为了加强土地管理,维护土地的社会主义公有制,保护、开发土地资源,合理利用土地,切实保护耕地,促进社会经济的可持续发展,根据宪法,制定本法。

第二条 中华人民共和国实行土地的社会主义公有制,即全民所有制和劳动群众集体所有制。

全民所有,即国家所有土地的所有权由国务院代表国家行使。

任何单位和个人不得侵占、买卖或者以其他形式非法转让土地。土地使用权可以依法转让。

国家为了公共利益的需要,可以依法对土地实行征收或者征用并给予补偿。

国家依法实行国有土地有偿使用制度。但是,国家在法律规定的范围内划拨国有土地使用权的除外。

第三条 十分珍惜、合理利用土地和切实保护耕地是我国的基本国策。各级人民政府应当采取措施,全面规划,严格管理,保护、开发土地资源,制止非法占用土地的行为。

第四条 国家实行土地用途管制制度。

国家编制土地利用总体规划,规定土地用途,将土地分为农用地、建设用地和未利用地。严格限制农用地转为建设用地,控制建设用地总量,对耕地实行特殊保护。

前款所称农用地是指直接用于农业生产的土地,包括耕地、林地、草地、农田水利用地、养殖水面等；建设用地是指建造建筑物、构筑物的土地，包括城乡住宅和公共设施用地、工矿用地、交通水利设施用地、旅游用地、军事设施用地等；未利用地是指农用地和建设用地以外的土地。

使用土地的单位和个人必须严格按照土地利用总体规划确定的用途使用土地。

第五条　国务院土地行政主管部门统一负责全国土地的管理和监督工作。

县级以上地方人民政府土地行政主管部门的设置及其职责，由省、自治区、直辖市人民政府根据国务院有关规定确定。

第六条　任何单位和个人都有遵守土地管理法律、法规的义务，并有权对违反土地管理法律、法规的行为提出检举和控告。

第七条　在保护和开发土地资源、合理利用土地以及进行有关的科学研究等方面成绩显著的单位和个人，由人民政府给予奖励。

第二章　土地的所有权和使用权

第八条　城市市区的土地属于国家所有。

农村和城市郊区的土地，除由法律规定属于国家所有的以外，属于农民集体所有；宅基地和自留地、自留山，属于农民集体所有。

第九条　国有土地和农民集体所有的土地，可以依法确定给单位或者个人使用。使用土地的单位和个人，有保护、管理和合理利用土地的义务。

第十条　农民集体所有的土地依法属于村农民集体所有的，由村集体经济组织或者村民委员会经营、管理；已经分别属于村内两个以上农村集体经济组织的农民集体所有的，由村内各该农村集体经济组织或者村民小组经营、管理；已经属于乡（镇）农民集体所有的，由乡（镇）农村集体经济组织经营、管理。

第十一条　农民集体所有的土地，由县级人民政府登记造册，核发证书，确认所有权。农民集体所有的土地依法用于非农业建设的，由县级人民政府登记造册，核发证书，确认建设用地使用权。

单位和个人依法使用的国有土地，由县级以上人民政府登记造册，核发证书，确认使用权；其中，中央国家机关使用的国有土地的具体登记发证机关，由国务院确定。

确认林地、草原的所有权或者使用权，确认水面、滩涂的养殖使用权，分别依照《中华人民共和国森林法》、《中华人民共和国草原法》和《中华人民共和国渔业法》的有关规定办理。

第十二条　依法改变土地权属和用途的，应当办理土地变更登记手续。

第十三条　依法登记的土地的所有权和使用权受法律保护，任何单位和个人不得侵犯。

第十四条　农民集体所有的土地由本集体经济组织的成员承包经营，从事种植业、林业、畜牧业、渔业生产。土地承包经营期限为三十年。发包方和承包方应当订立承包合同，约定双方的权利和义务。承包经营土地的农民有保护和按照承包合同约定的用途合理利用土地的义务。农民的土地承包经营权受法律保护。

在土地承包经营期限内，对个别承包经营者之间承包的土地进行适当调整的，必须经村民会议三分之二以上成员或者三分之二以上村民代表的同意，并报乡（镇）人民政府和县级人民政府农业行政主管部门批准。

第十五条　国有土地可以由单位或者个人承包经营，从事种植业、林业、畜牧业、渔业生产。农民集体所有的土地，可以由本集体经济组织以外的单位或者个人承包经营，从事种植业、林业、畜牧业、渔业生产。发包方和承包方应当订立承包合同，约定双方的权利和义务。土地承包经营的期限由承包合同约定。承包经营土地的单位和个人，有保护和按照承包合同约定的用途合理利用土地的义务。

农民集体所有的土地由本集体经济组织以外的单位或者个人承包经营的，必须经村民会议三分之二以上成员或者三分之二以上村民代表的同意，并报乡（镇）人民政府批准。

第十六条　土地所有权和使用权争议，由当事人协商解决；协商不成的，由人民政府处理。

单位之间的争议，由县级以上人民政府处理；个人之间、个人与单位之间的争议，由乡级人民政府或者县级以上人民政府处理。

当事人对有关人民政府的处理决定不服的，可以自接到处理决定通知之日起 30 日内，向人民法院起诉。

在土地所有权和使用权争议解决前，任何一方不得改变土地利用现状。

第三章　土地利用总体规划

第十七条　各级人民政府应当依据国民经济和社会发展规划、国土整治和资源环境保护的要求、土地供给能力以及各项建设对土地的需求，组织编制土地利用总体规划。

土地利用总体规划的规划期限由国务院规定。

第十八条　下级土地利用总体规划应当依据上一级土地利用总体规划编制。

地方各级人民政府编制的土地利用总体规划中的建设用地总量不得超过上一级土地利用总体规划确定的控制指标，耕地保有量不得低于上一级土地利用总体规划确定的控制指标。

省、自治区、直辖市人民政府编制的土地利用总体规划，应当确保本行政区域内耕地总量不减少。

第十九条　土地利用总体规划按照下列原则编制：

（一）严格保护基本农田，控制非农业建设占用农用地；

（二）提高土地利用率；

（三）统筹安排各类、各区域用地；

（四）保护和改善生态环境，保障土地的可持续利用；

（五）占用耕地与开发复垦耕地相平衡。

第二十条　县级土地利用总体规划应当划分土地利用区，明确土地用途。

乡（镇）土地利用总体规划应当划分土地利用区，根据土地使用条件，确定每一块土地的用途，并予以公告。

第二十一条　土地利用总体规划实行分级审批。

省、自治区、直辖市的土地利用总体规划，报国务院批准。

省、自治区人民政府所在地的市、人口在一百万以上的城市以及国务院指定的城市的土地利用总体规划，经省、自治区人民政府审查同意后，报国务院批准。

本条第二款、第三款规定以外的土地利用总体规划，逐级上报省、自治区、直辖市人民政府批准；其中，乡（镇）土地利用总体规划可以由省级人民政府授权的设区的市、自治州人民政府批准。

土地利用总体规划一经批准，必须严格执行。

第二十二条　城市建设用地规模应当符合国家规定的标准，充分利用现有建设用地，不占或者少占农用地。

城市总体规划、村庄和集镇规划，应当与土地利用总体规划相衔接，城市总体规划、村庄和集镇规划中建设用地规模不得超过土地利用总体规划确定的城市和村庄、集镇建设用地规模。

在城市规划区内、村庄和集镇规划区内，城市和村庄、集镇建设用地应当符合城市规划、村庄和集镇规划。

第二十三条　江河、湖泊综合治理和开发利用规划，应当与土地利用总体规划相衔接。在江河、湖泊、水库的管理和保护范围以及蓄洪滞洪区内，土地利用应当符合江河、湖泊综合治理和开发利用规划，符合河道、湖泊行洪、蓄洪和输水的要求。

第二十四条　各级人民政府应当加强土地利用计划管理，实行建设用地总量控制。

土地利用年度计划，根据国民经济和社会发展计划、国家产业政策、土地利用总体规划以及建设用地和土地利用的实际状况编制。土地利用年度计划的编制审批程序与土地利用总体规划的编制审批程序相同，一经审批下达，必须严格执行。

第二十五条　省、自治区、直辖市人民政府应当将土地利用年度计划的执行情况列为国民经济和社会发展计划执行情况的内容，向同级人民代表大会报告。

第二十六条 经批准的土地利用总体规划的修改，须经原批准机关批准；未经批准，不得改变土地利用总体规划确定的土地用途。

经国务院批准的大型能源、交通、水利等基础设施建设用地，需要改变土地利用总体规划的，根据国务院的批准文件修改土地利用总体规划。

经省、自治区、直辖市人民政府批准的能源、交通、水利等基础设施建设用地，需要改变土地利用总体规划的，属于省级人民政府土地利用总体规划批准权限内的，根据省级人民政府的批准文件修改土地利用总体规划。

第二十七条 国家建立土地调查制度。

县级以上人民政府土地行政主管部门会同同级有关部门进行土地调查。土地所有者或者使用者应当配合调查，并提供有关资料。

第二十八条 县级以上人民政府土地行政主管部门会同同级有关部门根据土地调查成果、规划土地用途和国家制定的统一标准，评定土地等级。

第二十九条 国家建立土地统计制度。

县级以上人民政府土地行政主管部门和同级统计部门共同制定统计调查方案，依法进行土地统计，定期发布土地统计资料。土地所有者或者使用者应当提供有关资料，不得虚报、瞒报、拒报、迟报。

土地行政主管部门和统计部门共同发布的土地面积统计资料是各级人民政府编制土地利用总体规划的依据。

第三十条 国家建立全国土地管理信息系统，对土地利用状况进行动态监测。

第四章 耕 地 保 护

第三十一条 国家保护耕地，严格控制耕地转为非耕地。

国家实行占用耕地补偿制度。非农业建设经批准占用耕地的，按照"占多少，垦多少"的原则，由占用耕地的单位负责开垦与所占用耕地的数量和质量相当的耕地；没有条件开垦或者开垦的耕地不符合要求的，应当按照省、自治区、直辖市的规定缴纳耕地开垦费，专款用于开垦新的耕地。

省、自治区、直辖市人民政府应当制定开垦耕地计划，监督占用耕地的单位按照计划开垦耕地或者按照计划组织开垦耕地，并进行验收。

第三十二条 县级以上地方人民政府可以要求占用耕地的单位将所占用耕地耕作层的土壤用于新开垦耕地、劣质地或者其他耕地的土壤改良。

第三十三条 省、自治区、直辖市人民政府应当严格执行土地利用总体规划和土地利用年度计划，采取措施，确保本行政区域内耕地总量不减少；耕地总量减少的，由国务院责令在规定期限内组织开垦与所减少耕地的数量与质量相当的耕地，并由国务院土地行政主管部门会同农业行政主管部门验收。个别省、直辖市确因土地后备资源匮乏，新增建设用地后，新开垦耕地的数量不足以补偿所占用耕地的数量的，必须报经国务院批准减免本行政区域内开垦耕地的数量，进行易地开垦。

第三十四条　国家实行基本农田保护制度。下列耕地应当根据土地利用总体规划划入基本农田保护区，严格管理：

（一）经国务院有关主管部门或者县级以上地方人民政府批准确定的粮、棉、油生产基地内的耕地；

（二）有良好的水利与水土保持设施的耕地，正在实施改造计划以及可以改造的中、低产田；

（三）蔬菜生产基地；

（四）农业科研、教学试验田；

（五）国务院规定应当划入基本农田保护区的其他耕地。

各省、自治区、直辖市划定的基本农田应当占本行政区域内耕地的百分之八十以上。

基本农田保护区以乡（镇）为单位进行划区定界，由县级人民政府土地行政主管部门会同同级农业行政主管部门组织实施。

第三十五条　各级人民政府应当采取措施，维护排灌工程设施，改良土壤，提高地力，防止土地荒漠化、盐渍化、水土流失和污染土地。

第三十六条　非农业建设必须节约使用土地，可以利用荒地的，不得占用耕地；可以利用劣地的，不得占用好地。

禁止占用耕地建窑、建坟或者擅自在耕地上建房、挖砂、采石、采矿、取土等。

禁止占用基本农田发展林果业和挖塘养鱼。

第三十七条　禁止任何单位和个人闲置、荒芜耕地。已经办理审批手续的非农业建设占用耕地，一年内不用而又可以耕种并收获的，应当由原耕种该幅耕地的集体或者个人恢复耕种，也可以由用地单位组织耕种；一年以上未动工建设的，应当按照省、自治区、直辖市的规定缴纳闲置费；连续二年未使用的，经原批准机关批准，由县级以上人民政府无偿收回用地单位的土地使用权；该幅土地原为农民集体所有的，应当交由原农村集体经济组织恢复耕种。

在城市规划区范围内，以出让方式取得土地使用权进行房地产开发的闲置土地，依照《中华人民共和国城市房地产管理法》的有关规定办理。

承包经营耕地的单位或者个人连续二年弃耕抛荒的，原发包单位应当终止承包合同，收回发包的耕地。

第三十八条　国家鼓励单位和个人按照土地利用总体规划，在保护和改善生态环境、防止水土流失和土地荒漠化的前提下，开发未利用的土地；适宜开发为农用地的，应当优先开发成农用地。

国家依法保护开发者的合法权益。

第三十九条　开垦未利用的土地，必须经过科学论证和评估，在土地利用总体规划划定的可开垦的区域内，经依法批准后进行。禁止毁坏森林、草原开垦耕地，禁止围湖造田和侵占江河滩地。

根据土地利用总体规划，对破坏生态环境开垦、围垦的土地，有计划有步骤地退耕还林、还牧、还湖。

第四十条　开发未确定使用权的国有荒山、荒地、荒滩从事种植业、林业、畜牧业、渔业生产的，经县级以上人民政府依法批准，可以确定给开发单位或者个人长期使用。

第四十一条　国家鼓励土地整理。县、乡（镇）人民政府应当组织农村集体经济组织，按照土地利用总体规划，对田、水、路、林、村综合整治，提高耕地质量，增加有效耕地面积，改善农业生产条件和生态环境。

地方各级人民政府应当采取措施，改造中、低产田，整治闲散地和废弃地。

第四十二条　因挖损、塌陷、压占等造成土地破坏，用地单位和个人应当按照国家有关规定负责复垦；没有条件复垦或者复垦不符合要求的，应当缴纳土地复垦费，专项用于土地复垦。复垦的土地应当优先用于农业。

第五章　建设用地

第四十三条　任何单位和个人进行建设，需要使用土地的，必须依法申请使用国有土地；但是，兴办乡镇企业和村民建设住宅经依法批准使用本集体经济组织农民集体所有的土地的，或者乡（镇）村公共设施和公益事业建设经依法批准使用农民集体所有的土地的除外。

前款所称依法申请使用的国有土地包括国家所有的土地和国家征用的原属于农民集体所有的土地。

第四十四条　建设占用土地，涉及农用地转为建设用地的，应当办理农用地转用审批手续。

省、自治区、直辖市人民政府批准的道路、管线工程和大型基础设施建设项目、国务院批准的建设项目占用土地，涉及农用地转为建设用地的，由国务院批准。

在土地利用总体规划确定的城市和村庄、集镇建设用地规模范围内，为实施该规划而将农用地转为建设用地的，按土地利用年度计划分批次由原批准土地利用总体规划的机关批准。在已批准的农用地转用范围内，具体建设项目用地可以由市、县人民政府批准。

本条第二款、第三款规定以外的建设项目占用土地，涉及农用地转为建设用地的，由省、自治区、直辖市人民政府批准。

第四十五条　征收下列土地的，由国务院批准：

（一）基本农田；

（二）基本农田以外的耕地超过 35 公顷的；

（三）其他土地超过七十公顷的。

征收前款规定以外的土地的，由省、自治区、直辖市人民政府批准，并报国务院备案。征收农用地的，应当依照本法第四十四条的规定先行办理农用地转用审批。其中，经国务院批准农用地转用的，同时办理征地审批手续，不再另行办理征地审批；经省、自治区、直辖市人民政府在征地批准权限内批准农用地转用的，同时办理征地审批手续，不再另行办理征地审批，超过征地批准权限的，应当依照本条第一款的规定另行办理征地审批。

第四十六条　国家征收土地的，依照法定程序批准后，由县级以上地方人民政府予以公告并组织实施。

被征用土地的所有权人、使用权人应当在公告规定期限内，持土地权属证书到当地人民政府土地行政主管部门办理征地补偿登记。

第四十七条　征收土地的，按照被征收土地的原用途给予补偿。

征收耕地的补偿费用包括土地补偿费、安置补助费以及地上附着物和青苗的补偿费。征收耕地的土地补偿费，为该耕地被征收前三年平均年产值的六至十倍。征收耕地的安置补助费，按照需要安置的农业人口数计算。需要安置的农业人口数，按照被征收的耕地数量除以征地前被征收单位平均每人占有耕地的数量计算。每一个需要安置的农业人口的安置补助费标准，为该耕地被征收前三年平均年产值的四至六倍。但是，每公顷被征收耕地的安置补助费，最高不得超过被征收前三年平均年产值的十五倍。

征收其他土地的土地补偿费和安置补助费标准，由省、自治区、直辖市参照征收耕地的土地补偿费和安置补助费的标准规定。

被征收土地上的附着物和青苗的补偿标准，由省、自治区、直辖市规定。

征收城市郊区的菜地，用地单位应当按照国家有关规定缴纳新菜地开发建设基金。

依照本条第二款的规定支付土地补偿费和安置补助费，尚不能使需要安置的农民保持原有生活水平的，经省、自治区、直辖市人民政府批准，可以增加安置补助费。但是，土地补偿费和安置补助费的总和不得超过土地被征收前三年平均年产值的三十倍。

国务院根据社会、经济发展水平，在特殊情况下，可以提高征收耕地的土地补偿费和安置补助费的标准。

第四十八条　征地补偿安置方案确定后，有关地方人民政府应当公告，并听取被征地的农村集体经济组织和农民的意见。

第四十九条 被征地的农村集体经济组织应当将征收土地的补偿费用的收支状况向本集体经济组织的成员公布，接受监督。

禁止侵占、挪用被征用土地单位的征地补偿费用和其他有关费用。

第五十条 地方各级人民政府应当支持被征地的农村集体经济组织和农民从事开发经营，兴办企业。

第五十一条 大中型水利、水电工程建设征收土地的补偿费标准和移民安置办法，由国务院另行规定。

第五十二条 建设项目可行性研究论证时，土地行政主管部门可以根据土地利用总体规划、土地利用年度计划和建设用地标准，对建设用地有关事项进行审查，并提出意见。

第五十三条 经批准的建设项目需要使用国有建设用地的，建设单位应当持法律、行政法规规定的有关文件，向有批准权的县级以上人民政府土地行政主管部门提出建设用地申请，经土地行政主管部门审查，报本级人民政府批准。

第五十四条 建设单位使用国有土地，应当以出让等有偿使用方式取得；但是，下列建设用地，经县级以上人民政府依法批准，可以以划拨方式取得：

（一）国家机关用地和军事用地；

（二）城市基础设施用地和公益事业用地；

（三）国家重点扶持的能源、交通、水利等基础设施用地；

（四）法律、行政法规规定的其他用地。

第五十五条 以出让等有偿使用方式取得国有土地使用权的建设单位，按照国务院规定的标准和办法，缴纳土地使用权出让金等土地有偿使用费和其他费用后，方可使用土地。

自本法施行之日起，新增建设用地的土地有偿使用费，百分之三十上缴中央财政，百分之七十留给有关地方人民政府，都专项用于耕地开发。

第五十六条 建设单位使用国有土地的，应当按照土地使用权出让等有偿使用合同的约定或者土地使用权划拨批准文件的规定使用土地；确需改变该幅土地建设用途的，应当经有关人民政府土地行政主管部门同意，报原批准用地的人民政府批准。其中，在城市规划区内改变土地用途的，在报批前，应当先经有关城市规划行政主管部门同意。

第五十七条 建设项目施工和地质勘查需要临时使用国有土地或者农民集体所有的土地的，由县级以上人民政府土地行政主管部门批准。其中，在城市规划区内的临时用地，在报批前，应当先经有关城市规划行政主管部门同意。土地使用者应当根据土地权属，与有关土地行政主管部门或者农村集体经济组织、村民委员会签订临时使用土地合同，并按照合同的约定支付临时使用土地补偿费。

临时使用土地的使用者应当按照临时使用土地合同约定的用途使用土地，并不得修建永久性建筑物。

临时使用土地期限一般不超过二年。

第五十八条　有下列情形之一的，由有关人民政府土地主管部门报经原批准用地的人民政府或者有批准权的人民政府批准，可以收回国有土地使用权：

（一）为公共利益需要使用土地的；

（二）为实施城市规划进行旧城区改建，需要调整使用土地的；

（三）土地出让等有偿使用合同约定的使用期限届满，土地使用者未申请续期或者申请续期未获批准的；

（四）因单位撤销、迁移等原因，停止使用原划拨的国有土地的；

（五）公路、铁路、机场、矿场等经核准报废的。

依照前款第（一）项、第（二）项的规定收回国有土地使用权的，对土地使用权人应当给予适当补偿。

第五十九条　乡镇企业、乡（镇）村公共设施、公益事业、农村村民住宅等乡（镇）村建设，应当按照村庄和集镇规划，合理布局，综合开发，配套建设；建设用地，应当符合乡（镇）土地利用总体规划和土地利用年度计划，并依照本法第四十四条、第六十条、第六十一条、第六十二条的规定办理审批手续。

第六十条　农村集体经济组织使用乡（镇）土地利用总体规划确定的建设用地兴办企业或者与其他单位、个人以土地使用权入股、联营等形式共同举办企业的，应当持有关批准文件，向县级以上地方人民政府土地行政主管部门提出申请，按照省、自治区、直辖市规定的批准权限，由县级以上地方人民政府批准；其中，涉及占用农用地的，依照本法第四十四条的规定办理审批手续。

按照前款规定兴办企业的建设用地，必须严格控制。省、自治区、直辖市可以按照乡镇企业的不同行业和经营规模，分别规定用地标准。

第六十一条　乡（镇）村公共设施、公益事业建设，需要使用土地的，经乡（镇）人民政府审核，向县级以上地方人民政府土地行政主管部门提出申请，按照省、自治区、直辖市规定的批准权限，由县级以上地方人民政府批准；其中，涉及占用农用地的，依照本法第四十四条的规定办理审批手续。

第六十二条　农村村民一户只能拥有一处宅基地，其宅基地的面积不得超过省、自治区、直辖市规定的标准。

农村村民建住宅，应当符合乡（镇）土地利用总体规划，并尽量使用原有的宅基地和村内空闲地。

农村村民住宅用地，经乡（镇）人民政府审核，由县级人民政府批准；其中，涉及占用农用地的，依照本法第四十四条的规定办理审批手续。

农村村民出卖、出租住房后，再申请宅基地的，不予批准。

第六十三条　农民集体所有的土地的使用权不得出让、转让或者出租用于非农业建设；但是，符合土地利用总体规划并依法取得建设用地的企业，因破产、兼并等情形致使土地使用权依法发生转移的除外。

第六十四条　在土地利用总体规划制定前已建的不符合土地利用总体规划确定的用途的建筑物、构筑物，不得重建、扩建。

第六十五条　有下列情形之一的，农村集体经济组织报经原批准用地的人民政府批准，可以收回土地使用权：

（一）为乡（镇）村公共设施和公益事业建设，需要使用土地的；

（二）不按照批准的用途使用土地的；

（三）因撤销、迁移等原因而停止使用土地的。

依照前款第（一）项规定收回农民集体所有的土地的，对土地使用权人应当给予适当补偿。

第六章　监督检查

第六十六条　县级以上人民政府土地行政主管部门对违反土地管理法律、法规的行为进行监督检查。

土地管理监督检查人员应当熟悉土地管理法律、法规，忠于职守、秉公执法。

第六十七条　县级以上人民政府土地行政主管部门履行监督检查职责时，有权采取下列措施：

（一）要求被检查的单位或者个人提供有关土地权利的文件和资料，进行查阅或者予以复制；

（二）要求被检查的单位或者个人就有关土地权利的问题作出说明；

（三）进入被检查单位或者个人非法占用的土地现场进行勘测。

（四）责令非法占用土地的单位或者个人停止违反土地管理法律、法规的行为。

第六十八条　土地管理监督检查人员履行职责，需要进入现场进行勘测、要求有关单位或者个人提供文件、资料和作出说明的，应当出示土地管理监督检查证件。

第六十九条　有关单位和个人对县级以上人民政府土地行政主管部门就土地违法行为进行的监督检查应当支持与配合，并提供工作方便，不得拒绝与阻碍土地管理监督检查人员依法执行职务。

第七十条　县级以上人民政府土地行政主管部门在监督检查工作中发现国家工作人员的违法行为，依法应当给予行政处分的，应当依法予以处理；自己无权处理的，应当向同级或者上级人民政府的行政监察机关提出行政处分建议书，有关行政监察机关应当依法予以处理。

第七十一条　县级以上人民政府土地行政主管部门在监督检查工作中发现土

地违法行为构成犯罪的，应当将案件移送有关机关，依法追究刑事责任；不构成犯罪的，应当依法给予行政处罚。

第七十二条 依照本法规定应当给予行政处罚，而有关土地行政主管部门不给予行政处罚的，上级人民政府土地行政主管部门有权责令有关土地行政主管部门作出行政处罚决定或者直接给予行政处罚，并给予有关土地行政主管部门的负责人行政处分。

第七章 法 律 责 任

第七十三条 买卖或者以其他形式非法转让土地的，由县级以上人民政府土地行政主管部门没收违法所得；对违反土地利用总体规划擅自将农用地改为建设用地的，限期拆除在非法转让的土地上新建的建筑物和其他设施，恢复土地原状，对符合土地利用总体规划的，没收在非法转让的土地上新建的建筑物和其他设施；可以并处罚款；对直接负责的主管人员和其他直接责任人员，依法给予行政处分，构成犯罪的，依法追究刑事责任。

第七十四条 违反本法规定，占用耕地建窑、建坟或者擅自在耕地上建房、挖砂、采石、采矿、取土等，破坏种植条件的，或者因开发土地造成土地荒漠化、盐渍化的，由县级以上人民政府土地行政主管部门责令限期改正或者治理，可以并处罚款；构成犯罪的，依法追究刑事责任。

第七十五条 违反本法规定，拒不履行土地复垦义务的，由县级以上人民政府土地行政主管部门责令限期改正；逾期不改正的，责令缴纳复垦费，专项用于土地复垦，可以处以罚款。

第七十六条 未经批准或者采取欺骗手段骗取批准，非法占用土地的，由县级以上人民政府土地行政主管部门责令退还非法占用的土地，对违反土地利用总体规划擅自将农用地改为建设用地的，限期拆除在非法占用的土地上新建的建筑物和其他设施，恢复土地原状，对符合土地利用总体规划的，没收在非法占用的土地上新建的建筑物和其他设施，可以并处罚款；对非法占用土地单位的直接负责的主管人员和其他直接责任人员，依法给予行政处分；构成犯罪的，依法追究刑事责任。

超过批准的数量占用土地，多占的土地以非法占用土地论处。

第七十七条 农村村民未经批准或者采取欺骗手段骗取批准，非法占用土地建住宅的，由县级以上人民政府土地行政主管部门责令退还非法占用的土地，限期拆除在非法占用的土地上新建的房屋。

超过省、自治区、直辖市规定的标准，多占的土地以非法占用土地论处。

第七十八条 无权批准征收、使用土地的单位或者个人非法批准占用土地的，超越批准权限非法批准占用土地的，不按照土地利用总体规划确定的用途批准用地的，或者违反法律规定的程序批准占用、征收土地的，其批准文件无效，对非法批准征收、使用土地的直接负责的主管人员和其他直接责任人员，依法给予行政处分；构成犯罪的，依法追究刑事责任。

非法批准、使用的土地应当收回，有关当事人拒不归还的，以非法占用土地论处。

非法批准征用、使用土地，对当事人造成损失的，依法应当承担赔偿责任。

第七十九条 侵占、挪用被征收土地单位的征地补偿费用和其他有关费用，构成犯罪的，依法追究刑事责任；尚不构成犯罪的，依法给予行政处分。

第八十条 依法收回国有土地使用权当事人拒不交出土地的，临时使用土地期满拒不归还的，或者不按照批准的用途使用国有土地的，由县级以上人民政府土地行政主管部门责令交还土地，处以罚款。

第八十一条 擅自将农民集体所有的土地的使用权出让、转让或者出租用于非农业建设的，由县级以上人民政府土地行政主管部门责令限期改正，没收违法所得，并处罚款。

第八十二条 不依照本法规定办理土地变更登记的，由县级以上人民政府土地行政主管部门责令其限期办理。

第八十三条 依照本法规定，责令限期拆除在非法占用的土地上新建的建筑物和其他设施的，建设单位或者个人必须立即停止施工，自行拆除；对继续施工的，作出处罚决定的机关有权制止。建设单位或者个人对责令限期拆除的行政处罚决定不服的，可以在接到责令限期拆除决定之日起15日内，向人民法院起诉；期满不起诉又不自行拆除的，由作出处罚决定的机关依法申请人民法院强制执行，费用由违法者承担。

第八十四条 土地行政主管部门的工作人员玩忽职守、滥用职权、徇私舞弊，构成犯罪的，依法追究刑事责任；尚不构成犯罪的，依法给予行政处分。

第八章　附　　则

第八十五条 中外合资企业、中外合作经营企业、外资企业使用土地的，适用本法；法律另有规定的，从其规定。

第八十六条 本法自1999年1月1日起施行。

附录3 城市房屋权属登记管理办法

(1997 年 10 月 27 日建设部令第 57 号发布，2001 年 8 月 15 日根据《建设部关于修改〈城市房地产权属登记管理办法〉的决定》修正)

第一章 总 则

第一条 为加强城市房屋权属管理，维护房地产市场秩序，保障房屋权利人的合法权益，根据《中华人民共和国城市房地产管理法》的规定，制定本办法。

第二条 本办法适用于城市规划区国有土地范围内的房屋权属登记。

第三条 本办法所称房屋权属登记，是指房地产行政主管部门代表政府对房屋所有权以及由上述权利产生的抵押权、典权等房屋他项权利进行登记，并依法确认房屋产权归属关系的行为。本办法所称房屋权利人（以下简称权利人），是指依法享有房屋所有权和该房屋占用范围内的土地使用权、房地产他项权利的法人、其他组织和自然人。本办法所称房屋权利申请人（以下简称申请人），是指已获得了房屋并提出房屋登记申请，但尚未取得房屋所有权证书的法人、其他组织和自然人。

第四条 国家实行房屋所有权登记发证制度。申请人应当按照国家规定到房屋所在地的人民政府房地产行政主管部门（以下简称登记机关）申请房屋权属登记，领取房屋权属证书。

第五条 房屋权属证书是权利人依法拥有房屋所有权并对房屋行使占有、使用、收益和处分权利的唯一合法凭证。依法登记的房屋权利受国家法律保护。

第六条 房屋权属登记应当遵循房屋的所有权和该房屋占用范围内的土地使用权权利主体一致的原则。

第七条 县级以上地方人民政府由一个部门统一负责房产管理和土地管理工作的，可以制作、颁发统一的房地产权证书，依照《城市房地产管理法》的规定，将房屋的所有权和该房屋占用范围内的土地使用权的确认和变更，分别载入房地产权证书。房地产权证书的式样报国务院建设行政主管部门备案。

第八条 国务院建设行政主管部门负责全国的房屋权属登记管理工作。省、自治区人民政府建设行政主管部门负责本行政区域内的房屋权属登记管理工作。直辖市、市、县人民政府房地产行政主管部门负责本行政区域内的房屋权属登记管理工作。

第二章　房屋权属登记

第九条　房屋权属登记分为：

（一）总登记；

（二）初始登记；

（三）转移登记；

（四）变更登记；

（五）他项权利登记；

（六）注销登记。

第十条　房屋权属登记依以下程序进行：

（一）受理登记申请；

（二）权属审核；

（三）公告；

（四）核准登记，颁发房屋权属证书。

本条第（三）项适用于登记机关认为有必要进行公告的登记。

第十一条　房屋权属登记由权利人（申请人）申请。权利人（申请人）为法人、其他组织的，应当使用其法定名称，由其法定代表人申请；权利人（申请人）为自然人的，应当使用其身份证件上的姓名。共有的房屋，由共有人共同申请。房屋他项权利登记，由权利人和他项权利人共同申请。房地产行政主管部门直管的公房由登记机关直接代为登记。

第十二条　权利人（申请人）可以委托代理人申请房屋权属登记。

第十三条　权利人（申请人）申请登记时，应当向登记机关交验单位或者相关人的有效证件。代理人申请登记时，除向登记机关交验代理人的有效证件外，还应当向登记机关提交权利人（申请人）的书面委托书。

第十四条　总登记是指县级以上地方人民政府根据需要，在一定期限内对本行政区域内的房屋进行统一的权属登记。登记机关认为需要时，经县级以上地方人民政府批准，可以对本行政区域内的房屋权属证书进行验证或者换证。凡列入总登记、验证或者换证范围，无论权利人以往是否领取房屋权属证书，权属状况有无变化，均应当在规定的期限内办理登记。总登记、验证、换证的期限，由县级以上地方人民政府规定。

第十五条　总登记、验证、换证应当由县级以上地方人民政府在规定期限开始之日 30 日前发布公告。公告应当包括以下内容：

（一）登记、验证、换证的区域；

（二）申请期限；

（三）当事人应当提交的有关证件；

（四）受理申请地点；

（五）其他应当公告的事项。

第十六条 新建的房屋，申请人应当在房屋竣工后的 3 个月内向登记机关申请房屋所有权初始登记，并应当提交用地证明文件或者土地使用权证、建设用地规划许可证、建设工程规划许可证、施工许可证、房屋竣工验收资料以及其他有关的证明文件。集体土地上的房屋转为国有土地上的房屋，申请人应当自事实发生之日起 30 日内向登记机关提交用地证明等有关文件，申请房屋所有权初始登记。

第十七条 因房屋买卖、交换、赠与、继承、划拨、转让、分割、合并、裁决等原因致使其权属发生转移的，当事人应当自事实发生之日起 90 日内申请转移登记。申请转移登记，权利人应当提交房屋权属证书以及相关的合同、协议、证明等文件。

第十八条 权利人名称变更和房屋现状发生下列情形之一的，权利人应当自事实发生之日起 30 日内申请变更登记：

（一）房屋坐落的街道、门牌号或者房屋名称发生变更的；

（二）房屋面积增加或者减少的；

（三）房屋翻建的；

（四）法律、法规规定的其他情形。申请变更登记，权利人应当提交房屋权属证书以及相关的证明文件。

第十九条 设定房屋抵押权、典权等他项权利的，权利人应当自事实发生之日起 30 日内申请他项权利登记。申请房屋他项权利登记，权利人应当提交房屋权属证书，设定房屋抵押权、典权等他项权利的合同书以及相关的证明文件。

第二十条 房屋所有权登记应当按照权属单元以房屋的门牌号、幢、套（间）以及有具体权属界限的部分为基本单元进行登记。

第二十一条 有下列情形之一的，由登记机关依法直接代为登记，不颁发房屋权属证书：

（一）依法由房地产行政主管部门代管的房屋；

（二）无人主张权利的房屋；

（三）法律、法规规定的其他情形。

第二十二条 有下列情形之一的，经权利人（申请人）申请可以准予暂缓登记：

（一）因正当理由不能按期提交证明材料的；

（二）按照规定需要补办手续的；

（三）法律、法规规定可以准予暂缓登记的。

第二十三条　有下列情形之一的，登记机关应当作出不予登记的决定：

（一）属于违章建筑的；

（二）属于临时建筑的；

（三）法律、法规规定的其他情形。

第二十四条　因房屋灭失、土地使用年限届满、他项权利终止等，权利人应当自事实发生之日起30日内申请注销登记。申请注销登记，权利人应当提交原房屋权属证书、他项权利证书，相关的合同、协议、证明等文件。

第二十五条　有下列情形之一的，登记机关有权注销房屋权属证书：

（一）申报不实的；

（二）涂改房屋权属证书的；

（三）房屋权利灭失，而权利人未在规定期限内办理房屋权属注销登记的；

（四）因登记机关的工作人员工作失误造成房屋权属登记不实的。

注销房屋权属证书，登记机关应当作出书面决定，送达当事人，并收回原发放的房屋权属证书或者公告原房屋权属证书作废。

第二十六条　登记机关自受理登记申请之日起7日内应当决定是否予以登记，对暂缓登记、不予登记的，应当书面通知权利人（申请人）。

第二十七条　登记机关应当对权利人（申请人）的申请进行审查。凡权属清楚、产权来源资料齐全的，初始登记、转移登记、变更登记、他项权利登记应当在受理登记后的30日内核准登记，并颁发房屋权属证书；注销登记应当在受理登记后的15日内核准注销，并注销房屋权属证书。

第二十八条　房屋权属登记，权利人（申请人）应当按照国家规定交纳登记费和权属证书工本费。登记费的收取办法和标准由国家统一制定。在国家统一制定的办法和标准颁布之前，按照各省、自治区、直辖市的办法和标准执行。

第二十九条　权利人（申请人）逾期申请房屋权属登记的，登记机关可以按照规定登记费的3倍以下收取登记费。

第三十条　从事房屋权属登记的工作人员必须经过业务培训，持证上岗。

第三章　房屋权属证书

第三十一条　房屋权属证书包括《房屋所有权证》、《房屋共有权证》、《房屋他项权证》或者《房地产权证》、《房地产共有权证》、《房地产他项权证》。

第三十二条　共有的房屋，由权利人推举的持证人收执房屋所有权证书。其余共有人各执房屋共有权证书1份。房屋共有权证书与房屋所有权证书具有同等的法律效力。

第三十三条　房屋他项权证书由他项权利人收执。他项权利人依法凭证行使他项权利，受国家法律保护。

第三十四条　《房屋所有权证》、《房屋共有权证》、《房屋他项权证》的式样由国务院建设行政主管部门统一制定。证书由国务院建设行政主管部门统一监制，市、县房地产行政主管部门颁发。

第三十五条　房屋权属证书破损，经登记机关查验需换领的，予以换证。房屋权属证书遗失的，权利人应当及时登报声明作废，并向登记机关申请补发，由登记机关作出补发公告，经 6 个月无异议的，予以补发。

第四章　法　律　责　任

第三十六条　以虚报、瞒报房屋权属情况等非法手段获得房屋权属证书的，由登记机关收回其房屋权属证书或者公告其房屋权属证书作废，并可对当事人处以 1 千元以下罚款。涂改、伪造房屋权属证书的，其证书无效，登记机关可对当事人处以 1 千元以下罚款。非法印制房屋权属证书的，登记机关应当没收其非法印制的房屋权属证书，并可对当事人处以 1 万元以上 3 万元以下的罚款；构成犯罪的，依法追究刑事责任。

第三十七条　因登记机关工作人员工作过失导致登记不当，致使权利人受到经济损失的，登记机关对当事人的直接经济损失负赔偿责任。

第三十八条　登记机关的工作人员玩忽职守、徇私舞弊、贪污受贿的，滥用职权、超越管辖范围颁发房屋权属证书的，依法给予行政处分；构成犯罪的，依法追究刑事责任。

第五章　附　　　则

第三十九条　本办法第二条规定范围外的房屋权属登记，参照本办法执行。

第四十条　各省、自治区、直辖市人民政府可以根据本办法制定实施细则。

第四十一条　本办法由国务院建设行政主管部门负责解释。

第四十二条　本办法自 1998 年 1 月 1 日起施行。

附录 4 城市商品房预售管理办法

（1994 年 11 月 15 日建设部令第 40 号发布，根据 2001 年 8 月 15 日《建设部关于修改〈城市商品房预售管理办法〉的决定》、2004 年 7 月 20 日《建设部关于修改〈城市商品房预售管理办法〉的决定》修正）

第一条 为加强商品房预售管理，维护商品房交易双方的合法权益，根据《中华人民共和国城市房地产管理法》、《城市房地产开发经营管理条例》，制定本办法。

第二条 本办法所称商品房预售是指房地产开发企业（以下简称开发企业）将正在建设中的房屋预先出售给承购人，由承购人支付定金或房价款的行为。

第三条 本办法适用于城市商品房预售的管理。

第四条 国务院建设行政主管部门归口管理全国城市商品房预售管理；

省、自治区建设行政主管部门归口管理本行政区域内城市商品房预售管理；

市、县人民政府建设行政主管部门或房地产行政主管部门（以下简称房地产管理部门）负责本行政区域内城市商品房预售管理。

第五条 商品房预售应当符合下列条件：

（一）已交付全部土地使用权出让金，取得土地使用权证书；

（二）持有建设工程规划许可证和施工许可证；

（三）按提供预售的商品房计算，投入开发建设的资金达到工程建设总投资的 25% 以上，并已经确定施工进度和竣工交付日期。

第六条 商品房预售实行许可制度。开发企业进行商品房预售，应当向房地产管理部门申请预售许可，取得《商品房预售许可证》。

未取得《商品房预售许可证》的，不得进行商品房预售。

第七条 开发企业申请预售许可，应当提交下列证件（复印件）及资料：

（一）商品房预售许可申请表；

（二）开发企业的《营业执照》和资质证书；

（三）土地使用权证、建设工程规划许可证、施工许可证；

（四）投入开发建设的资金占工程建设总投资的比例符合规定条件的证明；

（五）工程施工合同及关于施工进度的说明；

（六）商品房预售方案。预售方案应当说明预售商品房的位置、面积、竣工交付日期等内容，并应当附预售商品房分层平面图。

第八条　商品房预售许可依下列程序办理：

（一）受理。开发企业按本办法第七条的规定提交有关材料，材料齐全的，房地产管理部门应当当场出具受理通知书；材料不齐的，应当当场或者5日内一次性书面告知需要补充的材料。

（二）审核。房地产管理部门对开发企业提供的有关材料是否符合法定条件进行审核。

开发企业对所提交材料实质内容的真实性负责。

（三）许可。经审查，开发企业的申请符合法定条件的，房地产管理部门应当在受理之日起10日内，依法作出准予预售的行政许可书面决定，发送开发企业，并自作出决定之日起10日内向开发企业颁发、送达《商品房预售许可证》。

经审查，开发企业的申请不符合法定条件的，房地产管理部门应当在受理之日起10日内，依法作出不予许可的书面决定。书面决定应当说明理由，告知开发企业享有依法申请行政复议或者提起行政诉讼的权利，并送达开发企业。

商品房预售许可决定书、不予商品房预售许可决定书应当加盖房地产管理部门的行政许可专用印章，《商品房预售许可证》应当加盖房地产管理部门的印章。

（四）公示。房地产管理部门作出的准予商品房预售许可的决定，应当予以公开，公众有权查阅。

第九条　开发企业进行商品房预售，应当向承购人出示《商品房预售许可证》。售楼广告和说明书应当载明《商品房预售许可证》的批准文号。

第十条　商品房预售，开发企业应当与承购人签订商品房预售合同。开发企业应当自签约之日起30日内，向房地产管理部门和市、县人民政府土地管理部门办理商品房预售合同登记备案手续。

房地产管理部门应当积极应用网络信息技术，逐步推行商品房预售合同网上登记备案。

商品房预售合同登记备案手续可以委托代理人办理。委托代理人办理的，应当有书面委托书。

第十一条　开发企业预售商品房所得款项应当用于有关的工程建设。

商品房预售款监管的具体办法，由房地产管理部门制定。

第十二条　预售的商品房交付使用之日起90日内，承购人应当依法到房地产管理部门和市、县人民政府土地管理部门办理权属登记手续。开发企业应当予以协助，并提供必要的证明文件。

由于开发企业的原因，承购人未能在房屋交付使用之日起90日内取得房屋权属证书的，除开发企业和承购人有特殊约定外，开发企业应当承担违约责任。

　　第十三条　开发企业未取得《商品房预售许可证》预售商品房的，依照《城市房地产开发经营管理条例》第三十九条的规定处罚。

　　第十四条　开发企业不按规定使用商品房预售款项的，由房地产管理部门责令限期纠正，并可处以违法所得 3 倍以下但不超过 3 万元的罚款。

　　第十五条　开发企业隐瞒有关情况、提供虚假材料，或者采用欺骗、贿赂等不正当手段取得商品房预售许可的，由房地产管理部门责令停止预售，撤销商品房预售许可，并处 3 万元罚款。

　　第十六条　省、自治区建设行政主管部门、直辖市建设行政主管部门或房地产行政管理部门可以根据本办法制定实施细则。

　　第十七条　本办法由国务院建设行政主管部门负责解释。

　　第十八条　本办法自 1995 年 1 月 1 日起施行。

附录 5 商品房销售管理办法

(2001 年 3 月 14 日经建设部第 38 次部常务会议审议通过，建设部部长俞正声 4 月 4 日签署 88 号部令发布，自 2001 年 6 月 1 日起施行)

第一章 总 则

第一条 为了规范商品房销售行为，保障商品房交易双方当事人的合法权益，根据《中华人民共和国城市房地产管理法》、《城市房地产开发经营管理条例》，制定本办法。

第二条 商品房销售及商品房销售管理应当遵守本办法。

第三条 商品房销售包括商品房现售和商品房预售。

本办法所称商品房现售，是指房地产开发企业将竣工验收合格的商品房出售给买受人，并由买受人支付房价款的行为。

本办法所称商品房预售，是指房地产开发企业将正在建设中的商品房预先出售给买受人，并由买受人支付定金或者房价款的行为。

第四条 房地产开发企业可以自行销售商品房，也可以委托房地产中介服务机构销售商品房。

第五条 国务院建设行政主管部门负责全国商品房的销售管理工作。

省、自治区人民政府建设行政主管部门负责本行政区域内商品房的销售管理工作。

直辖市、市、县人民政府建设行政主管部门、房地产行政主管部门（以下统称房地产开发主管部门）按照职责分工，负责本行政区域内商品房的销售管理工作。

第二章 销 售 条 件

第六条 商品房预售实行预售许可制度。

商品房预售条件及商品房预售许可证明的办理程序，按照《城市房地产开发经营管理条例》和《城市商品房预售管理办法》的有关规定执行。

第七条 商品房现售，应当符合以下条件：

（一）现售商品房的房地产开发企业应当具有企业法人营业执照和房地产开发企业资质证书；

（二）取得土地使用权证书或者使用土地的批准文件；

（三）持有建设工程规划许可证和施工许可证；

（四）已通过竣工验收；

（五）拆迁安置已经落实；

（六）供水、供电、供热、燃气、通讯等配套基础设施具备交付使用条件，其他配套基础设施和公共设施具备交付使用条件或者已确定施工进度和交付日期；

（七）物业管理方案已经落实。

第八条 房地产开发企业应当在商品房现售前将房地产开发项目手册及符合商品房现售条件的有关证明文件报送房地产开发主管部门备案。

第九条 房地产开发企业销售设有抵押权的商品房，其抵押权的处理按照《中华人民共和国担保法》、《城市房地产抵押管理办法》的有关规定执行。

第十条 房地产开发企业不得在未解除商品房买卖合同前，将作为合同标的物的商品房再行销售给他人。

第十一条 房地产开发企业不得采取返本销售或者变相返本销售的方式销售商品房。

房地产开发企业不得采取售后包租或者变相售后包租的方式销售未竣工商品房。

第十二条 商品住宅按套销售，不得分割拆零销售。

第十三条 商品房销售时，房地产开发企业选聘了物业管理企业的，买受人应当在订立商品房买卖合同时与房地产开发企业选聘的物业管理企业订立有关物业管理的协议。

第三章 广告与合同

第十四条 房地产开发企业、房地产中介服务机构发布商品房销售宣传广告，应当执行《中华人民共和国广告法》、《房地产广告发布暂行规定》等有关规定，广告内容必须真实、合法、科学、准确。

第十五条 房地产开发企业、房地产中介服务机构发布的商品房销售广告和宣传资料所明示的事项，当事人应当在商品房买卖合同中约定。

第十六条 商品房销售时，房地产开发企业和买受人应当订立书面商品房买卖合同。

商品房买卖合同应当明确以下主要内容：

（一）当事人名称或者姓名和住所；

（二）商品房基本状况；

（三）商品房的销售方式；

（四）商品房价款的确定方式及总价款、付款方式、付款时间；

（五）交付使用条件及日期；

（六）装饰、设备标准承诺；

（七）供水、供电、供热、燃气、通讯、道路、绿化等配套基础设施和公共设施的交付承诺和有关权益、责任；

（八）公共配套建筑的产权归属；

（九）面积差异的处理方式；

（十）办理产权登记有关事宜；

（十一）解决争议的方法；

（十二）违约责任；

（十三）双方约定的其他事项。

第十七条　商品房销售价格由当事人协商议定，国家另有规定的除外。

第十八条　商品房销售可以按套（单元）计价，也可以按套内建筑面积或者建筑面积计价。

商品房建筑面积由套内建筑面积和分摊的共有建筑面积组成，套内建筑面积部分为独立产权，分摊的共有建筑面积部分为共有产权，买受人按照法律、法规的规定对其享有权利，承担责任。

按套（单元）计价或者按套内建筑面积计价的，商品房买卖合同中应当注明建筑面积和分摊的共有建筑面积。

第十九条　按套（单元）计价的现售房屋，当事人对现售房屋实地勘察后可以在合同中直接约定总价款。

按套（单元）计价的预售房屋，房地产开发企业应当在合同中附所售房屋的平面图。平面图应当标明详细尺寸，并约定误差范围。房屋交付时，套型与设计图纸一致，相关尺寸也在约定的误差范围内，维持总价款不变；套型与设计图纸不一致或者相关尺寸超出约定的误差范围，合同中未约定处理方式的，买受人可以退房或者与房地产开发企业重新约定总价款。买受人退房的，由房地产开发企业承担违约责任。

第二十条　按套内建筑面积或者建筑面积计价的，当事人应当在合同中载明合同约定面积与产权登记面积发生误差的处理方式。

合同未作约定的，按以下原则处理：

（一）面积误差比绝对值在 3% 以内（含 3%）的，据实结算房价款；

（二）面积误差比绝对值超出 3% 时，买受人有权退房。买受人退房的，房地产开发企业应当在买受人提出退房之日起30日内将买受人已付房价款退还给买受人，同时支付已付房价款利息。买受人不退房的，产权登记面积大于合同约定面积时，面积误差比在3%以内（含3%）部分的房价款由买受人补足；超出3%部分的房价款由房地产开发企业承担，产权归买受人。产权登记面积小于合同约定面积时，面积误差比绝对值在3%以内（含3%）部分的房价款由房地产开发企业返还买受人；绝对值超出3%部分的房价款由房地产开发企业双倍返还买受人。

$$面积误差比 = \frac{产权登记面积 - 合同约定面积}{合同约定面积} \times 100\%$$

因本办法第二十四条规定的规划设计变更造成面积差异，当事人不解除合同的，应当签署补充协议。

第二十一条 按建筑面积计价的，当事人应当在合同中约定套内建筑面积和分摊的共有建筑面积，并约定建筑面积不变而套内建筑面积发生误差以及建筑面积与套内建筑面积均发生误差时的处理方式。

第二十二条 不符合商品房销售条件的，房地产开发企业不得销售商品房，不得向买受人收取任何预订款性质费用。

符合商品房销售条件的，房地产开发企业在订立商品房买卖合同之前向买受人收取预订款性质费用的，订立商品房买卖合同时，所收费用应当抵作房价款；当事人未能订立商品房买卖合同的，房地产开发企业应当向买受人返还所收费用；当事人之间另有约定的，从其约定。

第二十三条 房地产开发企业应当在订立商品房买卖合同之前向买受人明示《商品房销售管理办法》和《商品房买卖合同示范文本》；预售商品房的，还必须明示《城市商品房预售管理办法》。

第二十四条 房地产开发企业应当按照批准的规划、设计建设商品房。商品房销售后，房地产开发企业不得擅自变更规划、设计。

经规划部门批准的规划变更、设计单位同意的设计变更导致商品房的结构型式、户型、空间尺寸、朝向变化，以及出现合同当事人约定的其他影响商品房质量或者使用功能情形的，房地产开发企业应当在变更确立之日起10日内，书面通知买受人。

买受人有权在通知到达之日起15日内做出是否退房的书面答复。买受人在通知到达之日起15日内未作书面答复的，视同接受规划、设计变更以及由此引起的房价款的变更。房地产开发企业未在规定时限内通知买受人的，买受人有权退房；买受人退房的，由房地产开发企业承担违约责任。

第四章　销售代理

第二十五条 房地产开发企业委托中介服务机构销售商品房的，受托机构应当是依法设立并取得工商营业执照的房地产中介服务机构。

　　房地产开发企业应当与受托房地产中介服务机构订立书面委托合同，委托合同应当载明委托期限、委托权限以及委托人和被委托人的权利、义务。

　　第二十六条　受托房地产中介服务机构销售商品房时，应当向买受人出示商品房的有关证明文件和商品房销售委托书。

　　第二十七条　受托房地产中介服务机构销售商品房时，应当如实向买受人介绍所代理销售商品房的有关情况。

　　受托房地产中介服务机构不得代理销售不符合销售条件的商品房。

　　第二十八条　受托房地产中介服务机构在代理销售商品房时不得收取佣金以外的其他费用。

　　第二十九条　商品房销售人员应当经过专业培训，方可从事商品房销售业务。

第五章　交　　付

　　第三十条　房地产开发企业应当按照合同约定，将符合交付使用条件的商品房按期交付给买受人。未能按期交付的，房地产开发企业应当承担违约责任。

　　因不可抗力或者当事人在合同中约定的其他原因，需延期交付的，房地产开发企业应当及时告知买受人。

　　第三十一条　房地产开发企业销售商品房时设置样板房的，应当说明实际交付的商品房质量、设备及装修与样板房是否一致，未作说明的，实际交付的商品房应当与样板房一致。

　　第三十二条　销售商品住宅时，房地产开发企业应当根据《商品住宅实行质量保证书和住宅使用说明书制度的规定》（以下简称《规定》），向买受人提供《住宅质量保证书》、《住宅使用说明书》。

　　第三十三条　房地产开发企业应当对所售商品房承担质量保修责任。当事人应当在合同中就保修范围、保修期限、保修责任等内容做出约定。保修期从交付之日起计算。

　　商品住宅的保修期限不得低于建设工程承包单位向建设单位出具的质量保修书约定保修期的存续期；存续期少于《规定》中确定的最低保修期限的，保修期不得低于《规定》中确定的最低保修期限。

　　非住宅商品房的保修期限不得低于建设工程承包单位向建设单位出具的质量保修书约定保修期的存续期。

　　在保修期限内发生的属于保修范围的质量问题，房地产开发企业应当履行保修义务，并对造成的损失承担赔偿责任。因不可抗力或者使用不当造成的损坏，房地产开发企业不承担责任。

第三十四条　房地产开发企业应当在商品房交付使用前按项目委托具有房产测绘资格的单位实施测绘，测绘成果报地产行政主管部门审核后用于房屋权属登记。

房地产开发企业应当在商品房交付使用之日起 60 日内，将需要由其提供的办理房屋权属登记的资料报送房屋所在地房地产行政主管部门。

房地产开发企业应当协助商品房买受人办理土地使用权变更和房屋所有权登记手续。

第三十五条　商品房交付使用后，买受人认为主体结构质量不合格的，可以依照有关规定委托工程质量检测机构重新核验。经核验，确属主体结构质量不合格的，买受人有权退房；给买受人造成损失的，房地产开发企业应当依法承担赔偿责任。

第六章　法 律 责 任

第三十六条　未取得营业执照，擅自销售商品房的，由县级以上人民政府工商行政管理部门依照《城市房地产开发经营管理条例》的规定处罚。

第三十七条　未取得房地产开发企业资质证书，擅自销售商品房的，责令停止销售活动，处 5 万元以上 10 万元以下的罚款。

第三十八条　违反法律、法规规定，擅自预售商品房的，责令停止违法行为，没收违法所得；收取预付款的，可以并处已收取的预付款 1% 以下的罚款。

第三十九条　在未解除商品房买卖合同前，将作为合同标的物的商品房再行销售给他人的，处以警告，责令限期改正，并处 2 万元以上 3 万元以下罚款；构成犯罪的，依法追究刑事责任。

第四十条　房地产开发企业将未组织竣工验收、验收不合格或者对不合格按合格验收的商品房擅自交付使用的，按照《建设工程质量管理条例》的规定处罚。

第四十一条　房地产开发企业未按规定将测绘成果或者需要由其提供的办理房屋权属登记的资料报送房地产行政主管部门的，处以警告，责令限期改正，并可处以 2 万元以上 3 万元以下罚款。

第四十二条　房地产开发企业在销售商品房中有下列行为之一的，处以警告，责令限期改正，并可处以 1 万元以上 3 万元以下罚款。

（一）未按照规定的现售条件现售商品房的；

（二）未按照规定在商品房现售前将房地产开发项目手册及符合商品房现售条件的有关证明文件报送房地产开发主管部门备案的；

（三）返本销售或者变相返本销售商品房的；

（四）采取售后包租或者变相售后包租方式销售未竣工商品房的；

（五）分割拆零销售商品住宅的；

（六）不符合商品房销售条件，向买受人收取预订款性质费用的；

（七）未按照规定向买受人明示《商品房销售管理办法》、《商品房买卖合同示范文本》、《城市商品房预售管理办法》的；

（八）委托没有资格的机构代理销售商品房的。

第四十三条　房地产中介服务机构代理销售不符合销售条件的商品房的，处以警告，责令停止销售，并可处以 2 万元以上 3 万元以下罚款。

第四十四条　国家机关工作人员在商品房销售管理工作中玩忽职守、滥用职权、徇私舞弊，依法给予行政处分；构成犯罪的，依法追究刑事责任。

第七章　附　　则

第四十五条　本办法所称返本销售，是指房地产开发企业以定期向买受人返还购房款的方式销售商品房的行为。

本办法所称售后包租，是指房地产开发企业以在一定期限内承租或者代为出租买受人所购该企业商品房的方式销售商品房的行为。

本办法所称分割拆零销售，是指房地产开发企业以将成套的商品住宅分割为数部分分别出售给买受人的方式销售商品住宅的行为。

本办法所称产权登记面积，是指房地产行政主管部门确认登记的房屋面积。

第四十六条　省、自治区、直辖市人民政府建设行政主管部门可以根据本办法制定实施细则。

第四十七条　本办法由国务院建设行政主管部门负责解释。

第四十八条　本办法自 2001 年 6 月 1 日起施行。

参 考 文 献

[1] 潘蜀健，陈琳. 房地产市场营销 [M]. 北京：中国建筑工业出版社，2003.
[2] 祖立厂. 房地产营销策划 [M]. 北京：机械工业出版社，2009.
[3] 姚玉蓉. 房地产营销策划 [M]. 北京：化学工业出版社，2007.
[4] 菲利普·科特勒. 市场营销 [M]. 俞利军，译. 北京：华夏出版社，2003.
[5] 郭馨梅. 房地产营销 [M]. 北京：经济管理出版社，2005.
[6] 卓坚红. 房地产营销策划实训 [M]. 重庆：重庆大学出版社，2009.
[7] 傅雷. 顶尖营销策略 [M]. 深圳：海天出版社，2007.
[8] 唐芳. 房地产市场营销实训教程 [M]. 北京：清华大学出版社，2009.
[9] 黄一真. 中国房地产风水大全 [M]. 北京：北京科文图书业信息技术有限公司，2008.
[10] 郭云霞. 风水学在住宅建筑中的应用 [J]. 陕西建筑，2007，1.
[11] 庞于沛. 建筑住宅风水学与城市规划 [J]. 华章，2010，20.
[12] 余源鹏. 房地产策划师职业培训实战教程——房地产日常策划业务实操一本通 [M]. 北京：机械工业出版社，2009.